JN082362

岩田健治 若い魂

「長野県教員赤化事件」で検挙された唯一の小学校長

カバー表写真＝浅間山を望む風景
裏写真＝龍岡城五稜郭＝旧田口小学校（岩田健治の母校）
（佐久市教育委員会『佐久市の文化財』より

扉イラスト＝近藤　泉

大正 12 年　結婚当時の写真

昭和７年　岩田家記念写真

岩田健治　若い魂

「長野県教員赤化事件」で検挙された唯一の小学校長

◉目次◉

はじめに　11

第一部　岩田健治の生きた時代　21

第二部　岩田健治と長野の教育運動

第二章　岩田健治と新興教育運動　109

第三章　岩田健治と二・四事件　180

第三部　風雪に耐え新しい日本をめざして

最終章

（注）

①「長野県教員赤化事件」という表記について
本事件は、一九三三（昭和八）年二月四日から始まった長野県で最大の治安維持法事件で、従来「長野県教員赤化事件」と表記されてきたが、事件の実態からみると教員だけの問題ではないことから、本書は原則として「二・四事件」と表記する。場合によって長野県教員赤化事件と表記する時は、「長野県教員赤化事件」と表記する。

②史料引用の場合、明らかな誤植は修正した。

③新聞記事などの判読不明の文字は□とした。

④常用漢字、旧字体は、判読できる程度に常用語にした。

はじめに

佐久市は二〇一〇年に佐久市出身のいわゆる先人といえる人物を選定し、『佐久の先人』の刊行を決めました。「佐久市佐久の先人検討委員会」を立上げ、佐久市臼田出身の作家井出孫六氏が監修者となり、五三人が選考されました。二〇一四年に第一分冊、二〇一七年に第二分冊が刊行され、それぞれ佐久市の広報にも掲載されました。井出孫六氏は監修のことばの最後に、次のように述べています。「本書を鞄に入れて佐久先人のゆかりの場所を訪ねるようなことが小中高生の中に広がっていくことを願ってやまない。」

『佐久の先人』に登場する佐久市田口出身の岩田健治については、上田小県近現代史研究会の小平千文氏が執筆されています。小平氏は長野県史の編纂にも携わり、二・四事件、「長野県教員赤化事件」の研究の第一人者でもあります。小平氏は岩田の紹介の最初に「子ども・農民・村を愛したヒューマニスト」のタイトルを付け、次のように紹介しています。「子どもたちの個性を尊重し、自主的・民主的な教育を実践する中で、二・四事件で検挙された。免職後は農村の立て直しに信念をもって尽くした。」。そして岩田の日記より次の言葉を引用しています。「世の毀誉（そしることとほめること）に恐るることなく一日の名誉を捨てて永久の名誉を追ふ」。岩田は若くして小学校長に抜擢されながら、昭和初期の絶対主義的天皇制政府による治安維持法という希代の悪法の犠牲になり一九三三（昭和八）年二月、警察署に拘束されたということだけで免職となったのです。

岩田については二・四事件、「長野県教員赤化事件」検挙者の中で唯一の小学校長として取上げられていますが、岩田個人についてまとめられたのは、次の二本です。

『信州の教師像』は『信濃毎日新聞社』から一九七〇年一〇月一〇日に発刊され、二八人の教師の中の一人として岩田健治が紹介されています。岩田の紹介の執筆者は長野県政史編さん委員であった青木孝寿氏です。氏は、岩田の紹介の最後に次のように結んでいます。「自由教育から出発して、次第に教育とそれをとりまく社会に目を向け、青年教師と行動することで自分を変えながら、教育の中心に子どもと地域の農民をすえていった岩田の教師像の中に、今日の長野県教育の失っているものが見いだされるのではなかろうか。」

この本のあとがきでは、次のように発刊の意義について述べています。

「本書は、『信州の教師像—新しい理念を求めて』と題して、信濃毎日新聞文化欄に、昭和四十五年五月から八月まで、四十三回にわたって連載したものをまとめたものである。『教育は人なり(手塚縫蔵)』ということばに象徴されるような、信州教育をささえた代表的な教育者を選び、その考え方、情熱、実践力を再認識することによって、現代の教育者のあるべき姿を追求し、同時に、今後の長野県教育に一つの指針を示すことになれば、と考えたからである。」

信濃毎日新聞文化部の選定した教師の中に、戦前の治安維持法により教師を免職となった岩田が入っていたことを知った時は驚きと共に喜びを感じました。昭和八年、二・四事件の起きた時の『信濃毎日新聞』の記事は「戦慄　教育赤化の全貌」「教壇の神聖を汚辱す」というような事件の取扱いかたでした。官憲の思惑のみで何の罪もない教師たちが検束され、アカ呼ばわりされ、職場を追われました。その岩田が信州の代表的な教師の一人として選定されたことは、戦後二五年を経て岩田の名誉が回復されたと言ってもよいのではないでしょうか。

二本目は『治安維持法とたたかった人びと（第一集）』で、治安維持法犠牲者国家賠償要求同盟長野県本部（略称「国賠同盟」）が編集し、一九九二年一月に発行されました。執筆者は長野県史編さん委員の松本衛士氏です。戦前の治安維持法で検挙され有罪となり下獄した人、獄死した人等が戦後、名誉の回復と逸失利益の賠償を求めて現在も政府を相手に裁判闘争をしています。岩田は治安維持法という法律により起訴はされませんでしたが、「治安維持法違反容疑者」として逮捕、拘禁されたことにより免職となりました。当時半非合法下で結成された日本労働組合全国協議会（全協）、一般使用人組合教育労働部（教労）や新興教育（新教）にかかわりをもったことで岩田は検挙されたのです。そうした意味で「治安維持法とたたかった人びと」になるでしょう。国賠同盟は「発行にあたり」の中で読者に向けて次のように述べています。「みなさんが、長野県の戦前における戦争と暗黒の政治のもとで平和と民主主義のためにたたかった青春群像にふれ、今日のたたかいの力にと願うものです。」

さて、本書は三部構成で、第一部では岩田の労作である『村の經濟六十年史』（以下『六十年史』）の概略を紹介しながら岩田の生きた時代、大正デモクラシーから昭和大恐慌、満州事変に始まる戦争への道を追ってみました。

著作の発行されたのは二・四事件で免職された翌年の昭和九年三月です。

『村の經濟六十年史』の構成は、

第一編　農村生業の変化過程

第二編　商工資本の侵入過程

第三編　村の経済行詰過程

第四編　新経済機構発生の過程

となっています。

青木孝寿氏は岩田の著作について次のように評価しています。「岩田が大正期から手掛けてきた研究の成果で、恐慌で荒廃しきった故郷の南佐久郡田口村（現臼田町）を、社会経済史の観点から日本の近代化の流れの中に位置づけて分析した。政治的思想的圧迫と世間の非難に囲まれて、かれが情熱をこめて、しかも冷静に客観的に書いていったところに、この本の、二・四事件の意味を告発した記念碑としての性格が見られる。」（前掲青木著書）

明治維新から六〇年の間に明治・大正・昭和と日本の農村は大きな変化を遂げました。封建制から資本主義への急速な流れの中で農村と農民、都市と都市労働者がどのような変化をして来たのかを分析することは、政治や外交の流れと共に欠かせないものです。世界恐慌での農村の疲弊と侵略戦争という現実は、教育の対象である児童や生徒、その保護者もこうした政治・経済構造の中で生きていたのです。岩田は大正自由主義の師範教育のなかで育ち、教育現場において児童の実態と接しながら社会科学の学習を積んでいったのです。そして、農村恐慌、世界恐慌という大きな経済変革の中で教育革新、社会変革の運動へと進んでいきました。岩田は『六十年史』のはしがきで、次のように問いかけています。

何が村の経済を奪ひつつあるのか？　村の如何なるものが滅びたか？

何が村の経済を育みつつあるか？　如何なるものが生まれつつあるか？

村の精神が如何に動きつつあるか？　などの問題が此の些末な書の中から、幾分でも窺知することが出来たならば幸である。

本書の第一部では、第一章から第三章までを『六十年史』について述べ、第四章で日本帝国主義と社会運動について述べてみます。岩田の生まれた一八九七（明治三〇）年は日清戦争終結の二年後であり、以後一九四五年の敗戦までのおよそ五〇年間は正に戦争続きの時代でした。侵略戦争は社会運動の弾圧強化と一体のものであり、それらの概要を岩田の分析も交えて記述しました。岩田は『六十年史』の最終章で資本主義経済について、次のように述べています。

「我国資本主義発達の道程に於いて、明治以来新政府の下に施された政策や教育は殆ど全く資本主義の政府と社会を維持するために都合の好いものばかりであった。（中略）而し資本主義は結局農業を搾取し農村経済を圧迫し枯渇せしめつつあった。大正経済の行詰まり時代以後は特にその現象が露骨に表れ出した。」

そして労働運動、農民運動は「而しその因は一朝一夕のものではなく、永い間日陰の下に鬱屈しておった潜勢力が農民大衆の間に充分成長して居った為である。」。資本主義の発展と労働者階級の成長という階級闘争について的確に述べています。

第二部では、岩田の師範学校時代の「長野の自由教育」、教師となってからの教育現場での実践について戦後の回想も含めて紹介します。

岩田は一八九七（明治三〇）年、田口村（現佐久市）三分（みぶん）の中農自作農の岩田雛太郎とやすの二男として生まれました。一九一八（大正七）年三月、長野県師範学校一部（現信州大学教育学部）を卒業しました。おもな略歴は次の通りです。

一八九七（明治三〇）年一〇月一九日　南佐久郡田口村三分二五七出生
雛太郎・やす　次男

一九一八（大正七）年三月　長野師範学校一部卒業
同年四月　東筑摩郡岡田尋常高等小学校赴任

一九一九（大正八）年四月　坂井尋常高等小学校赴任

一九二一（大正一〇）年四月　南佐久郡中込尋常高等小学校赴任

一九二三（大正一二）年四月　東筑摩郡塩尻尋常高等小学校赴任
同年六月　中込町の市川かつ（中込小の同僚）と結婚

一九二六（大正一五）年四月　小県郡依田尋常高等小学校赴任

一九二八（昭和三）年四月　北佐久郡岩村田尋常高等小学校次席訓導

一九三二（昭和七）年四月　高瀬尋常高等小学校校長（三四歳）

一九三三（昭和八）年二月四日　治安維持法違反容疑で大量検挙が始まる
同年二月二一日　治安維持法違反容疑で岩村田署に検挙

同年五月四日　長野検事局に送検
同年六月六日　釈放される
同年七月　懲戒免職
一九三四（昭和九）年三月七日　起訴猶予処分
同年三月　『村の經濟六十年史』刊行
一九四五（昭和二〇）年一二月　日本共産党長野地方委員会再建佐久地区委員長
一九四六（昭和二一）年一月　田口村農民組合結成　組合長
同年四月　第二二回衆議院選挙に日本共産党公認で立候補
一二、六九六票（落選）　高倉テル氏当選
同年五月　日本農民組合長野県連合会　書記長
一九四七（昭和二二）年四月　第一回参議院選挙に立候補
四一、五四二票（次点）
一九六一（昭和三六）年三月三日　死去（享年六五歳）
家族は妻・かつ、子ども四人（敏子、すみ江、英子、静子）

第一章では、長野県の教育的伝統として大正期、長野師範学校の星菊太校長排斥運動等からはじまる自由教育について、戦後の岩田の回想などを引用しました。

岩田は、長野の自由教育は大正五、六年ごろから始められたとしています。そして、その特徴は「国定教科書で既成概念を観念的に注入教育することに反対した。とくに修身科のように封建的な道徳をおしつける教育に反対し、修身科廃止をとなえた。長野では、修身科の授業に教科書を使わない教師が多かった。私もそうです。」（『新教の友』）と回想しています。長野師範付属小学校での杉崎瑢らによる特別学級もまた長野自由教育の実践だったかもしれません。杉崎については、「そこでの教育は児童の個性を尊重し、その自由な生活活動のなかから、それぞれの個性を生かし、各自の能力を伸ばしていく、という趣旨だった。」（前掲書）と述べています。

大正中期からは自由教育を排斥する動きが始まり、戸倉小学校や倭（やまと）小学校で白樺派の教師などに対する排斥が目立ってきました。大正末の川井訓導事件、佐々木名恒（なつね）校長憤死事件などを経て「長野の自由教育」は、国家統制の大波に飲み込まれていきます。この時期を境に信濃教育会も国家主義に迎合する道を歩んでいきます。

第二章、昭和に入って世界恐慌の嵐の中、資本主義の危機に直面し、天皇制政府は中国大陸への侵略戦争へと活路を求めていきました。治安維持法により人権と民主主義が抑圧され、ファシズムが押し寄せる時期に教育の国家統制に反対し、子どもを中心に据えた教育を目指しての「新興教育運動」が展開されました。一九三〇（昭和五）年八月、非合法の日本教育者労働組合（教労）準備会が結成され、同時に合法組織の「新興教育研究所」が設立されて運動が全国に広がります。長野県では、一九三一（昭和六）年六月ころ諏訪郡永明小学校を中心として新興教育運動が展開されます。翌昭和七年四月に高瀬小学校長に新任となった岩田に新興教育・教労への参加の誘いがありました。以後昭和八年二月まで佐久地域での運動が展開されました。

第三章、満州事変、上海事変、国際連盟脱退へと日本は国際社会からの孤立を深めていきました。国内においては侵略戦争遂行を妨げる労働運動、農民運動、青年運動等を弾圧する体制は益々強化されていきました。そうした中、昭和八年二月四日から社会運動家に対する治安維持法違反の一斉検挙が行われました。検挙者の中に教員が多数に上ったため、思想当局は「長野県教員赤化事件」として新聞などを利用して全国に喧伝しました。二・四事件の概要と岩田の検挙・拘束について岩田の手記や回想を交えて事件を追ってみました。また、当時の事件に対する新聞報道や信濃教育会の対応についても触れてみました。

第三部は戦後の岩田の活動について農民運動史や労働組合運動史などから追ってみました。戦後の活動についての本人の手記などがなく、どのような思いで日本共産党に入党し、農民運動を通じて衆議院議員選挙、参議院議員選挙の候補者活動をしたかは不明です。しかし、日本農民組合長野県連合会書記長として活動し、戦後の農地改革運動や農民解放運動の先頭に立った足跡は残されています。また、戦後初の民選選挙で林虎雄知事を誕生させ、民主県政の支持母体となった長野県民主団体協議会（民協）の主力団体・日農長野県連の書記長として活動したことは大きな業績と言えます。

岩田は一九六一年三月、六四歳の若さで志半ばにこの世を去りました。本書は、「二・四事件」発生九〇年という節目の年にあたり岩田の生涯、業績に触れてみたいと思い筆をとりました。

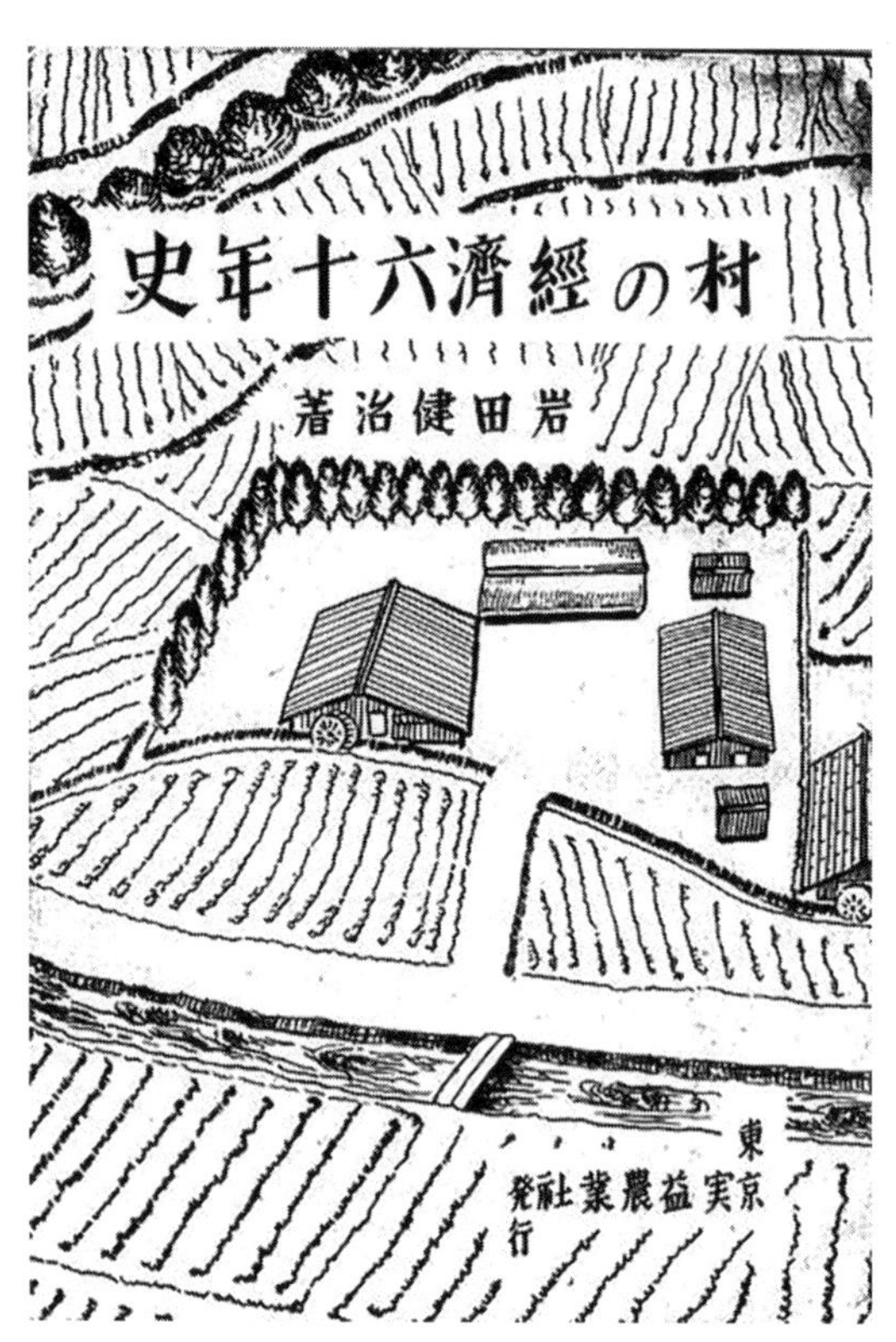
村の經濟六十年史
岩田健治著
東京
実益農業社発行

第一部

岩田健治の生きた時代

岩田健治は一八九七（明治三〇）年に長野県南佐久郡田口村に生まれた。そして、一九一八（大正七）年に長野師範学校を卒業し教壇に立った。長野県内各地の小学校教員を務め、一九三二（昭和七）年四月に三四歳の若さで北佐久郡高瀬小学校の校長になった。翌一九三三（昭和八）年二月四日に「治安維持法違反」容疑の長野県下一斉の検挙があり、二月二一日に岩田は岩村田警察署に検挙された。六月六日に釈放されたが、七月には懲戒免職となった。検挙者の内、教員が多数いたことから「長野県教員赤化事件」と呼ばれ、中央政界にも激震を与えた。

岩田は職を去ったのち、一九三四（昭和九）年三月に、『村の經濟六十年史』を著した。岩田は、「はしがき」の中で数年にわたる調査・研究と本書編纂の目的を、次のように述べている。

本書は一つの村の経済を史的に観察することによって、一般的に我国農村の経済事情を類推し、明治以来我国農村が如何なる過程を経て、今日の疲弊困憊に到達したかを理解しやうとしたものである。

地理的気候風土の相違から、各地の農業は多少其赴を異にし、又農村世態の相違もあるが、大体我国の農村は、稲作と養蚕が主なる生業であって、地方的特殊なものを除けば、一般に何れの地の農村も、其経済事情は共通的なものである。

現今農村問題は社会の最大問題であり、之に関する研究書も多い中に、本書の如き些末な研究を公にするのは、村の経済の実状が一般に理解されてゐない点も感ぜられるので、その点よりして、何等かの意義を有するのであろうことを思ふからである。

何が村の経済を奪ひつゝあるか？　村の如何なるものが滅びたか？
何が村の経済を育みつゝあるか？　如何なるものが生まれつゝあるか？
村の精神が如何に動きつゝあるか？　等の問題が此の些末な書の中から、幾分でも窺知することが出来たならば幸である。

岩田の著作の発行を引き受けた実益農業社の北原龍雄は、序文で、次のように出版を快諾した心の内を記している。

「或る若き軍人がこんな話をした。軍隊に居て初年兵の教育を数年間やれば、心ある将校ならば必ず農村の事情通になる。農村のあらゆる方面から送られて来る壮丁を集めて、それと毎日接触するからだ。一年に三百人の農村青年と会っても、五年間には千五百人に会ふ。謂はゞ、千五百人の農村代表と一所に暮らすやうなものだ。これで、どうして若い将校が、農村の実情に関心なくして在るを得ようか。

私はその言葉に深く打たれたものである。

同じやうな意味に於て、農村小学校の教員は、農村を思索する人でなければならぬ。年々新入し来る児童こそ、農村各層の、各部門の、世にも可憐な代表者ではないか。毎年数十人、百数十人の農村の児童を集めて、其の顔を見、其の声を聞き、その粗末な服装、其の乏しい辨当のおかず、農繁期には休學を余儀なくせられ、時には幼児を背負ふて登校せしめられる。すべてこれ、農村の窮乏を語らざるなき児童の群に毎日接触して居て、誰か魂を農村に吸い寄せられずしてゐるを得やう。

此の意味からも、十余年間を農村の小学校に鞭を執った、よき青年岩田氏こそ、日本の農村を語る最も適当な人でなければならぬ。」

開国から明治維新を経て大日本帝国憲法の成立、そして大正デモクラシーという民権思想の開花、昭和の大恐慌という歴史の転換期に民衆はどんな思いで生き抜いてきたのか。児童が生活した農村、岩田の検証した村の経済や社会活動から教育、教師の姿を追っていきたい。

第一章　農民の「解放」と農業の行き詰まり

第一節「四民平等」の社会とは

明治新政府は、一八六九（明治二）年の版籍奉還によって藩と藩士の主従関係が解消され、藩主を公家とともに華族、藩士や旧幕臣を士族とした。同時に「農工商」の百姓・町人は「平民」となり、苗字（名字）が許され。移住や職業選択の自由も認められて「四民平等」の世になった。

ちなみに、明治初期の人口構成は一八七三（明治六）年時点で、平民三一一〇万六五一四人、士族一五四万八五六八人、卒（足軽などの下級武士を一時期そう呼んだ）三四万三八八一人、華族二八二九人、その他二九万八八八〇人、合計三三三〇万六七二人だった。

土地の所有と売買の自由とは

一八七二（明治五）年には、一六四三（寛永二〇）年の地所永代売買の禁制を解き、土地は「自今四民とも売買いたし所持候儀差し許し候事」となし、土地の自由な私的所有と売買の自由が確認された。

こうした明治維新による一連の変革について岩田は『六十年史』で、次のように分析している。

維新前封建の時代は土地経済の時代であり、武士階級が四民の上位に立ち、支配階級として種々なる特権を持って居り、農民はその下位に殆んど農奴の如き生活をして、其の生業の上にも衣食住の上にも種々なる制限があり、移住移転も職業を換へることも大体自由でなく、土地に縛り付けられて、ただ租税を納める為に存在する生きた機械のやうなものであった。

明治維新は、政治上の一大変革であったと共に、又社会上の大変革であった。封建の制が覆され、階級制度が撤廃せられ、農民は領主の厳重煩瑣な支配から解放せられて、農業上にも新制度が建てられ、土地永代売買の禁や土地細分の制限を解かれ、租税の米納は金納に改められ、課役の如きも廃止されて、明治以後の農業は貨幣経済による自由主義経済の中に、新たなる出発をもって歩み出したのである（四頁）。

生きるも死ぬも自由

土地私有権者は、地租改正後は地租支払い義務者・納税義務者になり、それまでの「農民は生かさぬように、殺さぬように」から「生きると死ぬとは全く彼らの自由」になった。つまり、土地所有者である限りにおいて、たとえ凶作や農産物の価格下落やその他の自然的・社会的要因で地租の納付が不可能になろうとも、「寸地を失い、無一物」となるまでは、納税義務を免れることは出来なくなった。土地所有者として完全に納税義務を果たすには、自由な土地処分か高利貸に依存するしかなくなっていった。

地租及び地租割等滞納のため、所有地の強制処分を受けた者の数は、一八八三（明治一六）年から一八九〇（同二三）年の間に、三六万七七四四人、その中で二六万三九六五人（七割一分）は、貧困の結果の滞納であった。土地所有者となった小農民の零落がいかに甚だしかったかがわかる。

新政府による地租改正は、従来の年貢による収入を減らさない方針で進められたので、農民は負担の軽減を求めて各地で地租改正反対の一揆をおこした。一八七六（明治九）年になると、低米価の下で過去の高米価も含めて平均した地価を基準に地租を定めることに反発する大規模な農民一揆が発生した（地租改正反対一揆）。政府は軍隊を出動させてこれを鎮圧した。翌一八七七（明治一〇）年には、地租の税率が二・五％に引き下げられた。この年、九州各地の不平士族が、西郷隆盛を首領として最大規模の反乱、西南戦争が起こった。

寄生地主の誕生・自作農の増加と小作農の減少

製糸業の農村への進出や養蚕業の広がりの中で、農地にも大きな変化が生まれてきた。

『六十年史』では、田口村の場合の統計と解説が述べられている。

	自作農	小作農	自作兼小作農	合計
大正六年	八七	三五三	一四一	五八〇
昭和八年	一七五	二三五	二九四	七〇四

右表を見て土地所有状況が改善され、農家が漸次生活の基礎を固めつつあるかの如く解するならば誤りである。

農家総戸数は大正六年の五百八十戸から、昭和八年には七百四戸となって、百二十四戸の増加を示してゐる。限りある村内耕地に対して農家戸数の増加は、必然一戸当耕地面積の減少となる。大正六年の一戸当耕地面積は、九〇九段であったものが、昭和八年には七四八段に減少して居る。

従来耕地が九段位の過小農が更に耕地の減少によって、農業は愈々農作専門では立たなくなって他に副業を持ち、或は養蚕に向かふ傾向の強くなるのは当然であるが、又、農業を兼業として他の職業によって生計を立てるものが増加する。

小作農は耕地面積が少ない為、自家の農作だけでは生活が出来ない者が多く半数は兼業者であり、自作兼小作農も三分の一は兼業者である。自作農家の五分の一も又兼業者であって、僅少の土地を耕作するに過ぎない。

右のやうな事情の中に自作農が増加して小作者が減少して居ると言うことは、農業状態が改善せられたことを示すものではなく、却って其の反対なのである。即ち自作農の増加は、従前自作兼小作農であった者が、小作地分を手放して自作となるものの増加したこと、土地幻想によりて大正八、九年の好況時代に高価な土地を買った者の多かったこと等が主因である。

中略

耕地を所有することが出来て生活の基礎が確立したと信じてゐる自作農は金利支払者として

多額の負債を同時に持っている。土地と負債の所有者自作農の生活は小作人以上に安定を欠くものである。而し借金策によってでも土地を得ることの出来なかった者は、耕地を失ふ度に村を離れるより外に道はないのであった。小作の減少の内幕には右のやうな事情がある。自作兼小作の増加は、地主兼自作農の没落や純小作が少し許りの土地を得ることによって生ずるので、其の自己所有地は僅少であっても自作兼小作の中に数へられるものである。

右様の事情の下に表面上増加して居る自作農であるから、今若し負債を整理したならば、村に自作農が実際何人残るであろうか？（二三九頁）

第二節　養蚕業の広がりと米の自給の破綻

貿易と国内工業の発達に伴って、農家も商品経済に深く巻き込まれ、生糸輸出の増加に刺激されて桑の栽培や養蚕が盛んになった。表（28頁）に見られるように、養蚕農家数はアメリカの生糸ブームに乗り、大戦期後半には約一八九万戸となり、全農家戸数の三六％となった。全国の収繭量は、一九〇〇（明治三三）年は二七五三万貫であったが、三〇年後の一九三〇（昭和五）年には一億六四三万貫と三三一％に急増した。

一方、繭価は一九〇〇年の一貫目四円五銭から一九二五年の一〇円六三銭の最高値を経て、昭和恐慌後の一九三〇年には三円一〇銭と大暴落した。岩田の指摘するように農民の生活は市場の物価現象の支配を受け、農村の経済は全く他力によって左右されるのであった。

岩田は著作の中で、農村に商品経済が入り込み、景気の動向によっては大金が入る養蚕経営は農村を大きく変えていったことなど、次のように述べている。

養蚕は掃立てから約一カ月内外で繭となって金が手に入る。一時は随分忙しい思ひもし、ろくろく睡眠も出来ないほどの苦労はするが稲作等に比して短時日のうちに金がとれる、肥料代や種代、桑代、蚕具消耗、薪炭、労賃等考へれば実際は糸価の順調の時でもそれほど利益のあるものではないが、それにしても一時に大金の顔を見るので、一般に養蚕農家は金使ひがあらく、生活は比較的奢ったものであった（三三頁）。

養蚕業の広がりによる、もう一つの農地の変化は桑園の増加である。田畑の桑園化という変化が将来の日本の農業・食料自給にとって大きな意味を持つことになる。

養蚕の拡大

		収穫量（千貫）	指数	繭価（円）	養蚕家戸数
1900	明治 33 年	27,525	100	4.05	（千戸）
1905	明治 38 年	27,232	99	4.31	—
1910	明治 43 年	39,008	142	3.86	—
1915	大正 4 年	46,470	169	3.69	1,671
1920	大正 9 年	63,324	233	6.38	1,891
1925	昭和元年	84,780	308	10.63	1,944
1930	昭和 5 年	106,425	331	3.1	2,208

講座日本史　p.64 を参照

蚕糸業全盛期における一九一九（大正八）年、長野県総生産額は五億二七六八万円で、四八・五％が生糸の生産だった。次いで繭の生産が一九・七％で蚕繭糸の生産額が三分の二を占めるほどになった。農産物は一八・九％であった。この年の長野県の農家戸数は二〇万八八二九戸でそのうち養蚕農家戸数は一六万二八〇五戸で七八％を占めている。また、総耕地面積一七万五九六九反のうち桑園面積は五万三九八六反で桑園率は三〇・七％を占めていた。現金収入の得られる養蚕農家の増加、桑園の増加にともなって水田が減少する。これらの耕地の変化について岩田は、次のように述べている。

養蚕が盛んになれば桑園が増加する、明治の初年には桑畑は平地には殆ど無かった。旧幕政時代に穀作奨励の為桑は平地に植えることを禁ぜられていた為め、山の傾斜地、開墾地等其他の農作に不便な場所を利用して、作られていたものであったが、繭が高価に売れて養蚕は利益の上がることを一般の人々が知るやうになると、桑は段々平地の畑にも植えられるやうになり、遂には良田を桑園にする者が出来て、明治の後年から大正の始めにかけては、屋敷の近傍の水田は殆ど桑園と化してしまった（三〇頁）。

大正期の長野県の米作の反収は金肥施肥量の増加により全国平均を上回っていたが、桑園の増加によって水田面積が減少した。したがって、米の収穫量は停滞していった。大正初期の平年作収量は一二五万石程度で、約二五万石を県外から移入しなければならなかった。県では米麦の県内自給策を立てた。

養蚕業のさかんになった「お陰」について岩田は、次のように述べている。

而し兎に角も養蚕はかつては他の農作に比して有利であった為我が農村は一般に生活が豊かであった。暮しは割合に派手であり、多少余裕も出たので、明治の初年から此の余裕が、各自の修養の方面や子弟教育の方面に向けられたのであった。長野県が明治時代他の諸県に先じて教育が発達し、学校設備が完成して全国に教育を以て誇ったなどは全く養蚕のお蔭であったのである（三四頁）。

一八八九（明治二二）年の市政・町村制施行時、長野県には市町村数三九一に対し、小学校が七一九校あった。小学校の多くは尋常小学校であり、高等科が設けられるのは明治後期になってからである。後に述べる様に、農村の状態が好景気の時には余剰金が子弟の教育に向けられた。

第二章　資本主義の発展と都市労働者の誕生

第一節　急激な農村の資本主義経済化

日本の産業革命の中心は、綿糸を生産する紡績業だった。綿織物生産は原料糸に輸入綿糸を用い、農村の問屋制家内工業を中心に全国に広がった。明治の中期からは輸入の紡績機械、蒸気機関を用い、機械制生産が急増した。おもに手織機によって問屋制家内工業生産がおこなわれていた農村の綿織物業でも小型の国産力織機を導入して小工場に転換する動きが進んだ。

製糸業では、当初は簡単な手動装置による座繰製糸が普及したが、輸入機械に学んで在来技術を改良した器械製糸の小工場が農村地帯に続々と生まれた。

農村おける急速な資本主義化の進展について岩田は、次のように述べている。

明治より大正昭和にかけて、製糸業発達の跡を通観すると、始めは農村の家内工業であったものが、工場手工業に発展し、工場手工業は機械工業に移り、経営の資本は小資本より大なる資本に進み、愈々大なる資本を擁する工場のみが残存し、これも遂に自力によって経営することが出来ず、今や営業製糸は金融資本の制圧の下に、辛くも煙を立てているのであるが、この後或は破産倒壊か、愈々大なる独占資本に併合の運命に置かれているのである（五〇頁）。

我が生糸の輸出は、殆どその九割五分を、米国に輸出するので、米国経済界の不況と消費の減少は、直に我が貿易に大影響を及ぼし、生糸の原料たる繭生産地の、我が農村をして忽ち不況の底に転落せしめる（五二頁）。

中略

かくもすさまじい下落の歩調は、生糸原料の生産者養蚕農民の生活をして、惨苦の極に陥れしめた。生糸貿易の消長に依存する我が農民が、米国の景気不景気に対し、如何に敏感であるかは、世界経済の動響などには全々無関心な無知な農民にも、朝夕の飯に直接影響することによって、容易に知らるゝのである（五三頁）。

近代産業の発展と農村の状況

明治政府は富国強兵と殖産興業に力を注いだ。産業の発展に大きな役割を果たしたのが鉄道である。一八七〇（明治三）年に設立された工部省が中心となって、一八七二（明治五）年に新橋・横浜間、ついで神戸・大阪・京都間にも鉄道を敷設し、開港場と大都市とを結びつけた。一八八八（明治二一）年信越線の開通により東京・長野間は一一時間二〇分で結ばれるようになった。徒歩で六日間を要する行程と比較しても、旅行は比較にならないほど便利になった。五年後の一八九三（明治二六）年碓氷トンネルが開通すると、東京・長野間は九時間五分で結ばれることになった。

佐久鉄道株式会社は、一九一四（大正三）年に南北佐久の地主・商人・銀行家を株主として設立された。長野県および沿道町村からの補助を受け、翌一九一五（大正四）年八月に第一期線小諸・中込間が開通した。一九一九（大正八）年に小海まで延長した。

地方の交通運輸機関は、鉄道の発達により馬車および荷馬車の交通系統に大打撃を与えた。また、明治末期から大正期にかけて、自動車交通が普及し、これまでの交通体系を変えていった。佐久地方では、一九一八（大正七）年佐久自動車商会が設立され、翌年から岩村田を中心とするバス運行を始めている。さらに一九二六（大正一五）年、千曲バスの前身である小池自動車株式会社が資本金八万円で創設されている。

交通機関の発達とともに、電気事業が発達しあらゆる産業の電化や電燈事業の発展に大きく寄与した。佐久地方では、一九一一（明治四四）年信濃電気が電力供給の権利を獲得し一九一二（大正元）年より送電を開始した。

電燈の普及について、岩田は、次のように述べている

大正元年に長野電燈会社の発電所が出来て此の地方にも漸く電燈がつくやうになったが、始めは千曲川西岸地方臼田町野沢町等に点ぜられただけで、一般郡内に普及しなかったが、大正八年我が村にも電燈がつくやうになった頃から急速に普及して、山間僻地に至るまで順次点燈せられ、大正十二三年の頃迄に、地方一帯に普及して電燈のつかぬ家はないやうになった。電燈の光に馴れると愈々燭光も大きなものを用ひるやうになり、点燈数も増し、街灯も到る所に点けられて、

現今の田舎道は真夜中でも提灯なしで歩くことが出来る、田舎町の繁昌も大都市の昼を欺く不夜城の電光には及ぶべくもないが、電燈の光によって一層引き立って居る（二九頁）。

地方における電力は電燈のみならず、製材、精米、脱穀など農村の生活を大きく変えていった。電気の供給が十分になった昭和の時代には電気軌道が発達した。上田市から小県郡内、松本市から安曇・筑摩郡下、長野近辺など著しい発達を遂げた。鉄道や工業用電力を供給する発電所の在り方について岩田は「大資本に奪われる山岳地方の富」の項で、次のように述べている。

山岳地方の自然の富である水力が、地方人には発電事業を起こすだけの資本力がない為め、多く都市資本が侵入して水力富源は自由に利用されるので、自然が恵んでくれた地方の富も都市資本の侵入により蹂躪せられ地方人は其の恩恵に浴すことが出来ない。元来水力落差の価値は山地の有する社会的富源であるが、之は現在法律的保証がないから止むを得ない。発電所起工に際してはまま地方人と会社との間に利害の紛争を起こすことがある。之れ等は多く河川漁業或いは農業灌漑上の問題より起こるものである。

発電所の起工されるに当たって、其の水の取入口より発電所の放水所迄の中間一帯の水は減少する為、魚族の減少灌漑用水の渇水を来す。大正十二年臼田町勝間地籍に千曲電気株式会社の発電所が起工せられた時、其の取入口は、東信電気株式会社の海瀬発電所放水口直下より起こされる為其の下流青沼村、田口村、平賀村の一部の用水を渇水せしむる結果となる、之を恐れる右用水使用の各村落は水利権侵害を叫んで発電所起工に反対し、一大争議を巻起こしたが、結局用水路は会社で充分に給水取込の設備をすることになり、争議の犠牲者等に見舞金三千円を出して事件は落着した（一二五、一二六頁）。

商事会社と銀行の発達

機械技術を本格的に用いる産業革命が進む中、明治中期には鉄道や紡績を中心に会社設立ブームが起きた。全国の会社資本金は、一八八五（明治一八）年から一八九〇（明治二三）年の五年間で、工業では七七七万円から七七五三万円に、運輸業では二五五九万円から一億三六三万円へと急増した。一八九九（明治三二）年に商法中に商事会社の規定が設けられ、合名会社、合資会社、株式会社、株式合資会社の区別が明らかにされ、会社営業が法律で保護されることになった。三井・三菱・住友、安田等の政商は官営事業の民間売却や優良鉱山の払い下げにより鉱工業の基礎を築き、財閥に成長していった。これ等の財閥は金融、貿易、運輸、鉱山業などを中心に多角的経営を繰り広げ、株式所有を通じて様々な分野の企業を支配するコンツェルン形態を整えた。

佐久地方の商事会社は、銀行業が最も多く、製糸業、物品販売業、醸造業、米穀販売業等で佐久鉄道株式会社は最大の会社だった。岩田の著作には、次のように記されている。

昭和六年現在に於ける南佐久郡内の株式会社は三十、合名会社は十八、合資会社は二十六、其の資本総額は一千二百万円である。右の七十四会社を産業別にみれば、商業会社四十、工業は二十三、農業が三、運輸が八である。長野県下全体では、会社総数一千七百六十三あり、その内、株式七〇四、合名二三四、合資八二五、資本総額は五億七千二百万円に及ぶ（一三一頁）。

大正初期県下で百以上を数えた普通銀行は、一九二〇（大正九）年の恐慌を契機に急減する。資本金五〇万円以下の中小銀行の減少は著しく、とくに一〇万円以下の小銀行は特殊なものを除いて消滅するに至った。一九一三（大正四）年に南佐久には普通銀行が九、貯蓄銀行が一、金融貸付業二であったが、恐慌後の一九二五（大正一四）年には株式会社二、合名会社一の三行となった。この間、臼田町にあった千曲銀行と南佐久銀行は第十九銀行に吸収された。第十九銀行は、大正九年、十年の不況時に当たっては、担保品の下落に対する差金の徴収を緩和し、またみだりに回収を迫らない方針を取り、製糸業者を保護育成する方法をとった。

県下の金融機関は、昭和恐慌の発生で深刻な不況に見舞われ、一九三〇（昭和五）年一一月、信濃銀行が破たんした。同行は当時六万人余の預金者と三〇〇〇万円以上の預金高を持っていたので影響は甚大であった。この影響は長野県の二大銀行であった第十九銀行、第六十三銀行にも大きな影響を及ぼした。両行は一九三一（昭和六）年一一月に合併し八十二銀行として今日に至っている。

銀行について岩田は、次のように述べている。

銀行は各人の遊資を低利で預かり、それを高利に貸付け其の差で利益を上げる。銀行から借り出した資金で農業を経営するとしたなら其の収益は利息を支払ふに足りないから銀行資本が農業経営に利用せらるゝはづはない、だから銀行の農村に於ける役割は、中小地主或いは地方サラリーマンなどの遊資を吸収することである。だが農民も銀行の金を借りる、それは年々細り行く家計困難、或いは不事の災難、又は手を出した事業の失敗等の原因から銀行から借り出すのが殆ど大部分である。元来農民は土地を失ふことは、最大の苦痛とする所であるから、借金することが如何に割が悪くとも一時銀行から借出して遣繰をつける、而し農業の収益は僅少であるから、結局家計は愈々困難となり、更に負債が重なるのが当然である。かくして段々零落し銀行に対して利子の支払さへも完全に出来なくなると、抵当物件（土地）は遂に銀行に処分せらるゝ結果となる。農村の疲弊した近年は土地の売買が殆ど行はれず、又多くの土地は二重三重に既に抵当に入ってゐる等の原因から、土地担保では銀行が金を貸さなくなった。それが為め近年は銀行の資金は殆ど地方に利用されない、かくして資本は皆中央に集まって、農村から絶対に離れるのである（一四九、一五〇頁）。

第二節　労働者階級の増大

第一次世界大戦は日本を輸入国から輸出国にし、債務国から債権国に転化した。大戦に伴う国内産業経済の急成長は企業、とりわけ大企業に莫大な利潤をもたらした。巨大財閥は大戦期を通じてあげたこの利潤を、資本金の増額や有価証券を大量に買い入れ支配企業を増加させた。一九二八（昭和三）年頃には三井財閥はその支配会社九七社、三菱財閥は六五社、住友財閥は三八社、安田財閥は三四社と一大コンツェルンを形成した。

大戦中に倍増した労働者数は、その後の不況にもかかわらず増大し、大恐慌直前には二三八万人となった。

当時の工場労働者の大半を占める繊維産業は女性労働者（女工、または工女と呼ばれた）であった。これらの多くは、苦しい家計を助けるために出稼ぎに来た小作農家の子女たちで、賃金の前借や寄宿舎制度で工場に縛りつけられ、劣悪な労働環境の下、低賃金・長時間労働に従事していた。紡績業では二交代制の昼夜作業が行われ、製糸業では労働時間が約一五時間にも及ぶことがあった。

人口過剰による離村……出寄留者

岩田は、著作の中で田口村の本籍人口と在住人口とを比較しながら、入寄留・出寄留について分析をしている。

（2）大正時代戸数人口

大正六年村の人口

戸数	男	女	計
本籍	二、七一三	二、六七八	五、三九一
現在　七九五	二、三八一	二、四四二	四、八二五

（3）最近の戸数人口（八年調）

昭和七年村の人口

	戸数	男	女	計
本籍		三、五二二	三、四四七	六、九六九
現在	一〇二二	二、六二五	二、五六三	五、一八八

大正六年より十年間に（十五年の間違いでは）人口は一千六百人の増加を来しているに拘わらず、在住人口は三百五十人の増加に過ぎないことに注意すべきである。大正六年表によっても既に他出人口が五百六十六人で人口過剰による離村傾向の様を知られる。

之を出寄留と入寄留について見る。（昭和七年）

	男	女	計
入寄留者	九八	一八〇	二七八
出寄留者	八三八	八三〇	一、六六八

村に生まれて村に居住しない者—居住することが出来ない者が—一千六百六十八人で全人口の二割四分に当たるに入寄留者は僅かに二百七十八人である。生業のない村内に居住が困難になった事情の表れであることは、後章土地の所有状態によって更によく知ることが出来る。

右の出寄留者数のうちには、離郷学生や、女工として工場に行っている者等は加はらないから、実際村を離れているものは、更に多数に上るはずである。我村から海外に渡航している者男二八人女一六人、其他内地殖民男一九人女一一人であって合計七十余人あるが、之は一千七百の離村者の五厘にしか当たらない。離村者の大部は二男三男坊や村の破産者が、都会に出ているもので、東京其他大都市は勿論、田舎町を繁昌せしめている人口はこのやうな離村者である。

田舎町には村を離れた付近村落の過剰民が押しかけて、小商ひや番頭、丁稚、職工其他労働等に従事する者多く、それが為め人口は著しく増加する。

中略

近年村の経済が愈々苦しくなってきたから、本来から言へば都市が農村の過剰人口を吸収してくれなければならぬのであるが、事実はこれに反して都市の失業者が郷里の親兄弟を頼って帰村する者が多く、村の生活を一層苦境に導き共倒れの有様である。

昭和恐慌に際して諸産業の行詰甚しく、工場労働者其他都市の失業者激増したが、我国は失業救済の社会政策が行はれないから、それ等の大衆は都落ちして田舎に帰る者或は職を求めて地方を放浪する者続出し、交通機関の発達して居る昭和の聖代に、それ等の乗物を利用することも出来ず、徒歩で碓氷の峠を越し、旧中仙道を下る失業者の姿が昭和五年の頃には毎日のやうに見られた。沿道の民家に立寄って草履銭を乞う者、飢えて職を求める者等の哀れに疲れたる様子を見る時、何処を尋ねてさ迷ふ人等であるかは知らねども、我子我兄弟の失業の様も思はれて親切にいたはってやる者が多かった。

汽車も電車も自動車も、金を持たぬ者にとっては無いも同様、足にまかせて歩むより他なく、夏は涼しい夕方か夜に歩く者が多く、之等の失業者の旅姿を街道に見うけるとき全く封建の昔に代が返ったような感じがしたものであった（二二〇～二二五頁）。

第三章　資本主義経済の発展と村の自治

第一節　村の財政

一八八八（明治二一）年に市制・町村制が公布された。人口二万五〇〇〇人以上の都市を市として郡と対等の行政区域とし、従来の町村は大幅に合併されて町村とされた。市長は市会の推薦する候補者から内務大臣が任命し、町村長は無給の名誉職で、町村会で公選された。一八九〇（明治二三）年には府県制・郡制が公布された。政府の強い統制の下ではあるが、地方自治制度が確立した。

資本主義が発展する中で農村は都市化され変貌していった。村の財政は、明治・大正・昭和と累年膨張していった。田口村の財政規模も明治の市町村制がしかれた後の一八九九（明治三二）年は九五〇〇円、一〇年後の一九〇九（明治四二）年には一万二〇〇〇円、そして大戦前の一九一四（大正三）年は九八〇〇円と一万円内外であった。大戦後の好景気により物価は高騰し、国民生活にも大きな変化が起きた。村の財政規模は一九一八（大正七）年には三万円以上になった。大戦後の大不況により物価は漸次下落してきたが財政は膨張し続けた。そして、昭和の恐慌時一九二九（昭和四）年の村財政は六万四〇〇〇円を超えた。大正の初めの頃の六倍に膨れ上がったのである。

こうした様子を岩田は、次のように述べている。

商工業が発達し人類生活上の諸物資は殆ど総て（原料品を除いて）都市工業によって生産せられて之が農村に侵入する、衣食住に亘って、あらゆる生活必要品中、着ている着物、履物、被り等の身の回り一切から菓子缶詰等の食料品、家具建具等の住居付属品等に至るまで、およそ都市製品ならぬものが現代幾何あるであろう、農村は之等の都市商品の侵入による交換過程の中に於ても次第にその経済を細らせて来たのである。

地方自治体の財政は累年膨張し、土木費教育費等其他の歳費は増大し、租税は、益々重課せられるやうになったが、農業が元来薄利な上に近年欠損続きの農民には重い税の負担は堪え得なくなった、それ故に租税の滞納者続出して地方財政は行詰まり、財源なき歳費の膨張に苦しんでいる。失業救済工事、林道鑿設等の名目により、補助金を得、或は低利資金を借り出して滞納整理に当て、交付金や下渡金によって僅かに村役場の金庫に金の気が保たれている有様である（一一、一二頁）。

三倍もの税負担と滞納者の続出

市町村税負担は、一九二二（大正一一）年が最も重く、一戸当たり四五円、一人当たり八円となっている。一〇年前の一九一二年に比べて見ると、一戸当たり三・一倍、一人当たり三・三倍となっている。農民は重税に耐えられなくなり、滞納者が続出していった。

岩田は著書の中で、田口村の具体的な税負担等を記述している。

租税一戸当負担表

	昭和四年	同五年	同六年	同七年
	円	円	円	円
直接国税	三六、六八	三六、一六	二九、〇〇	二八、四五
県　税	二一、四四	二〇、五三	一七、二二	一四、四四
村　税	四一、三八	二五、一〇	二一、〇六	二〇、四七
計	九九、五〇	八一、七九	六七、二八	六三、三六

昭和四年の一戸当負担が百円に五十銭欠けるだけであって、恐慌後即ち昭和五年以後は二割乃至三割の減少を示して、五年に八十二円、六年に六十七円、七年に六十三円となっているが、昭和四年に比して五年は農産物急落によって農家収入は半額になって居り、特に貨幣による収入は三分に一以下に激減しているのである。即ち農家の生産物総価額の一戸当は、昭和四年六百九十二円、五年が四百十八円、六年は三百九十六円、七年は三百六十三円である。

農産物総価額一戸当

昭和四年	同五年	同六年	同七年
六九二円	四一八円	三九六円	三六三円

右の如く農家の収入が半減して居り、現金収入は三分の一以下に下がっているのだから、二割や三割の税の軽減では比率に合はない。第一その収入は生活費に足りない有様なのだから、従って税の滞納が続出したのも無理ない現象であった。

特に税制の根本的改革のない限り、此の税の軽減は一時的の現象であって再び元に戻るであらう。地方財政は連年膨張を示すだけであって、その歳入は結局何処より求むるのであるか？言うまでもなく税収入によらなければならないからである（一九〇、一九一頁）。

岩田は村の財政分析にあたり、直近の四年の歳入歳出を表にしている。著作の刊行が昭和九年であることから、昭和七年度、八年度は決算承認前のため予算で比較してある。

歳入の主なものは税金であり、昭和四年度は歳入総額六万四〇三一円に対して税収入は三万五二六三円で五五％を占めている。翌昭和五年度の税収入は恐慌後の状況を反映して二万七五〇〇円と大きく減少し、前年度と比較して約六割となっている。この点について岩田は、著作の中で、

昭和五年には村民の経済が極度に悲惨な状態に陥った為、此年度の予算は中途に於いて訂正せられ村税軽減が行はれたので前年度に比して一万五千円減少して二万余円となって居る。近年農村疲弊の減少が著しくなってから国家の保護匡救の政策が漸次濃厚となって来たことは、村歳入の中に交付金や補助金及義務教育費補助による国庫下渡金の増加に表はれている（一八二頁）。

村の財政

歳入

	昭和４年決算	昭和５年度算	昭和７年予算	昭和８年予算
財政投入	5,022	3,898	3,047	4,099
使用料及び手数料	432	427	585	659
交付金	987	1,167	769	776
補助金	994	5,037	1,354	2,666
寄付金	4,195	7,123	630	780
繰越金	7,543	3,906	1,500	1,400
村債	0	6,100	5,000	3,000
税（及夫役現品）	35,263	20,750	21,107	22,838
国庫下渡金	8,846	10,094	9,078	10,587
其他	745	2,259	7,369	6,211
計	64,031	64,361	50,439	53,007

歳出

	昭和４年決算	昭和５年決算	昭和７年予算	昭和８年予算
役場及び会議費	9,238	8,826	7,804	7,879
土木費	2,557	14,174	1,445	2,124
教育費	31,457	25,062	23,279	24,289
衛生費	837	51	1,279	1,319
勧業費	177	189	190	190
警備費	1,175	937	770	786
基本財産造成費	3,415	1,697	1,267	1,466
諸税及び負担	1,430	1,324	759	960
公債費	140	604	5,753	5,717
寄付及び補助	4,334	8,122	815	840
其他	4,502	901	7,071	7,437
計	60,142	62,692	50,439	53,007

p184、p185より筆者が作成

歳出について岩田は、次のように述べている。

先づ其の最大の費目は教育費で、之が五割以上を占めている。村によっては七割から八割に達するものもある。我村の昭和四年の決算によれば村費歳出計六万円の内教育費は三万一千五百円を占めている。昭和五年に二万五千円に下がっているのは村税軽減の犠牲が主として教育費に及んでいる結果である（教育費に関しては後章村の教育で詳論）。第二は土木費であって、之は年々土木事業の変化によって金額は激しく増減がある。村道の改修工事、堤防工事或は学校増築の行はれる年は著しく増加するのである。昭和五年土木費が多いのは、用水取入口の改修工事があった為めで、大略昭和年代に入って我村は土木事業が少なく、土木費は著しく減少しているのである。（道路及び堤防学校増築等大正の年代迄に大体完成して居る）（一八五頁）。

当時、教育費が村の歳出の五割前後を占めていることについて『臼田町誌』に、次の記述がある。「町村教育費は小学校費を中心に、小学校卒業後の実業補習学校や、勤労青少年の軍事訓練機関である青年訓練所の費用を加え、田口村では歳出総額の四〇、五〇％台を保ちながら、総額で大正初年の五千円前後から一五年度には二万円台に突入した。この間に金額の増減はあっても、教育費はつねに町村財政のほぼ半分近くを占めつづけたのである。さらに、教育費のうち小学校費の給料（小学校教員俸給）をみれば、一貫して六〇、七〇％という圧倒的な比重を占めており、給料総額は一〇年度以降一挙に一万円台にはねあがっている。（中略）本科正教員俸給の平均月額は、明治三〇年（一八九八）一月の勅令で上限が一六円〜二〇円ときめられており、それを上回る場合は町村会の議決が必要とされ、大正中期からどこでもこの義務額超過分が激増していた。同校本科正教員の平均月俸額をみると、七年度に二七円八〇銭だったものが、一〇年度一挙に五八円八六銭へと急上昇し、その後も一二年度六〇円、一三年度六三円一六銭と漸増している」。（『臼田町誌　近現代編』二三〇頁）

第二節　村の教育

維新政府は一八七一（明治四）年に文部省を設置した。つづいて翌一八七二（明治五）年にフランスの学校制度にならって学制を公布した。学制は全国を八大学区にわけ、各大学区に大学校一、中学校三二、各中学校区に小学校二一〇校を設ける規定であった。小学校は当時の人口六〇〇人に一校の計画だった。画一的なこの計画は後の教育令（明治一三年）により改正された。政府は、国民各自が身を立て、智を開き、産を作るための学問として、男女に等しく学ばせる国民皆学教育の建設をめざした。

学制公布時の田口村区域には小学校が四校あった。常和村・興仁学校（六六人）、下越村・至徳学校（五二人）、田ノ口村・尚文学校（二〇八人）、三分村・静修学校（三六人）である。一八八六（明治一九）年に小学校令の発布により、近隣の小学校が統合され、田口小学校本校と入沢・下越支校、山田派出所となった。当時の学齢児童は七一九人、就学児童は五二五人、就学率は七三％であった。一八八八（明治二一）年に一郡一校の郡立高等小学校が臼田町に設置され、各村の小学校は尋常科の児童のみを教授することとなった。その後、小学校令の改正があり、高等小学校は尋常小学校と併立することになり、尋常高等小学校となった（一九八～一九九頁）。

岩田は教育の向上について、次のように述べている。

百姓の子が他へ転業するの手段として、先ず教育を受くるものであること　凡ゆる中等学校及それ以上の学校に学ぶ農村子弟の共通点である。かくして農民＝親等＝が多くの費用をかけて教育を授けてやった農村の子弟は、都市資本の使用人、会社員、銀行員、或は官吏教員として再び村には帰って来ないのである。村は経済の欠乏と知識の欠乏によって益々さびれるに反し、商工資本は愈々増大し都市は愈々華やかとなる。何時も淋しく我が家を守る田舎の親父等が『百姓程つまらないものはない』などとつくづくこぼす言葉の中には、年々歳々没落して行く農村の無限の寂しさが含まれている。

経済界の行詰りが甚だしい近年、中等以上の教育を受けた者の就職が極めて困難となるやインテリの失業者が多く、中等学校位卒業しても就職口の無い為農村にも著しくインテリが増加した。父兄から見ればせっかく高い教育を授けてやった子弟の生活戦線に悩むを見るは更に苦痛である。就職口に悩む之等の分子が漸く足下の農村疲弊の状態に気が付いた時は彼自身職の無い時である。教育は現時種々の意味に於いて方向転換が叫ばれている。教育は村を滅ぼしつつあったか？　教育は村を救うであろうか？
教育の発達と経済の行詰まり、農村の疲弊とインテリの就職難、之等の桎梏はどうして解消するか？（二〇七～二〇八頁）

この叙述は一九三四(昭和九)年三月、『村の經濟六十年史』を上梓した頃の岩田の率直な問題意識、歴史認識であろう。岩田が長野師範を卒業した一九一八（大正七）年は第一次世界大戦景気に沸き、翌々年は一変して戦後恐慌に見舞われた。その打撃が回復しないうちに、一九二三（大正一二）年、関東大震災恐慌に襲われた。日本資本主義は末期的徴候を現しており、恐慌の度に深みに落ち込むばかりで景気は回復しなかった。そして一九二七（昭和二）年の金融恐慌、一九二九（昭和四）年の世界恐慌とつづいた。製糸・紡績の繊維工業は大きな打撃を受け、失業者は続出した。職を失った都市労働者は村に帰る者もあり、農家の寄食者が増えた。農民たちは収穫米を全部売り払っても間に合わず、青田売りが始まった。もはや農民は自分で作った米を食べることも出来なかった。学校では欠食児童の問題が教師間で取り上げられた。

『佐久市志』（歴史編（四）近代）では当時の様子を次のように記している。

「昭和初頭の金融恐慌につづく農村恐慌は長野県下に深刻な影響をあたえ、市町村では税の減収や滞納により財政状態が悪化した。なかでも、財政支出の最大費目を占める教育費はまず削減の標的にされ、不況に苦しむ地域住民から教員は安定した給与生活者とみなされて、非難や反発の対象となった。昭和五年（一九三〇）ころから財政が窮迫した小町村では、教育費の削減とりわけ教員給与の減額や寄付を要求し、あるいは校長・教員に高額な町村特別税戸数割を賦課する動きが強まる。こうして地域のさまざまな財政事情をはらみながら、しだいに市町村（住民）と学校（教員）との対立が表面化してきた。」（一〇四三頁）

田口村も例外ではなく村の経済力の低下は教員給与に目が向けられた。岩田は教員と農民・父兄との相克について、次のように述べている。

村の歳出の大部分は小学校の教育費であり教育費中の六七割以上九割までは教員の俸給であることに気のついた農民は、農家の貧窮に際して俸給の一部を寄付してもらい度いと言ふ問題を持出した。之は当時両者の感情上の問題と化してしまった為め、寄付強要と言ひ寄付絶対反対と言ひ、問題はこじれて所謂教育争議にまで発展した村も各処に見られた。我村に於てもあはや小学生の盟休にまで立到らうとしたが、時恰も六月で学校は自然農繁休暇となったので、そのことなくして済んだものである。

中略

教員は全部任地に居住し農民と苦しみを共にすべきであるなどの声も教育界から生ずるやうになった。教育者と村民即ち学校児童の父兄とは元来個人的には親密な関係にあり、この意味に於ては充分親和すべきものであるのに、一方は俸給生活者として、片方は生産者として、其の利害の一致しない処から来る桎梏は解消できるものでない。教員の生活は、不況による物価の安値は俸給の増額に等しく愈々楽になるに反し、農民は繭価の下落米価の下落で生活は愈々窮迫するからである。

中略

資本主義の必然現象として物価の高低の常ない社会内にはサラリーマンと農民との利害は殆ど一致することは望み得ないであらう。生活内容の相近いものは常によく相和する。農村に於ける教員と農民との関係も明治の時代両者の生活状態が相近かった時代は最も親和して居った。教師は村民に尊敬もされ信頼されることが深く教師も又村民に親しむことが深かった。

中略

恒産なきは恒心なしなどと言ふ、サラリーマンの生活の安泰は果たして如何なる恒心を得たであらうか？　農民と教員との間に溝が生じて親和出来難い状態になって来たことが、教員が生活の安定を得てからのことであることに注意せねばならない。

教育費の増加による農民負担の過重は夙に国家的の問題として、義務教育費の国庫補助が行はれ漸次増額せられて現今八千五百万円の補助金が支出されている。それが我が村に於ても、約一万円の下渡金となって村の財政を助けていることは事実である。而し之れだけで問題は解決せられるものではなからう（二一一〜二一八頁）。

一九三二（昭和七）年、長野県の調査によると、報告のあった一八一校中、一二〇校に欠食児童が九六六人いた。また、昼食に弁当を持てない「欠食児童」が増えて、教室内でも弁当や金銭の盗難があるなど学校が荒廃してきた。南佐久郡では二三校中一六校が教員俸給未払いで県下のトップであった。北佐久郡は二十九校中二十校が未払いであった。（『長野県政史　第二巻』）

第四章　日本帝国主義と社会運動の発展

これまで『村の經濟六十年史』から国内のどこにでもあった村の民衆の生活を見てきた。こうした民衆の生活を常に念頭に置きながら「上部構造」ともいえる政治の動きを追っていきたい。

岩田が生まれたのは一八九七（明治三〇）年であるから日清戦争終結の二年後であり、子どもの頃から一九四五年の敗戦までの約五〇年間は戦争続きであった。

歴史学者の丸山静雄は『日本の七十年戦争』（一九九五年）の中で天皇制政府のとった海外軍事行動・侵略戦争を次のように述べている。

「戦争はある日、突然空から降ってくるものではない。時に偶発戦争のおこる場合もあるが、一般に相互の間における長い間の疑惑、誤解、不信が積み重ねられ、増幅されて相互関係を緊張させ、それが爆発しておこるものである。また国内的には戦争への恐れや警戒心をやわらげ、戦争に馴れさせるとともに思想・信条の統制（方向づけ）をおこない、それが治安警察の強化と相まって徐々に戦争への途に民衆を駆りたててゆくのである。

したがって常時、そうした動きに目を光らせ、戦争に何らかの形でつながるおそれのある一切の政治的、軍事的行動に対し、それを芽のうちにつみとることが必要である。その第一歩として、わたしは戦争に対する歴史認識を訴えたい。歴史認識とは、敗戦までの七十一年間（一八七四―

一九四五）、日本はアジアで戦争ばかりしてきたという事実を認めることである。」（中略）「戦争ばかりしていたとは、たまたま戦争が続いたのではなく、それぞれの戦争が本質的につながる一貫した戦争だったことを意味する。帝国主義的・植民地主義的なアジア侵略の戦いだったということであろう。」（一七～一九頁）

第一節　日本帝国主義の植民地化政策

日本帝国主義の領土拡張による支配植民地については、ポツダム宣言の方針となったカイロ宣言にその範囲が規定されている。つまり、一九一四（大正三）年の第一次世界大戦以降の植民地のみならず、一八九五（明治二八）年に終結した日清戦争による略奪地を含み、「満洲、台湾及び澎湖島など、日本が中国人から盗んだ領土のすべてを中華民国に返還させること」（カイロ宣言第四項）としている。以後、日本帝国主義の植民地とされた台湾、朝鮮、「満州」について述べてみる。

台湾制圧・植民地化に約五万人の軍隊

明治政府の海外侵略は一八七四（明治七）年の征台の役、第一次台湾出兵に始まる。一八七一（明治四）年一二月、琉球宮古島・八重山の琉球民が台湾東部に漂着しそのうち五四人が掠殺された。二年後の一八七三（明治六）年、漂着した日本人が物品を掠奪された。これを見た明治政府は漂流民を日本国属民として一八七四（明治七）年五月台湾征討軍（三六〇〇余人）を派遣した。（第一次出兵）明治政府のとった最初の軍事行動で「征台の役」と呼んだ。征討軍は南部地域のパイワン族を武力で平定したが清国軍と砲火を交えることはなかった。

一八九五（明治二八）年日清戦争に勝利した明治政府は台湾・澎湖諸島の割譲を受けた。そこで明治政府は樺山資紀海軍大将を台湾総督・軍務司令官とし、大連の近衛師団を台湾駐屯軍として一八九五（明治二八）年五月に派遣した（第二次出兵）。台湾では日本の領有に反対し、「台湾民主国」の独立を宣言して日本軍の上陸に抵抗した。島民の抵抗平定のために、陸軍は増援部隊である第二師団（師団長乃木希典中将）を派遣し総兵力約五万人、軍夫二万六〇〇〇人を投入、海軍は連合艦隊の大部分を投入した。一〇月、全島を平定し総督府の武断政治をおこなった。

台湾に対する植民地支配は、以後一九四五（昭和二〇）年の日本の敗戦まで約五〇年間続いた。朝鮮併合による植民地支配が一九一〇（明治四三）年からの三五年間であったことからしても現在の中華民国・台湾に対する日本帝国主義の植民地支配は過酷なものであった。

台湾割譲による日本側の狙いは台湾経済を勃興する日本の資本主義構造の中に組み込んで、食料供給基地、砂糖供給基地、工業基地として、帝国主義的膨張（南進）のために台湾を基地化することにあった。

明治政府は一八九六年、台湾総督府条例を公布するとともに土地所有権確定のために土地調査事業を開始した。この調査事業で無主地官有の原則により広大な官有地が生まれ、その土地の多くが日本の財閥・大資本に売却された。一八九九（明治三二）年に台湾銀行が設立され、企業進出の基礎を築いた。一九〇〇（明治三三年）に三井財閥系の台湾製糖会社が創立されたのをはじめとして一九一九年までに一三社が操業し最大の産業となった。製茶業では三井農林会社、製紙業では三菱製紙会社などが進出した。これらの資本会社は大土地所有者でもあり、三井農林会社は三万六三五四甲（甲は〇・九七八町歩）、三菱製紙会社は一万四八八四甲を有していた。これ等の大土地の取得は官有地払下げが四一・三％、買収が三三％であった。（『日本帝国主義と旧植民地地主制』）

台湾における殖産政策は農業、鉱工業にはじまり商業・土木・通信など生活インフラ全般にわたり内政整備がされ近代化がはかられた。台湾拓殖株式会社などの財閥系企業は戦争の拡大、占領地の拡大に伴い一大コンツェルンを築き上げた。しかし、明治政府の狙いは台湾を食糧生産基地、砂糖供給基地、工業基地としながら帝国主義的膨張・南進の基地とすることにあった。一九四〇年代になると日本帝国主義の侵略戦争の南方作戦全般の前進基地としての役割を果たした。

日清戦争と朝鮮の植民地化

明治政府による朝鮮の開国は、一八七五（明治八）年の江華島事件に始まる。江華島条約（一八七六年）により釜山、仁川、元山（日本海側）の開港、居留地の設定、治外法権、無関税貿易を認めさせた。これにより日本居留地商人は世界市場と朝鮮市場との間にある価格差を利用して莫大な利益を上げた。日本帝国主義はここに朝鮮侵略の足場を固めた。朝鮮ではその後李王朝内部の政権争いが続き、一八八二（明治一五）年壬午の乱では明治政府は賠償金と日本軍の常時駐兵権を獲得した。一八八四（明治一七）年甲申政変では朝鮮政府に対し親日派の金玉均がクーデターを起こした。朝鮮政府を支援する清国軍は大軍を持ってクーデターを支持する日本駐屯軍と戦った。日本軍は敗走し、清国派の閔氏政権が復活した。

一八九四（明治二七）年二月、朝鮮の全羅道の東学農民蜂起を発端に暴動は南朝鮮全体に拡大した（甲午農民戦争）。農民蜂起鎮圧のため清国軍と日本軍が出兵し、暴動が和解後も両軍が駐留し睨み合い、本格的な戦闘が始まった。八月一日、明治天皇は清国に対して宣戦布告をし日清戦争が開始された。明治政府は一〇ケ月の戦闘に戦費二億円、延べ二四万人を投入して勝利を決定づけ、一八九五（明治二八）年五月、下関で講和条約が結ばれた。その内容は①清国は朝鮮の独立を認める。②遼東半島および台湾・澎湖諸島を日本にゆずる。③賠償金二億両（日本円で三億一〇〇〇万円相当）を日本に支払う。④新たに沙市・重慶・蘇州・杭州の四港を開くというものだった。その後ロシアはフランス、ドイツを誘って三国により遼東半島を日本が領有することは清国と朝鮮国を危うくすることだとして放棄を求めた。激論の末、明治政府は三国と戦う力を持たないことから勧告を受諾し、遼東半島を清に返還した。

日清戦争の結果は明治政府の宿願であった朝鮮における支配権確立に失敗し、中国進出の拠点としての遼東半島の領有に成功せず、ロシアの進出を許し、その後の東アジア支配に大きな課題を残すことになった。一方、政府が清から獲得した巨額の賠償金はその八五％が軍備拡張に使われ近代戦への準備が進められた。

列強による朝鮮利権の争奪戦は激しく、日本企業も鉄道、鉱山、捕鯨、山林、電信等の分野に進出した。一八九五（明治二八）年に地方資本である片倉組は初めて朝鮮に渡り、一九〇二（明治三五）年には朝鮮人から成繭を買い養蚕を始めた。その後片倉殖産会社を設立し、製糸業、林業経営を開始した。

韓国が日本の完全な植民地となる経過は以下による。一九〇四（明治三七）年二月日韓議定書の締結、同年八月第一次日韓協約が結ばれた。翌一九〇五年には第二次日韓協約を結んで韓国の外交権を奪い、漢城に韓国の外交を統括する統監府をおいて伊藤博文が初代の統監になった。伊藤統監は高宗皇帝を七月に退位させた。ここに韓国は事実上の日本の保護国となった。

一九〇五年八月、日露戦争の講和会議で日本が独占的に朝鮮を支配することをロシアに認めさせた。日露戦争の最大の目的はここにあった。

一九〇七（明治四〇）年、第三次日韓協約が結ばれた。協約で韓国政府は王宮護衛の一大隊を除いて解散を命じられた。大隊長の憤死を契機に将兵が決起し、各地の軍隊も蜂起、農民軍も合流した。一九〇七年は干支では丁未で「丁未義兵」と呼ばれる。決起した義兵総数は一九〇七年だけで約五万人、日本の駐屯軍との交戦は三二四回にのぼった。一九〇八年は義兵総数約七万人、日本軍との交戦は一四五一回、一九〇九年には義兵総数約二万八〇〇〇人、交戦回数九五〇余回に達した。義軍の抵抗は活動地域も鴨緑江、豆満江流域から間島、沿海州に広がり抵抗をつづけた。一九〇九年一〇月、満州に視察に赴いた伊藤統監はハルビン駅で狙撃殺害された。朝鮮人安重根の単独犯行とされ処刑されたが、民族英雄として讃えられた。

一九一〇（明治四三）年、明治政府は憲兵隊を常駐させるなどの準備の上に韓国併合条約（日韓併合に関する条約）を強要して韓国を植民地化した。大韓帝国を朝鮮に改称し、京城に朝鮮総督府を設置した。以後、一九四五年の日本の敗戦まで三五年間に及ぶ植民地支配が続いた。

韓国併合までの間に日本の財閥はこぞって韓国に進出した。渋沢栄一財閥は朝鮮興業株式会社、三菱財閥系は東山農事株式会社を設立し、韓国の土地を買い占めていった。日本の保護国とされた韓国では日本人による土地所有は全く自由で、土地の価格も日本の一〇分の一から三〇分の一程度であった。日韓併合後の土地調査事業では耕地面積が二七二万町歩から四三三万町歩と六〇%も増加した。増加分は官有地とされ、大土地所有者に払い下げられた。日韓併合後における日本人で地主化した者は大正四年までに七千人近くに達した（『日本帝国主義と旧植民地地主制』）。

一九〇八（明治四一）年、日韓両国政府で設立した東洋拓殖会社は大正二年の末には会社所有地が六万四八六〇町歩となり、朝鮮人農民が小作をしていた。韓国併合前の日本人大地主は、一〇〇〇町歩以上の者が二八人、三〇町歩以上のものが一一二九人で中核的穀倉地帯を所有していた。日本人の土地所有化は台湾と同様に日本資本主義の資本輸出のための基礎条件を整備した。

日露戦争と中国の割譲、第一次世界大戦

清朝は日清戦争の戦費と巨額な賠償金の支援を西欧諸国に求めた。その代償として帝国主義勢力による中国の分割が行われた。一八九八（明治三一）年三月、ロシアは旅順、大連の租借権を手に入れ、南満州鉄道の敷設権を獲得した。ドイツは山東半島の膠州湾、イギリスは九龍半島・威海衛をフランスは広州湾を租借地とした。こうして帝国主義諸国により中国の割譲が開始された。下関条約後の三国干渉で日本が放棄を余儀なくされた遼東半島の旅順・大連がロシアの租借地となった

ことから日本とロシアの対立は決定的なものとなっていった。

こうした日本と欧米列強による中国分割を民族的危機として一八九八年夏頃から民衆が立ち上がり、「扶清滅洋」をスローガンに華北に広がり北京に入った（義和団の乱）。清国政府も義和団に同調して列国に宣戦布告した（北清事変）。北京は連合軍により鎮圧され、一九〇一（明治三四）年九月、講和条約が結ばれ清朝は莫大な賠償金を支払うことになり、その額は清朝の予算の十年分に相当し、国家財政は破綻し、清朝政府は事実上連合軍の共同管理下に置かれた。外国軍隊の駐留権、治外法権地域の拡大など中国の半植民地化はこれによって完成された。

北清事変を機にロシアは中国東北部（満州）を事実上占領し、同地域における独占的権益を清国に承認させた。朝鮮と地続きの中国東北部がロシアの手中に入れば、日本の朝鮮における権益が脅かされることになる。

一九〇四（明治三七）年、ロシアは北清事変後の満州駐留軍の撤兵を実行せず、日本とロシア両国で交渉が続いていたが決裂し、一九〇四年二月四日夜の御前会議で対ロシア宣戦を決定した。翌年初めに旅順要塞陥落、奉天会戦、日本海海戦での勝利でロシア軍を退却させた。一九〇五（明治三八）年九月、アメリカ大統領の斡旋により講和条約（ポーツマス条約）を締結した。日露戦争は東アジアの覇権をかけた二〇世紀の大戦争だった。日本側の動員勢一〇八万六九三九名、現役、予備役、後備役、補充兵役、国民兵役のほとんどすべてが召集された。戦いの結果、戦死者八万四四〇〇名を数え、戦傷病者を加えると犠牲者の総数は四六万二七六八名にのぼった。約一七億円の軍事費の内約一三億円を内外の国債に依存し、約三億二〇〇〇万円が増税でまかなわれた。国民は人的な損害と大幅な増税にこたえてこの戦争を支えたが、賠償金が全く取れない講和条約に不満を爆発させ、講和条約調印の日に開かれた講和反対国民大会は暴動化した（日比谷焼打ち事件）。

満州に関しては次のように取り決められた。まず、ロシア軍は満州から撤退すること。これで朝鮮に対する独占的支配権と同時にロシアによる脅威がなくなった。第二に、ロシアが清国から租借していた関東州、旅順・大連及び長春までの南満州鉄道を日本に割譲することが決められた。南満州鉄道の付帯事業には撫順炭鉱・煙台炭鉱の採掘権、鴨緑江沿岸の森林伐採権、遼東半島一帯の漁業権が含まれていた。（正式には日清両国の北京条約によって決まった。）ここに日本の念願だった満州進出の拠点が築かれた。（樺太の南半分の割譲も決めた。）

一九〇六（明治三九）年六月、明治政府は「南満州鉄道株式会社ニ関スル件」の勅令を発し、後藤新平を初の満鉄総裁に決めた。満鉄は政府が一億円を出資し、残り半分を公募としたが、一〇万株の募集に対し、一億六六四株の申し込みがあった。発足当初の社員は約一万三〇〇〇人でその内中国人が約四〇〇〇人であった。翌一九〇七年に営業を開始し、鉄道と炭鉱を主体に経営を広げた。撫順炭鉱、鞍山の鉄鉱石鉱山・製鉄所や水道・電力・電灯事業からホテル・学校・病院事業へと拡大していった。農産物の大豆・豆粕・豆油などは大連港から輸出された。満州全体に鉄道網を張り巡らし、駅や鉄道周辺地に日本人街を作り、満鉄コンツェルンとして事業を拡張していった。

一方、満州における日本人地主の土地所有については商租（所有権）問題や排日反日闘争の進展などで日本人名義による土地取得が出来なかった。「満蒙の開発と帝国勢力の扶植は其の広范無限なる土地の利用経営に依って始めて強力なる礎地を築き得るものであると考えていた日本帝国主義は、満蒙経営が一大危機に直面したと痛感した。」（『日本帝国主義と旧植民地地主制』二二三頁）明治政府は一九二二（大正一一）年、満鉄、東洋拓殖会社、大倉組の共同出資による東亜勧業会社を設立し、大規模な土地経営を行った。

「満州国」建国後は勅令によって満州拓殖会社が設立され、出資者は満州国政府と満鉄、三井・三菱の各中央大財閥であった。その後大規模日本人移民計画が実施されると移民代行機関の拡充・強化が必要となり、満洲拓殖公社（満拓）が設立された。東亜勧業会社と満州拓殖会社の土地と商組は満拓に引き継がれた。

一九一四（大正三）年六月、第一次世界大戦が始まった。

一九一四年八月、日本軍は日英同盟のイギリスの要請によりドイツに宣戦布告し、山東半島に上陸、中国の中立を侵犯し、ドイツの根拠地青島を攻略、膠州湾のドイツ租借地を占領した。また、一〇月には赤道以北のドイツ領南洋群島（パラオ、ヤップ、トラック、マーシャル群島等）を占領した。

一九一五（大正四）年、日本政府は北京の袁世凱政府に対し、山東省のドイツ権益の継承、南満州及び東部蒙古の日本権益の強化、日中合弁事業の承認など、いわゆる「二十一カ条の要求」をおこなった。日本政府は海軍軍艦の出動、陸軍満州駐屯軍による圧力で袁世凱政権に要求の大部分を承認させた。中国国民はこれに強く反発し、要求を受け入れた五月九日を国恥記念日とした。

一九一九年（大正八）年六月、パリ講和会議でベルサイユ条約が結ばれた、日本は山東省の旧ドイツ権益である租借権、鉄道敷設権、鉱山採掘権を獲得した。

この年「五月には中国に五・四運動が起こった。ベルサイユ会議で日本の山東利権継承が承認されると、学生の示威運動をきっかけに全中国に抗議運動が展開された。反帝・反封建の統一的課題をかかげた中国民族解放運動が開始された。」（『講座日本史7』四五頁）

一九二一（大正一〇）年アメリカは海軍軍縮と太平洋および極東問題を審議するための国際会議をワシントンで開催した。この会議は大戦中の日本の露骨な中国進出、ソビエト政権の動向、中国における民族運動の活発化という極東の新情勢に対応する必要性からであった。一九二二年、中国問題に関する九カ国条約において中国の領土と主権の尊重、中国の経済上の門戸開放・機会均等が約束され、日本の山東省の権益は放棄せざるを得なくなった。

ソビエト社会主義政権への干渉戦争

第一次世界大戦の中、一九一七年一一月、ロシアでは世界で最初の社会主義国家、ソビエト政権が誕生した。革命直後、連合軍は革命権力圧殺を狙い干渉戦争を準備した。日本は翌一九一八年一月、ウラジオストックに居留民保護の目的で軍艦二隻を派遣した。八月、米・英・仏と共同してチェコスロバキア軍捕虜救出を名目にシベリア出兵宣言を発した。日本軍は一一月末にはバイカル湖以東に五万八〇〇〇人の舞台を展開し、コサックの反革命軍とともに住民に暴行・掠奪を繰り返した。シベリアの住民はパルチザン部隊をつくり反撃した。また、シベリア在住の朝鮮人や中国人も武装して日本軍や連合軍に抵抗した。一九一九（大正八）年に入るとソビエト軍が総反撃に転じ、パルチザン部隊と共に各主要都市を奪回した。翌一九二〇（大正九）年四月にアメリカ、六月にイギリス・フランスは軍隊を引き揚げたが、日本は朝鮮・満州の防衛、居留民の保護という新しい目的をつけて居座り続けた。

こうした中、一九二〇（大正九）年二月、尼港（ニコライエフスク）事件が起きた。シベリアに出兵中の日本軍はロシアの黒竜江口の尼港を占領していたが、抗日パルチザンに包囲され降伏協定を結んだ。しかし三月に協定を破って奇襲攻撃に出て敗れ領事・兵士・居留民七〇〇人が殺害され、一二二人が捕虜となった。五月、日本軍の侵攻を知ったパルチザンは尼港を撤退する際に、日本人捕虜一二二人を反革命ロシア人と共に銃殺した。のちにアナーキストの首謀者は革命政府に依って処刑された。明治政府は、事件の賠償という口実で、北樺太を占領したが政府内でも撤兵論が有力になっていた。

一九二〇年五月二日労働組合による最初のメーデーが上野公園で開かれた。下中弥三郎を中心とした進歩的な教員団体の啓明会が、シベリアからの即時撤兵を緊急動議として提出し、一万人の参加者の拍手を受けた。一九二一年、亡命先のアメリカからロシアに渡った片山潜は「日本の兵士諸君！諸君はシベリアにおいて自分の武器を持って誰を擁護し、誰に反対して戦ってゐるかと言ふことについて、何時か考へたことがあるか?」と帰国運動を起こすことを呼びかけた。

一九二二年一〇月、北樺太を除くシベリアから撤兵した。八年間にわたるシベリア出兵では一〇億円余の戦費と戦死者約三五〇〇人の犠牲をだした。「米騒動で軍が民衆を相手どり、いまシベリア出兵が完全に失敗したことにより、軍の威信は地をはらうにいたった。第一次大戦の惨禍にこりた軍国主義否定の潮流は、日本にもおよんでいたのである。」（『国民の歴史21』二四二頁）

一九二五（大正一四）年、日ソ基本条約を締結してソ連との国交を樹立した。その際、賠償は成立せず、北樺太からの撤兵と引換に北樺太の石油・石炭の開発権、漁業権を獲得した。

「満州国」の建国

一九二八（昭和三）年六月、中国東北部（満州）の軍閥奉天派総帥の張作霖が駅近くで爆殺された。関東軍は中央に諮らず独断で北京から満州へ帰還途上の張作霖を爆殺した。関東軍による爆殺の真相を知った張作霖の子で後継者の張学良は国民政府側に走り、奉天城頭に青天白日旗を掲げた。そして勢力下にあった満州を国民政府支配下の土地と認めた。満州全土に青天白日旗が掲げられた。中国では不平等条約撤廃、国権回収を要求する民族運動が高まり、一九三一（昭和六）年には国民政府も不平等条約の無効を宣言する外交方針をとった。

こうした中、一九三一（昭和六）年九月一八日、中国東北部の奉天郊外柳条湖で南満州鉄道が爆破され列車転覆未遂事件が起きた。現場に中国人三人の死体が残されていたことから彼らが犯人とされ、これを中国軍によるものとして関東軍が軍事行動を開始した。政府は不拡大方針を声明したが、世論・マスコミは軍の行動を支持した。関東軍は翌年までに全満州を制圧した。一九三二（昭和七）年三月一日、清朝最後の皇帝溥儀を執政として「満州国」の建国を宣言させた。日本政府は同年九月、日満議定書を取り交わして満州国を承認した。議定書では同国内における日本の権益を確認し、日本軍の無条件駐屯を認めた。また、満州の交通機関の管理を日本に委託することや満州国の要職に日本人官吏を採用することが決められた。

これに対し国際連盟はイギリスのリットンを団長とする調査団を派遣し、一九三三（昭和八）年二月の臨時総会で報告に基づき満州国は日本の傀儡政権であることを認定した。総会は日本が満州国承認を撤回することを求める勧告案を採択した。これに対し日本全権団は総会会場から退場し、三月、日本は正式に国際連盟から脱退した。日本は、ワシントン海軍軍縮条約の廃棄通告、ロンドン海軍軍縮会議を脱会するなど国際的に孤立するに至った。

国内では、人々は事件に熱狂しマスコミ、言論人、在郷軍人会などの活動が盛んになり、社会的矛盾はすべて満州によって解決されるような幻想が生まれた。こうした中、満蒙農業移民構想が国策の舞台に上がってきた。

「この頃の日本は昭和恐慌と言われる未曽有の経済不況が深刻化し、農村経済もまた小作貧農層に深刻な打撃を与えていた。国は頻発する小作争議対策、貧農層の労賃収入補てんを主目的に時局匡救事業を展開した。一方、農村問題に強い関心を抱いていた農本主義者の加藤完治、農業経営学者の那須皓、橋本伝左衛門、農林官僚の石黒忠篤らは満州移民構想を提案した。また、同時期に満州国軍政部顧問として北満で掃討作戦を指揮していた東宮鉄男大尉は武装移民を計画。これら二つの構想が結び付き、関東軍の移民計画が具体化した。農村の窮乏等に対する経済更生運動と満州国の治安＝対ソ戦への軍事的要請などの要因が重なり、これまで二度に渡り閣議で承認されなかった拓務省提出の満州移民案は、昭和七年八月三〇日に帝国議会を通過した。」（『臼田町域からの満州移民』一一頁）

岩田の生まれた臼田町域からの満州移民入植者数は、田口村で二二戸八九人、青沼村一二戸四四人、切原村一九戸七三人、臼田町一一戸四三人で合計六四戸二四九人だった。（昭和二〇年敗戦時）このうち、死亡者は一二三人と半数に及んでいる。また、未帰還者・残留者は一八人だった。

第二節　資本主義初期の社会運動

『六十年史』は、最後の章で資本主義経済の発達の中で資本家と労働者の対立、地主と小作人の対立を「社会進歩の必然的理法」という観点から次のように述べている。

我国資本主義の発達の道程に於て、明治以来新政府の下に施された政策や教育は殆んど全く資本主義の政府と社会を維持するに都合の好いものばかりであった。資本主義は永遠に栄へるものの如く、国家社会も年増に繁栄し、栄華に向かいつつあった明治時代はそれで何等問題はなかったのである。而し資本主義は結局農業を搾取し農村経済を圧迫し枯渇せしめつ、あった。大正中期経済の行詰まり時代以後は特にその現象が露骨に表はれ出した。

反資本主義的の経済事情は早く都市工業の上に表はれ、労働運動は大正七、八、年頃より逸早く台頭したが、下層労働大衆の解放は都鄙を通じ、凡ゆる産業を通じての問題であった。農村問題も勿論例外ではなく、資本主義の胎内に久しくその血と肉とを養ひ来つた反資本主義的要素は農村にも充分漲っていたのである。地主を以て構成する帝国農会の議員や地方地主政客が地租軽減、米価昂騰を年中行事の如く騒ぎ回っている矢先小作組合を統制せんとする農民組合運動が起こったのは農村旧勢力に対する青天の霹靂の如く見へたであろうが、而しその因は一朝一夕のものではなく、永い間日陰の下に鬱屈してをった潜勢力が農民大衆の間に充分に成長して居った為めである。この潜勢力こそは欧州大戦以後の民衆思想の所産でもなく、外来思想の生みの子でもなく、社会進化の必然的理法による経済動響の所産である（三〇六頁）。

日清戦争前後の産業革命期には工場制工業が発達し賃金労働者が増加した。当時の工場の大半は繊維産業が占めており、一九〇〇（明治三三）年には、工場労働者総数約三九万人のうち、繊維労働者が約二四万人と六割を占めていた。その八八％は女性であった。『あゝ野麦峠』『日本の下層社会』に記されているような過酷な労働環境の中で、工場労働者は賃金引上げや待遇改善を要求しストライキが発生した。一八九七（明治三〇）年には全国で四〇件余が発生した。

労働運動の広がりに対し明治政府は政党の活動を制限する集会条例を一八八〇年に公布し、大逆罪・不敬罪・内乱罪を取締る刑法・刑事訴訟法もその年に公布された。一九〇〇（明治三三）年、労働者の団結権、ストライキ権を制限する治安警察法を制定した。一九一〇（明治四三）年の大逆事件を機に無政府主義者・社会主義者は弾圧され、事件の翌年一九一一（明治四四）年警視庁内に特別高等警察（特高）が設置された。労働運動も「冬の時代」に入った。

一九一四（大正三）年六月、サラエボ事件を契機にドイツとロシアの戦争に拡大しフランスとイギリスもロシア側について参戦し、世界大戦となった。長引く大戦の中、ロシアでは一九一七（大正六）年に帝政と大戦継続に反対する労働者兵士の革命（ロシア革命）がおこり、世界で初めての社会主義国家が生まれた。

日本では一九一八（大正七）年、米騒動が起きた。シベリア出兵を当て込んだコメの投機的買占めが横行し米価が急騰した。富山県での騒動を契機に全国に波及し、東京・大阪をはじめ全国三八市、一五三町、一七七村、政府推定で約七〇万人を巻き込む大騒擾となった。長野県下最大の米騒動は、八月一七、一八日に長野市で起きたもので、数千人が集まり城山公園で市民大会を開き米穀店を襲撃した。松本五十連隊も長野駅まで出動した。政府は軍隊を出動させ鎮圧にあたったが、責任を追及する世論の前に寺内内閣は総辞職した。

「米騒動の経験をつうじて、民衆は警察・軍隊の本質を見ぬいた。『警察や軍隊は上流社会のものは保護するが、下層社会のものは保護しない』という名古屋における暴動の際の民衆の演説に示された認識は、一方で騒動によって米を値下げさせる中で、『吾々貧乏人が幾千声を枯らしたって糞の役にも成るかい。やるに限るよ』という大衆行動の力を自覚することになる。各階級・階層は公然たる権力との闘争を経て階級的自覚を高め労働運動・農民運動・部落解放運動・婦人運動などがそれぞれの階級制・社会性に応じて飛躍的に発展した」（『講座日本史7』四四頁）。つまり、米騒動により日本おける階級闘争の新しい段階が切り開かれた。

第一次世界大戦は、日本に好景気をもたらし、工業の躍進により工業生産額は農業生産額を追い越し、工場労働者数も一九一九年には一八〇万七〇〇〇人を超えた。また、一九二〇年の国政調査では職工五人未満の零細企業に働く労働者数が二四二万二〇〇〇人で五人以上の工場労働者数を超えた。労働者階級が増大する中で労働争議が増加し始めた。一九一九年のスト件数は四九四件で、うち賃上げ要求が四〇〇件、労働時間短縮二四件となっている。この時期に闘争が本格的に増大した要因は独占資本による収奪が一層強化されたことにある。一九一四年と一九一九年の物価指数は二・四八倍に膨れ上がり、賃金指数も二・一八倍になった。しかし、生計費指数が二・一七倍となったため、実質賃金指数は一・〇二倍となり資本家の莫大な利潤獲得に反し、労働者の生活は窮乏の一途をたどった。この不満が労働運動を飛躍的に発展させる契機となった。

一九二一（大正一〇）年、友愛会から発展した日本労働総同盟が設立され、労働者の地位向上・労使協調主義から階級闘争主義に方向転換をした。労働者の組織化も進み、一九二一（大正一〇）年の労働組合数三〇〇、組合員一〇万三四一二人から一九二六（大正一五）年には四八八組合、二八万四七三九人と飛躍的増大を遂げた。

この時期には農村でも小作料の引き下げを求める小作争議が頻発し、一九二二（大正一一）年日本農民組合が結成された。また、被差別部落の住民に対する差別を政府の融和政策でなく自主的に撤廃する運動が広がる中で、同年に全国水平社が結成された。

大正時代に農民の運動が飛躍的に発展し、闘う農民の全国組織が結成されたが、こうした農民団体の発達について岩田は著書の中で、次のように分析している。

維新以後自由主義時代民権運動に参加して政治舞台に奔走したのも、又其の後大日本農会を組織し或は全国農事会を興し、政府をして重農主義的政策を実行せしめたのも系統農会の組織及産業組合運動をなしたのも悉く地方地主階級で、知識と資力に乏しい明治農民大衆は之等の運動に仲間入りすべき頭脳も時間の余裕をも全々有して居らなかった。而し国民教育の普及経済事情の変化は漸く貧農大衆の自主的意識を覚醒し、従来上層者の行い来つた政治経済の運動に慊らず、遂に自主的運動を起こして旧存団体の基礎を動揺しめんとする下層農民独自の運動となって現はれた。

明治時代の小作人階級は村の寄り合ひにも下席に小さくなって座り、自分の意見など出す者もなく常に数人の地主級の世話役が言ふが儘になり従順に其の下に働き、道で地主に会へば腰を低くして丁寧に辞儀をすると言ふ風であったが、今や各自の識見も高まり、自主的意識に覚醒めた小作階級は、自ら経済的利益擁護の為めに団結して小作組合の組織をなし地主に対し舊の如き従順の風はなくなった。

旱害病虫害其他の不作に際して小作米の軽減運動の為め小作人が寄合ひをなし地主に対抗することは昔から行はれて居ったものではあるが、それは特殊的一時的のことであり、永続的団体運動でも、統制ある小作人運動でもなかった。平常小作人の利益を擁護する永続的団体として、小作組合が作られるやうになったのは大正中期以後のことである。

大正八九年の頃、県内僅か小作組合は三組合しかなかったが、昭和四年には百二十に達して居る。小作組合の最も発達せる地方は小県郡及更級、埴科両郡であるが近年県下全般に其運動は著しく進展した。

中略

小作人の要求事項は、初期の争議には小作料の一時減の要求が多いのであるが、漸次思想的の自覚の成立等によってその要求事項も小作人の人権上の確立に、或は経済上の永久的条件に変って来た。即ち小作契約の継続、小作権の確認、小作条件の改善等が主なる要求事項である。

小作争議の場合小作人側の取る手段としては争議解決迄小作料の不納同盟運動を行ふが普通である。其他小作米共同保管、小作地不返還或は大衆示威、共同耕作等を行ひ又争議を機会に小作組合の組織拡大が行はれる。其他近年農会を脱退し地主本位の系統農会に反対し、或は消防組を辞職して新たに階級的消防組の組織運動を起こすなど新傾向も現はれた。之等の小作者の反抗運動に対しては官憲の圧迫は勿論常に伴ふのであるが、一方地主側の之に対する手段は催告状を発送し或は小作料請求訴訟を提起する。更に争議の悪化する場合は耕地返還訴訟耕地立入禁止、立毛差押仮処分等の行はれた事も屢々である。

小作人に取って生命の綱である耕地の取上或は立毛の差押に至っては争議の経済的交渉に止まらず、小作人側の感情を激発して暴行沙汰にまで及ぶ事は応々にして珍しからぬことである。小作争議に際し地主側のみ常に官憲の保護を受け小作側は常に弾圧せられて来つたが、我国には未だ小作法はなく小作制度の不備欠陥が多い中に、小作調停法のみ先に出来て、近年の争議は先づ小作調停官が両者の経済的利害の間に立ち調停を行ふやうになって来たが、小作側が一般に不利の立場に置かれることには大差ないやうである（三〇七～三一二頁）。

第三節　階級闘争としての社会運動と弾圧

米騒動とそれ以後の労働運動の発展、地方における農民運動の発展、国内外の民主主義的風潮の高まりの中で社会主義者は活動を展開した。また、労働運動家や学生運動家・社会主義の学問的研究の中に共産主義（マルクス・レーニン主義）の影響が著しく増大した。一九二二（大正一一）年七月には非合法下で日本共産党が結成された（当時はコミンテルンの日本支部）。「それは日本の階級闘争にとって画期的な意義をもった。日本共産党は、全世界の他の党と同じく、資本主義の墓堀人たる労働者階級の党として結成された。それは、労働者階級の一部隊を構成するとともに、その政治的指導部として労働者階級の歴史的任務を集中的に体現した。すなわち、それは、資本家階級の国家権力を奪取し、労働者階級の権力をうちたてることを当面の中心的任務とした」（『講座日本史7』一一八頁）。一九二三（大正一二）年九月一日発生した関東大震災は死者行方不明者は一説では一四万二八〇七人に達したといわれる。震災直後におきた中国人・朝鮮人に対する殺傷事件は背景に多くの流言があった。司法省は「治安維持ノ為ニスル罰則ニ関スル件」（以下治安維持令）を緊急勅令として公布した。その後一九二五（大正一四）年に治安維持法が公布された。治安維持という言葉は同じであるが、治安維持令は言論等規制法だったのに対して治安維持法は結社規制法だった。法律の内容な次のようなものだった。

第一条　国体を変革し又は私有財産制度を否認することを目的として結社を組織し又は情を知りて之に加入したる者は十年以下の懲役又は禁錮に処す

前項の未遂罪は之を罰す

第二条　前条第一項の目的を以って其の目的たる事項の実行に関し協議を為したる者は七年以下の懲役又は禁錮に処す

第三条　第一条第一項の目的を以って其の目的たる事項の実行を扇動したる者は七年以下の懲役

又は禁錮に処す

第四条　第一条第一項の目的を以って騒擾、暴行其の他生命、身体又は財産に害を加うべき犯罪を扇動したる者は十年以下の懲役又は禁錮に処す

第五条　第一条第一項及前三条の罪を犯さしむることを目的として金品其の他の財産上の利益を供与し又は其の申込若は約束を為したる者は五年以下の懲役又は禁錮に処す情を知りて供与を受け又は其の要求若は約束を為したる者亦同じ

第六条　前五条の罪を犯したる者自首したるときは其の刑を減軽又は免除す

第七条　本法は何人を問わず本法施行区域外に於いて罪を犯したる者に亦之を適用す

治安維持法は四月二二日に公布され、五月一二日に施行された。明治時代に公布された治安警察法も存続していたので両者は補い合いながら社会運動の弾圧に威力を発揮した。

一九二八（昭和三）年に行なわれた普通選挙制による最初の総選挙では、無産政党勢力が八名の当選者を出した。衝撃を受けた政府は選挙直後の三月一五日に共産党員の一斉検挙を行った。検挙者は一六〇〇余名に上った。また、日本労働組合評議会などの関係団体を解散させた（三・一五事件）。六月には緊急勅令という形で治安維持法を改正した。この改正により最高刑は死刑または無期懲役となった。また、警視庁にあった特別高等警察（特高）を道府県に設置した。

中国では、この年蒋介石率いる国民党は北伐を完了し、満州軍閥の張学良が蒋介石と合流し満州を国民政府支配下に置き、中国は国家統一を果たした。

翌一九二九（昭和四）年四月には再び共産党などの大検挙を行った（四・一六事件）。この間の検挙者数は五〇〇〇名弱に上り、そのうち四〇〇名弱が起訴された。

一九三一（昭和六）年九月、関東軍参謀らは中国東北部奉天郊外の柳条湖で南満州鉄道の線路を爆破、これを中国軍の謀略として軍事行動を開始し満州事変が始まった。政府は不拡大方針を声明したが世論・マスコミは戦争熱に浮かれたように軍事行動を支持した。各新聞社は競って侵略戦争を美化しニュース合戦をした。とりわけ『大毎』『東日』『大朝』『東京朝日新聞』の「四大紙をはじめ、中央・地方の各紙が一面的に偏った情報を洪水のように氾濫させたのであった。」（『講座日本史7』二四一頁）。こうして国民に対する排外主義の精神的・思想的支配が形成されると同時に社会運動に対する弾圧は益々強化されていった。

一九三二（昭和七）年一月には上海で日・中両軍が戦闘を開始した。日本軍部は満州事変に対する世界の注目をそらし、中国民衆の抗日運動を弾圧するため、中国人による日本人僧襲撃事件を演出し上海占領を画策した。中国民衆の抗日運動の激化と米・英との対立により侵略は失敗し、国際的孤立を深め、日中全面戦争突入の契機となった。

長野県においては、一九三三（昭和八）年二月四日から、後述する「二・四事件」と呼ばれる大弾圧事件が起きた。検挙者の中に多くの教師がいたことから「長野県教員赤化事件」として全国に喧伝され、労働者・農民、社会主義の運動は壊滅状態となった。

第二部

岩田健治と長野の教育運動

第一章　長野の教育的伝統

第一節　教育の国家統制

一八八九（明治二二）年二月、大日本帝国憲法が発布された。帝国憲法は天皇が定めて国民に与える「欽定憲法」であり、神聖不可侵とされた。天皇は統治権のすべてを握り陸海軍の統帥権を始め宣戦、講和、条約の締結など議会の関与できない大きな権限を持っていた。一八九〇（明治二三）年には民法、商法、民事・刑事訴訟法が公布され、近代的法治国家としての体裁が整えられた。教育面では小学校、中学校、師範学校、帝国大学からなる学校体系が整備された。尋常・高等小学校に関しては一八九〇年に小学校令が改正され、尋常小学校三年あるいは四年間の義務教育が明確にされ、高等小学校の修業年限は二年から四年とされた。この年の一〇月三〇日「教育ニ関スル勅語」（教育勅語）が天皇の勅令により発布された。教育勅語の一節では「国憲ヲ重シ国法ニ遵ヒ一旦緩急アレハ義勇公ニ奉シ以テ天壌無窮ノ皇運ヲ扶翼スヘシ」と、帝国憲法に即した忠君愛国が学校教育の基本であることが強調された。以後教育のあらゆる場で、天皇に臣民が絶対的に服従することが求められた。一九〇三（明治三六）年には小学校の教科書を文部省の著作に限ることが定められ、教育に対する国家統制が強まった。学校行事では「御真影」（天皇・皇后の肖像画写真）の奉安殿への奉置、勅語謄本の奉読が義務づけられた。また、四年生以上は毎朝、家での読誦、五年生以上は始業前五分の暗誦が課せられた。「児童や教師をとりまく日常的な学校生活のすみずみまで、規律と管理の体制が強められ、御真影や教育勅語が、大きな権威をもった国民統合の装置としてはたらきはじめていた」。（『信州教育史再考』九八頁）

日清戦争を経て明治三〇年代に入ると国家による産業育成政策が進展し、労働者が量的に増大した。安価な労働力に対する需要は著しく、婦人、幼少年も工場や鉱山労働に組み入れられていった。そして、多数の子どもたちが家庭と地域社会の保護から放置された。こうした背景の中で高野房太郎、片山潜らによって労働者の組織化がすすめられ、労働組合が労働者の労働条件や生活条件、政治的・社会的地位の向上を目指すだけでなく「労働者の子弟の教育」を充足する課題が自覚されていった。そして「貧富貴賤を問わず苟も生命を文明世界に受けたる者何人と雖も先天的に教育を受くべき権利を有す」（『労働世界』第九号）と主張した。一九〇一（明治三四）年五月に結成された最初の労働者政党・社会民主党の「宣言」は、労働者階級の諸要求と社会主義思想を謳いあげ、八項目の「理想」を提示した。その一項目として「人民をして平等に教育を受けしむる為に、国家は全く教育の費用を負担すべきこと。」を掲げた。そして、この「理想」を実現するために綱領を定め、次の教育要求を掲げた。「高等小学を終わるまで義務教育年限とし、月謝を全廃し、公費を以って教科書を供給すること」「学齢児童を労働に従事せしめることを禁止すること」さらに「少年及び婦女子の夜業を廃止すること」といった児童保護要求も掲げた。社会民主党は治安警察法によって即日結社禁止処分となり、これ等の諸要求を実現する運動を全く展開できなかったが、労働者階級によって初めて権利としての教育の主張が明確な形で述べられたのであった。

一八九二（明治二五）年の就学率は男子七〇％、女子三六％であったが、一九〇〇（明治三三）年に義務教育期間の授業料が廃止されたため、就学率は一九〇二（明治三五）年に九〇％を超えた。長野県では一九〇一（明治三四）年に男子九七・八％、女子九一・四％と男女ともに九〇％を超えた。

一九〇四（明治三七）年に勃発した日露戦争は「あらゆる機会を通じ、小学校を拠点として、民衆を地域ぐるみはげしい熱狂の渦に巻きこんだ。学校の行事や儀式は戦時色に染めあげられて地域社会にひろがった。そして『忠君愛国』や『義勇奉公』の言葉は、たんなる徳目以上のたしかな実感をともなって、人々の胸中深くしみこんでいった。やがて、この『挙国一致』の戦時教育体制が、国による戦後経営政策のかなめにすえられていくことになるのである。」（『信州教育史再考』一〇一頁）

明治後期には新聞・雑誌・ラジオ・映画などのマスメディアが急速に発達した。『東洋経済新報』『中央公論』『改造』『中外』などといった文化啓蒙雑誌が「民本主義思想」を次々と掲載した。文学では『白樺』『青鞜』『赤い鳥』、プロレタリア文学運動など多様な学問・芸術が発達した。また、知識人、都市・農村の勤労市民が「憲政擁護」「普通選挙制度」を軸とした政治的市民的自由を要求しての民衆運動がくりひろげられた。教育の面では、国定教科書による画一的な教授法から児童の自主性や個性を引き出す自由主義教育が叫ばれた。いわゆる「大正デモクラシー」とは、市民的自由（言論・出版・集会）の拡大や大衆の政治参加（政党政治・普通選挙）を求める思潮や社会運動のことといわれる。

一九二五（大正一四）年、憲政擁護運動を起こした三党連立政権では、普通選挙法を成立させ、満二五歳以上の男性が選挙権を有することになり、有権者は一挙に四倍に増えた。一方でこの内閣の下で「国体」の変革や私有財産制度の否認を目的する結社などを処罰することを定めた「治安維持法」が成立した。治安維持法の特徴は、治安警察法のように特定行為を行政的・即物的に禁圧するのではなく、特定思想を刑事法で裁くという点と、「国体」の語をはじめて用いたことである。同一九二八（昭和三）年の緊急勅令で改正され、「国体」変革目的の結社罪の最高刑を死刑とした。同時に「目的遂行罪」を新設し協力者も処罰の対象とした。のちに述べる教育労働者の運動や新興教育の研究活動は、この治安維持法の名の下に弾圧された。

第二節　長野の自由教育と師範学校

星校長排斥運動

長野の自由教育の担い手となった青年教師は長野師範学校で育てられた。大正の初めころの師範学校教育を大きく転換させた事件があった。

一九一五（大正四）年、星菊太校長排斥運動が起こった。星校長は試験万能主義で、哲学や文芸を厳禁し、ベルグソンやトルストイを読むものは学校から追放すると言ったり、教育方針を批判したものを無期停学処分にするなど学校内外に評判が悪かった。岩田が在学中の事件であり、岩田は前出の「長野の自由教育のころ」の手記で次のように述べている。

星校長時代の長野師範の教育は、まことに厳格な〈形式主義〉の教育であった。学業成績を重視し、試験の採点が六〇点以下のものは、どしどし落第させた。卒業生は、学校時代の成績によって給料に差をつけられ、新任のときからすでに差別された。在学中は、全生徒が寄宿舎に収容され、軍隊式の規律で訓練された。

そういう教育のやりかたは長野県人の気風にあわなかった。長野には、明治時代に先輩が築いてきた、信濃教育会の教育伝統があった。明治三十一年長野師範を卒業して、上諏訪小学校に赴任し、〈活動主義〉をモットーに全生活を児童のためにささげ、県教育界に革新の灯をかかげた伊藤長七氏（のち下諏訪校、小諸校訓導を経て、東京師範入学。その後、中等教員となり、最終は東京府立第五中学校長。人格主義の自由教育者であった）や、岩崎氏などという人たちによって、人間教育—個性と自由を尊重する教育的気風があった。星校長の師範教育は、師範生の間にうけが悪かったばかりではなく、同窓の先輩たちの間からも、非難の声がわき上がった。

（『新教の友』第五号三二頁）

この頃、長野師範を卒業した長野市周辺の教師の集まりに「東西南北会」という会があった。会は明治末年に組織され国家主義・人格主義の教師集団であった。

会の郡市代表の中には後の教育界に影響を及ぼす小諸小学校の斎藤節（みさを）、小県郡泉田小学校の長坂利郎、諏訪郡玉川小学校の松岡弘、後に戸倉小学校長となる宮坂亮等が集っていた。

この会が星校長を不適任として「辞職勧告」を突き付けた。会の代表一二名は「先生は信州教育に理解なく、見識が低級で師範学校長として不適任と信ずるがゆえ、このさい他に転校するなり、退職するなりしてもらいたい」と辞職を迫った。(『信州の教育』一六五頁) しかし、星校長に対する中央の支持は厚く、力石県知事と広瀬内務部長は強硬意見であった。そして官僚の津崎尚武学務課長、県視学佐藤寅太郎や守屋喜七らの調整で辞職勧告の代表となった一二名は一年間の休職処分となった。しかしこの年の秋、知事・内務部長の更迭と即位の恩赦があり、休職となった教師は一〇月には復職となった。この事件は県教育行政の一角に長野師範出身の佐藤、守屋がいたことも事件の顛末に大きく関係していた。

信州白樺運動に大きな影響を与え、のちに「信濃史学会」を立ち上げた一志茂樹はこの事件を次のように回想している。「長野師範学校長星菊太氏排斥運動の首魁であった斎藤氏を、休職処分後わずか半年を経過したにすぎない大正四年の秋、早々、附属小学校の首席訓導に迎え入れたということは、教授法の末技と立身出世に堕した信州教育の根本的な改革をしようとの考えにもとずいた、いわば、信州教育のコペルニクス的転回を企ての県当局の挙だとみたいのであります。このときから、近代信州教育の窓があいたといっても過言ではないと思います。」(『信州白樺運動のころ』八四六頁)

事件を契機に東西南北会は郡市教育会、信濃教育会人事に大きく影響を与えていくことになる。佐藤は二年後の大正六年には学務課長に就任し、七年には信濃教育会長に就任している。

内堀維文校長の師範教育改革

星校長排斥運動の後に師範学校長となったのは内堀維文氏だった。内堀は沢柳政太郎、伊藤長七等在京の長野県出身教育者や県内の津崎尚武、佐藤寅太郎などの熱心な運動をうけて長野師範に招聘された。着任の翌年には信濃教育会会長に就任した。内堀は就任の辞で「大日本帝国は世界的地位を進展せん」とし信州教育は常に天下の先をなし国家教育の範となれ等と「汎信州主義」と「海外発展主義」を説き、人格主義・国家主義教育論を展開した。列強が帝国主義段階に入り世界再分割の第一次世界大戦の時代に、内堀の教育観は長野県教育界の気運に沿うものであった。

内堀校長について岩田は、次のように述べている。

内堀校長が来て、師範学校の教育に大改革が行われ、教諭陣も教頭以下殆ど全部一新された。寄宿舎は自治寮になり、自由の空気が漲ってきた。生徒の間に各種の研究部が組織され、課外の研究が盛んになった。数物化学部・心理教育部・七声会（音楽部）・丹青会（図画部）等々である。生徒は各自の好む学科、得意な科目を選んで、自由に組織を作り、尊敬する教師を中心に、自発的に研学する風が盛んになった。教室内の形式的授業は軽んぜられた。試験の成績などは、決して発表されなかったし、成績順位などは殆ど問題ではなくなった。

中略

この自由教育の先駆をなした人々は、先に星校長排斥運動の先頭に立った人々で、処罰され休職の憂き目に逢った人々も、一年後には皆復職し、師範の付属小学校を始め県下の大学校に校長・首席其の他の重要ポストを占め、自由教育の普及に大きな役割を演じたのである。

長野県教育界の先輩中には、部下を信頼し何事も若い者たちにまかせ、部下に失敗があれば、あくまでこれをかばい、責任は自ら負って立つといった風があった。腹の大きい人、悪く言えばボスとか親分はだと言った風の人は、若い者がまた尊敬してその下に集まるものである。師範学校長内堀維文、県学務課長津崎尚武（鹿児島県人で後代議士）、県視学佐藤寅太郎（のちに学務課長、代議士）等皆この腹の大きな型の人々であった。そのほか県下の大校長で若い教師等の尊敬の中心になった人々もまたこの腹の大きい型の人々である。こういうことが、県下の若い教師等の自由な教育活動を促したことも自由教育を盛んにした原因として考えられる。内堀校長は文部省には甚だうけが悪く在職僅か二年余で大正六年に満州（南満中学堂校長）にやられてしまい、あとに埼玉師範の小島政吉校長が来たが、氏は長野県出身であり信州教育の伝統を重んじて、内堀校長のあとをそのまま受けついだので、自由主義的風潮もそのまま続いた。旧い型の教師等は、自由主義の教育は個性尊重を叫ぶが、その実児童の個性を尊重するのでなく、教師自身の気分を中心として勝手気ままな教育をする、これでは自由教育ではない、「気分教育」というべきだとか、児童を放任して教師は勝手気ままなことをする、これでは「放漫教育」だ、などの声もあった初期には新旧の相克もあったが、個性尊重の新しい教育風潮は洪水のようにこれらの反対を押し流して進んでいった。（『日本教育運動史』一三六頁）

長野師範付属小学校の特別学級

北佐久郡小諸小学校の斎藤節は星校長排斥事件後の人事で長野師範付属小学校に復職した。実験学校であった同校には各郡から推薦された教員が集まり、自由教育の拠点となった。首席訓導となった斎藤は形式教育を打破して個性を伸ばす教育を実験することとし、大正六年四月に内堀校長の許可を得て特別学級を開始した。担任には北安曇小学校より赴任した田中嘉忠をあてた。特別学級では「国定教育の枠を破り、教科書中心を排して児童中心主義、玩具やみかん箱なども教具とし、生活中心を根本とし、行動による学習、教室の校外への発展、さし当たって父兄のほかは参観を断った。」(『長野県政史第二巻』二八五頁)

一九一六(大正五)年に杉崎瑢は長野師範に赴任した。神奈川県に生まれた杉崎は東京高等師範学校を卒業するとアメリカに渡り、カリフォルニア大学で教育学、心理学を学んだ。アメリカの新教育を学んで帰国した杉崎は静岡師範学校に勤めた。この年、信州の学校を参観した杉崎は、「県視学と学務課長を兼ねていた佐藤寅太郎に質問した。『信州の教育をどう指導しておられますか』しばらく沈思していた佐藤寅太郎はおもむろに口を開いた。『指導はしません。みなが一生懸命に自発的にやるようにするのがこちらの仕事です』」(『信州の教育』一三七頁)。新教育思想を受け入れてくれるのは信州教育界以外にないと考えた杉崎は、翌大正六年に長野師範に転任した。

杉崎の指導の下に児童心理学の研究会が発足し、長野師範付属小学校の中に自由教育の特別学級を設けようという話があり、職員の子ども男女一〇人ずつで六年間は転出しない児童を集めて特別学級が編成された。特別学級の担任であった田中嘉忠は、次のように語っている。

「幼児のために刊行されていた鈴木三重吉さんの『赤い鳥』だの藤村先生のフランスみやげの『幼きものへ』だの、なかなかおもしろいトルストイ童話集の中のもの、メーテルリンクの『青い鳥』の幼児版などのお話を、お宮の森や中学校や師範の校庭の木陰で円陣を作って楽しんだものである。見たり聞いたり手伝ったりして自然に取り込まれるもの、それが教材であり教科書であった。およそ国で定めた教科書は用いなかったが、それでも丸々暗唱し、計算も杉崎先生の計算能力実験用紙を使ってたくさん勉強した。また、図画を本校の専科の先生や小原福治先生に、音楽は田島清君にというやうにすぐれた指導者を得て子どもたちの個性はより伸ばされ、創造、創作する力はより深められていったのである。子どもたちは教師の側から強制的に教え込まれることでなく学んでいった。私はその過程を確かに見た。自然とともにある人生にどれほど深い理想の世界があることか。」（『信州の教育』一三八頁）

杉崎の特別学級が作られたのは岩田が師範学校生であった時である。岩田は「長野の自由教育のころ」（『新教の友』）で、次のように語っている。

長野の大正期の自由教育は、こうして、師範学校教育のなかから生まれ育てられた。その教育に直接大きな影響を与えたのは、心理学の杉崎先生だったと思われる。先生はアメリカに留学して、プラグマチズムの教育思想を身につけた、熱心な実験心理学者だった。杉崎先生の指導で児童心理の研究会が発足し付属小学校のなかに、自由教育の特別学級が設けられるようになったのは大正六年である。この特別学級は、新入学の一年生のクラスに編成された。学級担任は大正四年卒の田中嘉忠訓導だった。その後に、この特別学級を受け持ったのは、田中訓導と同窓生で、アメリカへ教育研究のために派遣留学生となっていった淀川茂重訓導である。彼は帰国後に、この特別学級の指導に打ちこんだ。

そこでの教育は児童の個性を尊重し、その自由な生活活動のなかから、それぞれの個性を生かし、各自の能力を伸ばしていく、という趣旨だった。そのため、画一的な教育は全然やらないから、級ぜんたいのための授業時間割とか、教案の作製などは意味がない。まず、児童に接して、彼らの要求から発足して学習プランを自主的にたてさせていくのである。そのころ、一般教育界でおこなわれていた教授法は、文部省の国定教科書を教材にして教案を作り、教室内ではそれに従って、いかに予定されたものをうまく教授していくか、ということに腐心したものである。そのために、三段式とか五段式教授法とかが行われていた。

そういうように、外がわから画一的なものをおしつける教育に、まっこうから反対したのが、自由教育である。児童のなかにあるものを、ひきだし伸ばしていくために、内がわから個別的に学習要求を出させるように、しむけていく。そして各自の個性、各自の能力に応じて学習活動をするように、していかなければならない。画一主義の教育打破の先頭に立って、自由教育のモデルを示したのが、長野師範付属のこの特別学級だった。そして形式主義の教育を打破しようという空気は、大正六、七年ごろには、全県下を風靡したといってもよいだろう。(『新教の友』第五号三三頁)

第三節　岩田健治を育てた自由教育

一九一八（大正七）年三月に岩田は長野師範学校を卒業した。

この年の前年一九一七（大正六）年一〇月にロシアでは帝政と大戦継続に反対する労働者兵士の革命・ロシア革命が起こった。社会主義国家の誕生を恐れた英・仏などの連合国は翌年八月、ソ連干渉戦争をしかけ、寺内内閣はシベリア出兵を決定した。出兵前の七月、シベリア出兵を当て込んだコメの買い占めが横行して米価が暴騰、買い占めに反対し安売りを求める民衆による米騒動が全国に起こった。約七〇万人を巻き込む大騒擾になり、政府は軍隊を出して鎮圧にあたった。しかし、責任追及の世論により寺内内閣は総辞職した。

当時の社会情勢や新卒後の教育現場の様子を岩田は、次のように回顧している。

当時の私

大正七年の頃は日増しに物価が騰貴して、人民の生活は苦しくなる一方で、米騒動の起きたのはこの年の夏である。私らはこの年の長野師範の新卒で初任給が月二〇円であった。普通ならば一カ年か二カ年で二円位の増俸になるのだが、この時ばかりはそんなことでは間に合わない。翌大正八年には三〇円に増俸された。それでも物価高には追いつかず、年内に臨時増俸が二度続いて翌九年には六〇円になった。こういう経済の混乱の中で人民の精神はずんずん伸び出してきた。吉野作造博士の民本主義に続いて、大杉栄等の無政府主義、堺利彦等の社会主義・

共産主義、さらにアナとボルの論争時代というふうに思想界が革新気運で賑やかなころで、自由教育もまた益々盛んになっていった。

物質的生活に恵まれない教育者は、衣食のことにあまりこだわらぬといったやせがまん的自尊心を持って教壇に立っていたが、その行動は粗放であり反抗的であった。東西南北会派といわれた連中は多く哲学書を読みその行動は特に粗放であった。アララギ派といわれた一派は文芸を好み歌人が多かった。これらの人々が教育界の主流をなしたせいか、経済や社会問題に関心を持ち思想問題や社会科学の研究に心を傾けるものは極めて少なかった。

大正八年、雑誌『改造』や『解放』が相次いで創刊された。私はその最初からの読者で、社会問題にだんだん関心を深め大正一〇年には早稲田の学生を中心に出来た建設者同盟に加わった。雑誌『建設者』・『種まく人』・『階級戦』・『マルクス主義』・『社会主義研究』等々起きてはつぶれ、つぶれては起こって色々の雑誌パンフレットが現れたが私はそんなものを次から次と読んでいた。

大正一〇年にソビエト南部ドン河流域地方に大旱魃があり二、四〇〇万人の住民が飢餓に瀕していた。この革命直後のソビエトの飢民を救うため建設者同盟で義捐金の募集をした折、私は校長（中込小学校）を説いて賛成を得、四年以上の生徒を講堂に集め僕が講話して生徒から義捐金を集めて送った。その年中込の実業補習学校＝後の青年訓練所で女子部には普通科もあったが男子部は冬期間の夜学であった＝の男子部にアントン・メンガーの新国家論のプリントをテキストにして教授した。これも校長の了解をえてやった。

大正十一年の夏に私は友人（佐々木唐之助）と二人で松原湖畔に一〇日間の夏期大学を主催し、早稲田の北沢新次郎教授を招いて経済学史の講義をしてもらった。聴講生は小学校の先生等で四〇人位あった。

翌十二年一月寒中休業中中込小学校で秋田雨雀氏を招いて文芸講習会を三日間開催した。これは私一人の主催で聴講生は三〇名位だったと記憶する。私はその年の四月には塩尻小学校に転任したが、この学校の先生で同村の青年団長だった友人（上条学）とはかり、青年団主催で北沢新次郎氏の経済学の講習会を三日間西念寺という寺の本堂を会場に開いたりして啓蒙運動に努めていたが、その頃からだんだん当局の赤の運動に対する警戒がきびしくなってきた。

教員の組織的な動きということは仲々容易なものではなかった。私は大正一〇年数人の友人に教員組合を作ることを提案したが、これは全然受け付けられなかったものである。当時は教育を特殊な聖業のように考えて教師が労働組合のまねをするなどとは教育を冒涜するも甚だしい、といった考え方が殆ど総てを支配している時代だったから無理もない。しかし私は残念でその時「一〇年後を見給え」といってやった言葉を未だに忘れることが出来ない。そしてちょうど一〇年後に私もその一人であった長野教員事件がおこっているのも何だか不思議である。

（『日本教育運動史』一四二頁）

長野自由教育の実践

長野県の自由教育と自らの教育実践について戦後の座談会で岩田は、次のように語っている。

長野県では、あの教員事件がおこるずっと前から、新教・教労の階級的教育運動がおこる地ならしがされていた。その第一は〈長野の自由教育〉であり、第二はさきにものべたように、青年運動や農民運動がすでに先行して活発におこなわれていた。

長野の自由教育は自由教育が全国的に盛んになってきた大正十年前後よりもまえに、すでに実践されていた。それは長野師範付属を中心に、大正五、六年ごろから、長野独自の自由教育としてはじめられた。私は大正七年三月に師範を卒業して、その自由教育のあげ潮にのって、大いに新教育を発展させたなかの一人です。

長野の自由教育運動は、第一に国定教科書で既成概念を観念的に注入教育することに反対した。とくに修身科のように封建的な道徳をおしつける教育に反対して、修身科廃止をとなえた。長野では、修身科の授業に教科書を使わない教師が多かった。私もそうです。修身の時間にトルストイの民話などのような文学的教材を選んで、ヒューマニズムの教育をした、それは、長野の自由教育に見られるロマンチックな芸術教育思想の傾向だった。長野の教育界は、大正後期から昭和のはじめにかけて、文学芸術的な傾向のものを多く出した。とくにアララギ派の歌人が多かった。また、古美術の研究に打ちこむものや、山本カナエの自由画運動に共鳴して、すぐれた図画教育者であるとともに、画家としても認められた教員も多数いた。それに、長野の教員は哲学的傾向といわれるほど思索的に深く考え、ものごとを論理的に追究していく傾向が見られた。哲学の研究に打ち込む傾向は、大正七、八年ころから、著しくなってきている。だから、文部省の修身科の教科書のような、古い封建的なモラルと、近代の功利主義をミックスした、非合理的で人間性を無視した道徳教育には、徹底的に反対した。

従来の図画教育は、文部省の国定図画教科書の模写・臨画の技法教育だった。また、作文は教科書のなかった教科であるが、その教授法はあらかじめ模範的な文を示して、それをまねて作らせる課題主義の作文で、その模範文は、美文調や漢文調の文語文や、候文体の手紙文などだった。長野の自由教育は、図画は教科書を廃止して児童の自由画に、作文は課題主義を廃めて自由選題で児童の生活に身近かな経験を書くことにした。同時に、国語教育では文学的教材をとりいれた。副読本や読書指導に力を入れた。理科教育では、児童の生活環境に見られる動植物の観察からはじまり、栽培・飼育・採集など、そして物理・化学の実験が重んじられていく。道徳教育では、修身教科書の廃止が問題になった。

国家主義の画一強制教育では、修身科で忠君愛国・富国強兵の観念を注入することに重点がおかれていた。自由教育は、そういう国家観念の詰込みや、家族主義の押しつけ、ドレイの思想の宣伝教育と衝突し、批判的になるのは当然のことである。長野教育界では、大正十二、三年ごろ、各郡市の教育会で、修身科の論議が盛んにおこなわれた。修身科を特設することの可否を論じたり、ひいては修身科廃止論が唱えられるようになった。すでに県下の各校では、修身科教科書を使わないものが多く、また、週一、二時間ときめられていた修身の授業時間を、他の教科の授業にまわして、事実上修身科をやめているところも少なくなかった。(『新教の友』第五号三四頁)

岩田の階級意識を形成した読書、講習・講演会の様子が『岩田健治日記』（大正一〇年から昭和六年）に綴られている。この日記については二〇〇五年「二・四学習会」の坂口光邦氏の報告に掲載されている。

岩田が聴講した講演の演題や愛読した書籍を日記に沿って抜粋してみる。

大正十年十月　『マルクス伝　附エンゲルス伝』

同年十月　武者小路実篤氏講演

大正十一年四月　『革命の巷より』　クロポトキン自叙伝

同年七月　『家族、私有財産及び国家の起源』　エンゲルス

同月　『社会政策と階級闘争』　福田博士

（早稲田大学の講習会に参加。八月一日から七日まで）

同年八月　文芸と性欲　矢口達

同　社会の新観念と現代生活批判　杉森孝次郎

同　資本主義の解剖　平林初之輔

同　軍人階級の社会的考察　新明正道

同　ボルシェビズムとアナーキズムの論争　佐野袈裟美

同　社会組織に対する唯物史観的考察　小泉　鉄

同　階級闘争と文芸　佐野袈裟美

同　ロシアのインテリゲンツイアと革命運動　麻生　久

同　　　　　　生活価値の概念構成に付いて　長谷川如是閑

同　　　　　　日本労働運動について　赤松克磨

同　　　　　　人間の愛欲生活と人生の心理的現象　木村久一

同　　　　　　赤露を顧みて　布施辰治

（松原湖の講習会参加。八月十八日から八月二十三日）

昭和三年四月　『レーニン伝』

同年八月　　　『資本論』

昭和四年一月　評論集　幸徳秋水

同年五月　　　我が国体と現代思想　永井　亨

同年十一月　　『不在地主』　小林多喜二

同月　　　　　『資本王国の財産調べ』　高橋亀吉

同月　　　　　マルクスの思想的発展の経路と彼の略歴　小泉信三

同月　　　　　『思想問題』　土田杏村

同年十二月　　『光と闇』　藤森成吉

同月　　　　　プロレタリア作家叢書

昭和五年二月　『マルクス伝』

　同年十一月　『第二貧乏物語』　河上　肇

第四節　大正自由主義教育の排斥

武者小路実篤・志賀直哉・有島武郎らによって創刊された雑誌『白樺』の購読者からなるいわゆる白樺派の思潮は、長野県下の青年教師の間に瞬く間に広がった。『白樺』の購読者は一九一九（大正八）年には一二二四人で、そのうち長野県の購読者数は一九一人で全体の一六％を占め、東京（五四二人）に次ぐ全国第二位だった。前述した子どもの個性を伸ばす大正自由教育は師範付属校の青年教師を中心に広がったが、古い教育しか知らない人々へは、伝統的秩序への反逆と受け止められ、いくつかの事件が起こった。

戸倉小学校事件・倭小学校事件　岩田は東筑摩郡岡田小学校在任

一九一九（大正八）年の年度末に赤羽王郎ら埴科郡戸倉尋常高等小学校の訓導・代用教員九人が不穏の言動をなしたとして県当局から退職などの処分を受けた事件である。赤羽は東京美術学校を中退して代用教員を振り出しに教師となった。赤羽の芸術への接し方に中谷勲をはじめとする若い教師たちは共鳴していった。中谷は長野師範で岩田と同期であり、一九一八年四月に戸倉尋常高等小学校に新卒で赴任していた。中谷は岩田同様に師範生時代に杉崎瑢の特別学級を見聞している。赤羽たちは新しい教育方法を研究し、教材に国定教科書は使わなかった。トルストイの『イワンの馬鹿』、武者小路実篤の『ロダン』、柳宗悦の『朝鮮の友に送る書』、ロマン・ローランの『ジャン・クリストフ』などを謄写版で印刷して自主教材にしていた。それは「子どもを中心にして型をぶち破っていくような、そういう生き方をめざし」、「いろいろ子どものためにおもしろくねえようなのは、なるたけ除き、壊し、そして子どもを伸び伸びとさせていこうというのがねらい」という、児童中心の教育観に立っていた。しかし、こうした教育に対し、気分教育だとかキリスト教を伝導したとか西暦を用いているとか、子どもの親から非難の声が上がった。また、大正八年正月の新年「書初め」に「感謝して受くるものに、豊かなるみのりあり」との課題を与え、日付を「一九一九年」と西暦を用いるようにしたことが、キリスト教を教育に持ち込んだとみなされた。

事件の直接の契機は、赤羽らが読書指導に必要な児童文庫を設置するために、物置にあった古書や古雑誌類を売って経費をねん出したことにあった。校長や村会に許可なく学校備品を売却したとの批判である。村の所有である物品を、一教師が勝手に売るのはもってのほかである、ゆゆしき問題であると非難された。

事態を紛糾させたのは、一月二二日、赤羽ら九名が連署で村民向けの反論書を児童を通じて各家庭に配布したことに始まった。それは「戸倉事件の申告書」として辞表のかたちで書かれているが、一部を紹介する。

「惟ふに教育の事たるや人生に於ける大事中の大事にして苟も人の子をして人に迄教え導く処の聖道決して彼の大工左官等が木材を組み泥土を塗るが如き一朝一夕にして其効果を目前に求むべきの業に非ず　世運は絶えず進歩せり　常にその時代の思潮を洞察して更に之を超越し世態推移の情勢を予測して少くも十年後二十年後に於ける有為活動の人材を育成するにあり　されば

教育者は職人に非ず日雇に非ずして実に一村一国の前途の消長如何を双肩に負へる尊き先駆者予言者たらざるべからず」

「然るに今日この尊き天職を担へる先覚者たるべき現代の教育者の群は不幸にして己を忘れ世俗に佞り時流に溺れて身自ら職工となり雇人となり下がりて敢えて恥ぢず彼の生ける児童を方便にし道具視し衆意を迎へて以て己れの欲望を充たさんとする憎むべき幇間的色彩を帯ぶるに至れり」

「只今顧みるに吾等本村小学校に赴任して以来日尚浅しと雖も熟々本村の事情を察知し他の町村に比して将来一層その生活に杞憂すべきものあるを想ひ一に本村前途の為め又各個人の為めに意を用い力を注ぎしこと決して尋常のことに属せざるを覚ゆ　而して尚今後に於ても更に二倍三倍の努力を要する点実に一二にして止まらざるを明かに覚悟せり」（『長野県教育史第十三巻史料編七』四三〇頁）

これまでの自分たちの教育観、教師としての使命感を綴り、戸倉小学校に於ける教育活動において熱意をもって臨んできたことを述べている。そうした活動に対する村民らの批判は全く不当であるとして三下り半を突き付けている。

「吾等は又戸倉村が類稀なる村治の混乱と深く一村の前途を憂うるの人士なきを惜み最早云々するの要なきを想ひ到底救ひ難きを信じ引続き留るの徒労なるを切に感得せるなり」（前掲書四三一頁）

一方、地元紙『長野新聞』の主筆であり、更級郡選出の県会議員である山本慎平は県議会で白樺派教師追放の熱弁をふるった。

「白樺派というようなものがありまして、芸術家として全然世の中と交わらぬというような空想家、すなわち世の中を去って自分達が、特別な村を作って新しい村の中へはい入り込んでゆこうという連中の集りであります。現実を軽んじた人々のあまりに極度に走った悪い現われで、総てがこうゆう状態でありますまいが、こうゆう人達を出したということは、多少そうゆう流れが我教育者の間に存在するということを我々は思うのであります。当局においてもこの極端な現われに充分覚醒されて、特別な方法を今後において取られんことを嘱望するものであります」（『信州の教育』一五二頁）。

答弁に立った学務課長（信濃教育会会長）佐藤寅太郎は「実は此問題に就きましては一、二年前より幾度か御注意を受けたのであります、其度毎に反省も致し、又色々攻究も致したのでありますが、今度の戸倉問題のような甚だしい極端な事件が生ずると云ふことは実はそれ程のことはないだろうと思って居りましたが、少しく余り極端なことが起きたことでありまして、それ程とは思って居りませんでしたが、既にこう云ふことが出来たと致せば、詰まり吾々の今日迄の研究又考へに遺漏の点が余程あったと云ふことを信ずる訳であります」（『長野県教育史第三巻史料編七　四二七頁』

この戸倉事件以後白樺派教員への弾圧と「教権」の侵害が続いたが、信濃教育会は沈黙の態度をとった。赤星知事は調査の結果について文部大臣の指揮を仰ぎ、処分を行った。戸倉事件における九名には次の処分が下された。

滝沢万次郎訓導　　退職

赤羽一雄訓導　　退職
羽田武邦訓導　　休職
藤原武夫訓導　　譴責
中谷　勲訓導　　譴責
三井　恭准訓導　　自今注意　　？
浜　文武准訓導　　注意
大日野胤平専科訓導　注意
郷原四五六代用教員　注意

なお、宮坂亮校長は別途譴責処分とされた。宮坂校長は明治三五年長野師範卒業で星校長辞職勧告の代表になっている改革派の教師である。大正七年、戸倉小学校校長となっていた宮坂は滝沢万次郎・中谷勲・赤羽王郎（一雄）・羽田武邦ら白樺派を集める人事を行っていた。

戸倉事件後中谷勲は手塚縫蔵・松岡弘の奔走で南安曇郡倭小学校に赴任した。大正八年四月、手塚の聖書研究会の一員松岡弘らの去った南安曇郡倭尋常高等小学校へ赴任した中谷は次席訓導坂井陸海らとともに、八年一一月、南安曇郡南部職員会の補助を得て、彫刻及び西洋名画の展覧会開催の中心となって働いた。同年一〇月には戸倉事件とかかわった郷原と若林武雄が、一一月には王郎の妹赤羽ヨシコが着任、白樺派の一拠点の様相を見せた。

泰西美術展、ロダン展は村民には「耶蘇」と「裸の絵」だと問題視された。白樺教師は教科書を開かないで雑誌のようなものばかり作っている。野外へ連れ出して怠けぐせばかりつけているなど、父兄の非難の的になった。契機は一二月二五日のクリスマスにおこなった学芸会で村民から文句がでた。「児童劇は『花咲爺』で、赤羽芳子が殿様、中谷勲は馬、坂井陸海が花咲爺、子どもたちが村の者となった。劇の中で、子どもたちが灰をぶつけられるのはけしからんとの口実であったが、抗議の目的は白樺教師の教育方法にあった。」（『信州の教育』一五四頁）

このことが村会から郡会にまでとりあげられ、翌大正九年二月には高田吉人郡視学が実地調査に訪れた。高田は坂井らの教育を高く評価したが、村民の世論に押され、中谷、郷原、赤羽、神沢速水を退職処分とした。また、坂井、若林は転任となった。

白樺派の教育運動が各地で弾圧されている中で一九二一（大正一〇）年五月に岡田忠彦が長野県知事に着任した。長野県の教育行政は県・郡ともに信濃教育会の影響下にあり、その幹部は長野師範の卒業生によって構成されていた。文部省と岡田知事はこの体制に対し弾圧を加えようとしていた。一九二一（大正一一）年二月の郡視学会議での岡田知事の訓示は長野県教育界の「気分教育」に対し攻撃を加えるものであった。国定教育といささかでも相違する内容をもつ教育は、反体制的内容でなくても弾圧しようとした。県視学の人事に介入し、これまでの人事慣行に反し同年三月に三村安治、九月に岡村千馬太を県視学から転出させ、信濃教育会主流派の東西南北会を県学務課から一掃した。

一九二二（大正一一）年一〇月、岡田知事にかわって本間利雄知事が着任した。本間知事は翌一九二三（大正一二）年二月、郡視学会議で「教育上に於いて画一的教育（国定の国家主義教育）を施す点に於いて（長野県が）再び名声を天下に示されんことを希望」するという訓示を述べた。文部省は五月に小学校での国定教科書の副教科書使用を厳しく取締るよう県当局に銘じてきた。県当局は五月二二日に「副教科書・参考書使用取締り」の通牒を出した。通牒では、「近来小学校に於て教科書の解説書若は教科書類似の図書を副教科書又は参考書と称して使用し教育上尠からざる弊害を醸成しつつある」と国定教科書以外の書籍の使用を厳禁した。県当局はこの通牒を新聞発表し、副教科書問題を県内に広げた。

川井訓導事件と佐々木校長憤死事件　岩田は東筑摩郡塩尻小学校在任中一九二四（大正一三）年七月、梅谷光貞知事が着任した。翌八月の地方長官会議で岡田良平文部大臣は「教育の新主義」弾圧の方針を訓示し、自由教育弾圧の方針を展開した。松本女子師範学校付属小学校の川井清一郎の修身授業事件は梅谷光貞知事のもとで大正一三年九月五日惹き起こされた。岩田はこの時期の日本を取り巻く情勢などについて、次の様に回想している。

大正十二、三年頃には各郡の教育会には修身科特設の可否論や、修身科廃止論等の討議が盛んであった。各学校内では修身の教科書を全然使用しない者が多く、また一週二時間ときめられた修身の時間を全然他の授業にまわして、事実上修身科を廃止しているものも少なくなかった。こういう事態であるから当局も放っておくわけにはいかない。長野県に梅谷知事が来たのはこういう時期だったのである。梅谷知事はこの自由教育弾圧のために、長野に派遣されて来たのである。そして、彼はここで川井訓導事件を引き起こし警察事件を引き起こした。

中略

川井訓導事件は梅谷知事が長野に着任して間もなく起こったのである。

ここで少しその頃の時勢について考えて見よう。自由教育の芽がふきはじめた大正四、五年は第一次大戦の最中であり、日本も英国の同盟国として大戦に参加したが、戦争の犠牲を被ること殆どなしに大きく領土を拡張したのみならず、軍需物資の輸出や東亜貿易の独占で大儲けをし国内には大小の成金が簇出した。一九一七年（大正六年）ロシヤ革命・ソビエト社会主義国の出現、翌一八年ドイツ降服・大戦終結というような歴史的大事件の進行の最中に当たり、日本の産業は大躍進して戦後の日本は近代産業の発達した五大国の一つに数えられるようになった。しかしその反面、労資の対立がはげしくなって、労働運動が盛んになって来た時代であった。思想的には民主主義・社会主義の思想が国内にひろまり、学生や地方青年がどしどしいわゆる赤の運動に入っていった時代である。日本共産党の創立（一九二二年＝大正一一年）とそれへの弾圧に続いて、信州自由連盟の弾圧＝長野共産党事件（大正一三年）も起っている。梅谷知事が特別な使命を負って長野に派遣されてきたのは、こういう時期であった。（『日本教育運動史』第一巻一四〇頁）

川井清一郎訓導事件の経過については諸説あるが、ここでは『長野県教育史第十四巻　史料編』によって記述しておく。

「大正一三年九月五日、畑山県学務課長、樋口長市県視学、道田県視学は松本女子師範付属小学校を参観した。第四時川井訓導の尋四修身の授業を参観すべく教場に入った樋口、畑山、道田三氏の顔には陰鬱な気配がサッとみなぎった。夫れは川井訓導が国定教科書の修身書を使用せず森鴎外の著した護持院ケ原の敵討ちを机の上に広げ夫れを読み乍ら話をやり出し放課十分ほど前まで夫れを続けていた。これを見た畑山学務課長は憤然色をなして生徒の前に立ち国定の修身書を持参して生徒の調査を始めた。『この本どこまで教はったか』と生徒に聞き更に其の場で川井訓導に向かひ『未だ修身の教科書は一回もやらぬのか』と詰問したので付近できいていた池原同校主事は児童の手前宜しくないと見てとり『あちらで話ししますから』とてその場はそれで打ち切りとなり午後一時から教授の批評会に移った」（『長野県教育史第十四巻』一〇〇三頁）

この事件は教育のあり方について長野県の教育界に大きな波紋を投げかけた。

当時、四学年以上の修身教科書巻頭には教育勅語があって神聖不可侵で、最敬礼してのち開巻させられるものであった。川井自身は鴎外のその作品の作中人物のそれぞれに孝心・覚悟・親愛・義侠心に対し気高い心根を感じ、児童の発達段階に応じて「現行修身書に応じこれを生かさんがための一案に過ぎぬ」と言っている。しかし、文部省の副教科書使用取締りの通達に反し国定教科書を無視することは支配層の深い恐怖を招いたのであった。事件が新聞等で大きく取り上げられ、懲戒免職云々の文言が掲載されるなかで川井は知事あてに退職願を出さざるを得なくなり、一〇月二四日付けで「願いに依り本職免ず」る辞令が発せられた。

川井訓導事件は長野県教育界に大きな波紋を広げた。とりわけ県当局は川井事件に対する教育会幹部らの支持に大きな危惧を抱いた。

梅谷知事は学年末をひかえた一九二五（大正一四）年二月、全県郡視学会議の訓示で自由教育者への強硬な姿勢を示した。諸君は「教育者の味方であると同時に行政官として黜陟を明にし、監督を厳にし、寸も仮借せざるの態度に出ねばならぬ」と、監督指導の責任と心得を述べている。そして教師の現状について「本県初等教育者は意気に於て優る、全生命を教育のために没頭し、勇往邁進、何等他を顧慮せづと云う点に於て長所を認むるも、誤りては官権反抗の形となる、監督者の命に従わぬことを以て気節を尊ぶと云うように解する偏見も存在する」と分析している。さらに「教育者が最初から放漫教育を行わんと考えてやったものとは思わぬが、自由尊重の個性進展教育が誤って放縦教育となり、放漫教育となったのである」と自由教育への対抗姿勢を明確にしている。そして人事に関しては「外部の圧迫ありとも屈せず、已が認めて信ずる所に向って猛進せよ、若し夫れ外的勢力のために任免其の当を得ざるがごときあらば遺憾之より大なるはなし、学年末教員異動の期も近し、此の点に関しては呉々も注意を望む」と強硬姿勢を督励している。

大正自由主義教育への権力の弾圧と言われる大正八年の戸倉小・倭小事件と大正一三年の川井事件の類似点と相違点を信濃教育会との関連で明らかにしていくことは、昭和初期の新興教育運動、さらに満蒙開拓青少年義勇軍送出事業にとって重要である。信濃教育会は戸倉・倭事件のような白樺派教員の事件には冷淡であった。それは、「白樺派の教育運動は天皇制の否定を内包しており、こうした急進的な教育運動が地域住民（保護者）の反発を招いた」。（『人々はなぜ満州へ渡ったのか』三八頁）

一方、川井訓導は信濃教育会の主流派であり、松本女子師範付属小学校という県教育界の中心校での事件であった。川井訓導は『信濃教育』（一九二四年一〇月号）の中で「修身書の取り扱い」について心情を述べているように、「勅語の聖旨に基づく恒久不変の我が国民道徳」という天皇制擁護の姿勢を明らかにしている。信濃教育会の川井訓導の擁護は同会が戦前天皇制下の教育行政を推進し、その枠を超える組織でないことを物語っている。このことが後に述べるように県当局との宥和に向かっていく大きな要素となっている。

岩田もまた中信地域の小学校で教壇に立っていた。当時の状況を、次の様に回想している。

川井訓導事件のあった年には、私は塩尻小学校にいたが、視学官（喜須甲理）が視察に来て私の修身の授業（高等一年）を参観した。私が修身教科書などを使っていないことはもちろんである。その時はグリムの童話を読んでから生徒に感想や意見を発表させ、そのあと各自の感想を綴らせた。放課後視学官は、今日参観した授業の教師等を個別に応接室に呼んで、授業の批評をしたり意見を尋ねたりしたが、私には何の批評もなく、「今まで廻ってみた中で今日の君のような授業を見たのははじめてだ」といい私の修身科に対する意見を尋ねた。で私は修身科の授業をいまのような教科書を中心にして、教師が児童にお説教をする教育を続けていくならば日本民族は軽挙妄動の愚民になってしまうだろう。今の教育は一口に言って「軽信教育」というべきで何でも詰込み思い込ませるだけで、疑問を持ったり考えて見たりする余地が少しもない。だから判断力や批判力が少しも養われない。十二年の震災の折りに遺憾なくその欠陥をさらけ出した。震災のドサクサのとき一個の林檎をポケットにもっていた朝鮮人が爆弾を所持しているとて群衆に虐殺され、咽喉の渇いた朝鮮人が井戸をのぞいて毒薬を散布したとて虐殺された。このような混乱はたちまち全国に波及して朝鮮人の暴徒が襲撃するというデマは、津々浦々に広まった。こんなデマを何の批判もなく信じて人民は妄動した。長野県の田舎の村でさえ、朝鮮人を追い廻し、村の消防隊は警備に出るという有様だった。また、甘粕事件や亀戸事件等のように、日本人がいかに軽挙妄動の愚衆であったかの手本を私らは最近しみじみ見せつけられた。これは全く、今日までの「軽信教育」の罪ではないかと私は痛感している。というようなことを述べて、画一教育や詰込主義の教育の権化が今の修身科教科書であることを極論した。須甲氏は大町中学校長で、臨時視学官として巡回視察に廻った人で私のこのような意見を唯黙って聴いていた。そして批評も反ばくも何もしなかったが、彼には何かうなずくものがあったように私には見受けられた。（『日本教育運動史　第三巻』一四四頁）

佐々木名恒（なつね）校長憤死事件はこのような状況下で起こった。

一九二五（大正一四）年四月七日、岩田と出身地（南佐久郡田口村）を同じくする軽井沢小学校長・佐々木名恒が、唐突な転任人事に抗議して鉄道自殺を遂げた。佐々木は十数年間教育会の評議員・幹事をつとめ、当時は国際都市軽井沢の教育刷新に意欲的であった。佐々木は北佐久郡視学丹羽元三郎から新年度の転任はないと言われていたのに四月の新聞紙上に自身の転任の記事が掲載され、辞令が郵送されてきた。丹羽視学に理由を質すも「言われません」と説明は得られず、いったんは単身赴任の意を固めて、七日の告別式にのぞむ予定でいた。

遺書には「此の度の転任は事の意外と官憲の不親切とを憤るものなり。彼等は其態度を改められよ。真に教育界の内面的発達を計られよ」と県当局の仕打ちを告発した。北佐久教育会は四月一九日には臨時総会を開き約三〇〇人が参加した。総会では、「佐々木名恒君の死は郡当局の措置当を失せるに起因すると認む。よってここにその反省を求む。」との決議を採択した。そして、郡下を始め全県下に遺児教育資金の募金を呼びかけ応募金を遺族に渡した。

岩田の回想録には、同郷の先輩教師である佐々木名恒の事件については触れられていない。

川井事件や佐々木事件の後、信濃教育会は一九二五（大正一四）年六月の総集会で梅谷知事、内務部長、学務課長、佐藤寅太郎会長、守屋喜七ら役員が懇談し、県当局と信濃教育会の妥協の機運を高めていった。

一九二五年七月の郡役所廃止に際しては、郡長にあった小学校教員進退の申請権は県学務課に移すべしと主張して、信濃教育会は事実上の人事権を確保し、県当局の教育行政補助機関の機能を維持したのであった。（『長野県政史　第三巻』三〇八頁）

第二章　岩田健治と新興教育運動

第一節　二・四事件前夜の政治経済状況

昭和初期の金融恐慌、世界恐慌の嵐は支配勢力をして資本主義の危機という恐怖に陥れた。岩田はこれ等の様子を『六十年史』で、次のように綴っている。

大正九年の恐慌が来て、生糸はがた落ちに下落した。一貫目十円台の夢を見て高価な肥料を買ひ込んでいた養蚕農家は、此の相場の転落によって繭価が六円台に下落し、はるかに生産費を割り非常な損失を蒙った。此の調子はこれからずっと大正時代を通じ昭和に入ってもあらたまらなかった。（中略）それにも拘わらず来る年も来る年も大正七八年頃の好景気を夢見つゝ来年こそは来年こそはと景気の回復を心待ちして居ったが、来たものは─而かも世界経済の必然的運命によって─昭和四年暮れからの大経済恐慌であった。此の年（一九二九年）十一月末米国経済界の大反動は生糸相場に一大衝撃を与え、糸価は更に急落の傾向を示した。最早農民は昔の夢を見ることはなくなった。（中略）

昭和五年蚕糸中央会の調査によれば、春蚕一貫目の生産費五円六十五銭、夏秋蚕は四円四拾三銭であるが、繭価は春蚕三円九十八銭夏秋蚕は二円六銭であるから、農家は春蚕一貫目について一円六十七銭、夏秋蚕は二円三十七銭と言う大きな欠損をしているのである。

打ち続く十数年来の悲境に我が農村は、貧苦のどん底に陥ってしまった。而かも前途は猶暗黒で農民は途方にくれてしまった。せっかく飼ひ上げた繭を市場に持ち出し、一貫目一円八十銭と言ふ値をつけられて激昂し、売らずに持ち帰ったが、途中橋の上から川に流してしまったとか、繭の売上代のあまりに僅少で、これを持帰っても借金返済の何処にもおつ、かぬのを悲観して自棄になって一晩に料理屋で飲み上げてしまったが、家に帰って夫婦喧嘩の巻と言ふやうな悲喜劇は各所に起こった。（三五〜三七頁）

恐慌の中でも大資本の産業支配は進み、工業のみならず、金融、商業、農業をも支配する巨大なコンツェルンが三井、三菱、住友などで形成されていった。そのため恐慌のしわ寄せは中小企業と労働者にのしかかり大量首切りと中小企業の倒産とによって失業者は増大した。内閣統計局の「職員労働者失業者数」調査では、失業者数は一九二九（昭和四）年九月に二六万八五九〇人であったが翌年一九三〇年には三九万五二四四人と一・五倍の増加をしている。さらに一九三二年には五〇万五五九六九人と激増した。首切りや賃金切り下げに対抗して、労働者の闘争はひろがり、労働争議の件数、参加人数ともに増大した。農村では中小地主や自作農が恐慌のため土地を手放さなければならない事態が生ずると同時に中小地主が小作地を取上げて自作化しようとする動きが生まれた。小作契約の継続、小作権・永小作権の確認など耕作権をめぐる争議が多発するようになった。

天皇制政府は恐慌による社会不安の脱出口を海外侵略に求め、山東出兵・済南事件等中国大陸への侵略を強行した。国内では侵略の前に立ちはだかる民主勢力・平和勢力の一掃のため過酷な弾圧を進めていた。

一九二五（大正一四）年五月、二五歳以上の男子に納税額の制限なく選挙権を与える「普通選挙法」が公布された。この選挙制度は絶対主義的天皇制の専制的性格を失わせるものではなく不十分なものであったが、これによって有権者は全人口の二二％に拡大した。天皇制政府は、これに先立つ四月にこれまでの弾圧法規に加えて「治安維持法」を公布した。この法律は、「国体を変革し」「私有財産制度を否認する」一切の結社及び言論や運動を禁止し、違反者は「懲役十年以下とする」という世界にも例を見ない悪法であった。（昭和三年には最高刑を死刑とし、新たに「目的遂行罪」を追加した）

第二節　新興教育運動の展開

日本教員組合「啓明会」

世界的規模での帝国主義戦争であった第一次世界大戦は、日本の資本主義が飛躍的に発展する契機であった。産業構造が重化学工業主導となり、大規模工場の増加と伴に資本の集中が急速に進んだ。そして、他方の極に労働者数の飛躍的な増加をもたらし、それは同時に労働争議件数、小作争議件数の増加となって現れた。労働組合、農民組合が各地で誕生し、資本主義を批判しその克服をめざす組織勢力が飛躍的に増加した。それらはこれまでの日本の教育に大きな変化をもたらした。労働運動・農民運動を発展させるためには、自らの力で科学を身に付けようと労働学校・農民学校が次々と開校されていった。日本労働総同盟は一九二二（大正一一）年、「現代の普通教育は資本主義的にして、資本主義の謳歌、偶像崇拝、軍国主義及び奴隷根性鼓吹に満ちている。故にこれを人類愛と新社会建設の立場より、労働運動の一面の事業として改善運動を起こす」として、教育の資本主義的性格や軍国主義化に批判の目を向けている。また、新潟県木崎村では小作争議の中で、教育行政に対する不満から農民自らが私設の無産小学校を設置するなどの運動へと発展していった。

この時期、人民の多面的な教育活動の発展とあいまって、公教育の中にも教師自身の手によって運動が組織され展開された。教師が教育創造の主体者として質的に成長する背景には教員数、特に小学校教員が著しく増大し、「教職」が社会的職業として確立したことにあった。小学校教員数は明治末に一五万人、一九二四（大正一三）年には二〇万人を突破した。同年の小学校教員のうち訓導、正教員の率は八一％に上り、質的均等性も確保されていった。このことが人民闘争の高揚とデモクラシー思想の普及の中で教師の自覚を高めていった。この頃、自然発生的ではあるが教員の増俸運動が各地で展開され、教員の地位と生活権擁護の要求で組織された教員団体が生まれた。下中弥三郎を指導者に全国的に組織された教員団体の「啓明会」は日本における最初の教職員組合であった。一九一九（大正八）年八月に発足し、翌二〇年には第一回メーデーに主催団体に参加し、友愛会などの労働組合と共に労働組合同盟会を結成した。当時は教師は聖職者であるという社会一般の考えの中で、「教師も労働者である」として行動を展開したことは教育運動の歴史に新たなページを刻んだ。「日本教員組合啓明会」に名称変更した会の運動方針には、絶対主義的天皇制に対する批判意識は見られなかったものの、軍国主義、帝国主義教育に対する批判は明確に示していた。また、小学校から大学に至るまでの公教育の無償化の実現による「教育の機会均等」を目指したことは画期的であった。教育行政では教育者の教育管理をめざし、中央・地方の教育委員会の公選制を提唱するなど具体的提案をおこなった。しかし、こうした活動を当局が放って置くはずがなく、埼玉・東京などで不当配転・馘首が行われ、機関紙の発禁など会の日常活動への弾圧が強まり、衰退化していった。啓明会は教員組合としての再建の試みが行われたが、一九二八（昭和三）年四月に解散に至った。しかし、この日本最初の教員組合運動の貴重な経験は、人的にも理論的にも次の世代の教員組合運動の確かな礎を築いた。

新興教育研究所と月刊誌「新興教育」

戦争とファシズムが押し寄せてくる時期、帝国憲法と教育勅語のもとで教育の自由や教育労働者としての市民的権利を制限されていた教師たちが自己変革に目覚めるのもこの時期であった。

全国的規模で本格的な教員組合活動が展開

されるのは、一九三〇（昭和五）年八月、非合法の日本教育労働者組合（教労）準備会と合法的な新興教育研究所（新教）が結成された時からである。教労と新教は組織的には「表裏一体」の関係をなすもので、この教育運動は階級的に自覚した教育労働者を中核として展開された。

教労の特徴は「第一は、教師の状態を政治的、経済的、社会的に分析して、教育労働者組合設立の必然性を確認し、さらに教育労働者を労働者階級全体の中に位置づけ階級的立場を明確に表明したことである。

第二は、運動の抗争相手を『資本家地主の政府』と規定して基本戦略を確定し、しかも教師は歴史の発展を促進する基本的階級・階層でないから『教育労働組合は労働者農民への一援助隊』だと自己限定を行ったことである。

そして、第三は、教育労働者の政治的、経済的、社会的な諸要求とともに教育条件、労働条件の改善要求を打ち出し、さらに『プロレタリア教育の建設』という教育労働者組合の『特殊任務』を前面に掲げ、『新教』とも提携しながらその実現をめざしたことである。

最後に第四としては、それまでの教育運動の経験を総括し、厳しい弾圧体制の中での自己の主体的力量を考慮して学校を単位とする非合法の組織活動にふみきった点」にある。（『新興教育運動の研究』七一頁）

新興教育研究所は事務所を東京神田に置き、機関紙『新興教育』を発行した。一九三〇年九月一日付の創刊号には次の「創立宣言」を掲載した。

新興教育研究所

創立宣言

欧州大戦以後世界の諸情勢は急速に進展した。今や世界はたゞ一つの希望に向かって動いてゐる！

永久の繁栄を謳はれた北米合衆国までをその渦中に投ぜしめた強烈なる世界恐慌は、資本主義的生産方法の自己矛盾、ブルジョワ経済組織の非合理性、ブルジョワ政治機構の非社会性、ブルジョワ文化

図１　「教労」・「新教」の組織変遷

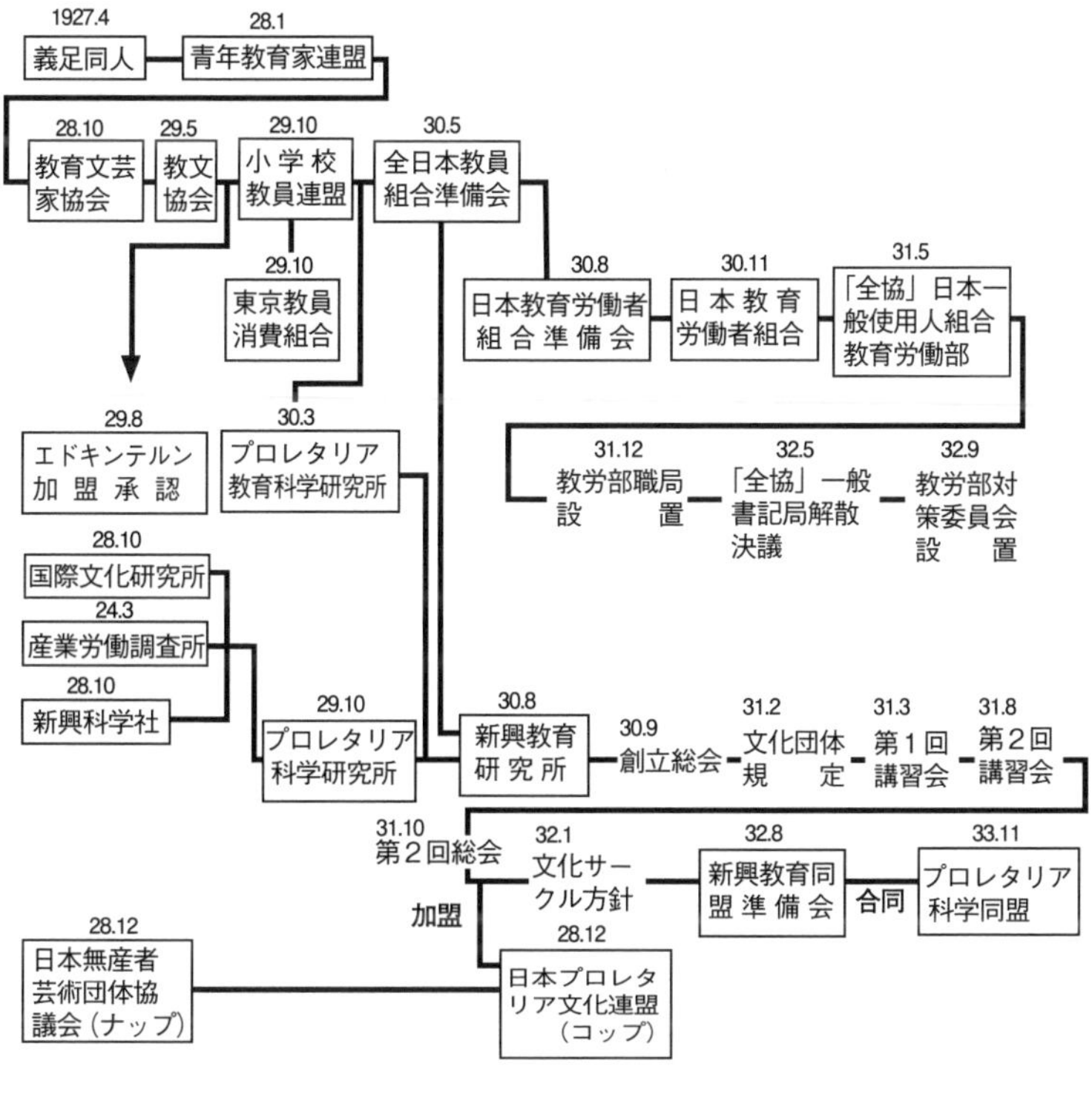

1927.4 義足同人
28.1 青年教育家連盟
28.10 教育文芸家協会
29.5 教文協会
29.10 小学校教員連盟
30.5 全日本教員組合準備会
29.10 東京教員消費組合
30.8 日本教育労働者組合準備会
30.11 日本教育労働者組合
31.5 「全協」日本一般使用人組合教育労働部
29.8 エドキンテルン加盟承認
30.3 プロレタリア教育科学研究所
31.12 教労部職局設置
32.5 「全協」一般書記局解散決議
32.9 教労部対策委員会設置
28.10 国際文化研究所
24.3 産業労働調査所
28.10 新興科学社
29.10 プロレタリア科学研究所
30.8 新興教育研究所
30.9 創立総会
31.2 文化団体規定
31.3 第１回講習会
31.8 第２回講習会
31.10 第２回総会
32.1 文化サークル方針
32.8 新興教育同盟準備会
合同
33.11 プロレタリア科学同盟
加盟
28.12 日本無産者芸術団体協議会（ナップ）
28.12 日本プロレタリア文化連盟（コップ）

「新興教育運動の研究」p.68

の非科学性を、事実に於て暴露したばかりでなく、その急角度的顛落を決定的ならしめた。

だがブルジョワ社会の没落が自然必然性として放任せらるゝ限り、それは非連続の飛躍に於ける質的変化ではない。そこには政治的自由も、従って人間的解放も絶対にあり得ない。新社会の建設、それが歴史的必然として、新興階級の出現によりて可能にされし限り、階級的大衆運動によりてのみ実践的に闘ひとらるべきである。たゞその故にこそ彼等にとっての顛落の危機は、新興階級の輝ける勝利の日の近いことを約束するものである。

今や教育の領域に於ても無風帯の状況ではあり得ない。教員大衆三十万の中その失業者は既に一万五千を突破してゐる。農業恐慌による農民の貧窮化と、繊維業地帯に於ける農村の悲況は、教員の減俸、学級整理、児童の盟休、校長の排斥・廃止等となって現はれ、学校騒動の頻発と激化とは学校の警察化に照応すると共に、労働者のストライキと農村に於ける小作争議の尖鋭化に伴って日を追ふて加重されつゝある。

教育が将来の社会を建設すべき未来の成員の養成をその本来の任務とする限り、明日の教育は新興階級のための、また其自体の新興教育以外には存在しない。かくして社会の歴史的発展の新しき可能性としての教育は、それ自らの自覚に於て国際的プロレタリア科学の鎖の一環としての新興教育の科学的建設を翹望してゐる。

現段階に於ける日本の教育を展望する時、分けても自己に属する学問を安く買ひたがる教育界は、先進資本主義諸国の文化に見る如き自由なる発展期を有ち得なかったばかりでなく、封建的残存物を清算する遑なかりしため、甚だ未発達であり、未熟である日本ブルジョア文化の運命を、より強度に反映してゐる。現実の社会問題の具体的分析並びに一切の科学の真理に対する教育労働者の眼は、支配階級の企図に依る政治的疎外に依って全く矇昧にされた。そのことこそ現在の如き反動教育の硬化を招来したのである。社会生活に対して政治が支配的である限り、教育の目指す人間的解放は、政治的自由の獲得なしには、幻想以外の何物でもあり得ない。組織には組織を以ってする教育者の政治的実践の現実形態は××的教育労働者の団結に依る教育労働者組合運動でなければならない。

教育労働者組合はわれわれの城壁であり、「新興教育」はわれわれの武器である。「新興教育研究所」に依って果さるべき当面の階級的任務は、反動的ブルジョア教育の克明なる批判とその実践的排撃であり、他方、新興教育の科学的建設とその宣伝である。

新興教育研究所の創立をして、新興教育建設のために権威あらしめんことを期し、全国に在るわれわれの同志と共にわれわれの任務と決意を茲に宣言する。親愛なる全国の教育労働者諸君、新興教育の旗の下に集れ！

一九三〇年八月十九日

新興教育研究所

（『新興教育』創刊号一〜四頁）

新興教育研究所創立宣言

欧洲大戰以後世界の諸情勢は急速に進展した。今や世界はたゞ一つの希望に向つて動いてゐる！
永久の繁榮を謳はれた北米合衆國までをその渦中に投ぜしめた强烈なる世界恐慌は、資本主義的生産方法の自
盾、ブルジョア經濟組織の非合理性、ブルジョア政治機構の非社會性、ブルジョア文化の非科學性を、事實に於
露したばかりでなく、その急角度的顚落を決定的ならしめた。
だがブルジョア社會の沒落が自然必然性として放任せらるゝ限り、それは非連續の飛躍に於ける質的變化ではな
そこには政治的自由も、從つて人間的解放も絕對にあり得ない。新社會の建設、それが歷史的必然として、新興
の出現によりて可能にされし限り、階級的大衆運動によりてのみ實踐的に鬪ひとらるべきである。たゞその故に
彼等にとつての顚落の危機は、新興階級の輝ける勝利の日の近いことを約束するものである。
今や教育の領域に於ても無風帶の狀態ではあり得ない。教員大衆三十萬の中その失業者は旣に一萬五千を突破
ゐる。農業恐慌による農民の貧窮化と、織維業地帶に於ける農村の悲況は、教員の減俸、學級整理、兒童の盟休、
長の排斥・廢止等となつて現はれ、學校騷動の頻發と激化とは學校の警察化に照應すると共に、勞働者のストライ
と農村に於ける小作爭議の尖銳化に伴つて日を追ふて加重されつゝある。
教育が將來の社會を建設すべき未來の成員の養成をその本來の任務とする限り、明日の教育は新興階級のための
また其自體の新興教育以外には存しない。かくして社會の歷史的發展の新しき可能性としての教育は、それ自らの

合法的な教育雑誌である『新興教育』は、全国の店頭に並び創刊号は四〇〇〇部印刷してたちまち売り切れた。研究所員は三二名で秋田雨雀、江口渙、矢川徳光、宮原誠一、池田種生、布施辰治、山下徳治（所長）などが加わっていた。雑誌の読者網は北海道から沖縄まで伸び樺太、朝鮮、台湾、上海にも広がっていった。

『新興教育』創刊号（一九三〇年九月）には不況の状況や教員に対するしわ寄せについての長野県の状況が投稿されている。

「最も最初に教員給引下の烽火を挙げたものは長野県でその中でも小県郡神科村を以て最初とする。即ち六月下旬、村会にその問題を持ち出したことから機会を待っていた全郡町村に波及し、ここに問題は全県下に及んだのである。それは同県下が繭の産地として、それを唯一の財源としていたのに、繭価の暴落から遂にこの機会を作ったのである。それ以前に於いても全国各地に教員給引下の事実は、俸給不払、寄付強要の形に於いてなされていたのであるが、斯くの如き決議を村理事者がなす直接の原因は、納税の不納同盟から始まる。

模範村の滞納決議

同県諏訪郡中州村は県下の模範村として表彰されたものであるが、六月二十八日の県税納期に際し、家屋税の滞納を納税組合で決議し督促料を出した出来る限り納税を引きずって置くことにした。模範村も食うか食わぬかの問題には勝てない。同じく下伊那郡喬木村阿島区では同二十九日不況対策協議会なるものを開いて、一、村内俸給生活者の俸給二割減　二、蚕種代を五十銭に

すること　三、村内一般行政整理を行うこと　四、村税を滞納すること、を決議している。

減俸実行案

同県小野郡町村長並びに校長合同不況対策町村費軽減懇談会は七月一日午後二時から開催されたが、其町村長側から提出された実行案は左記の通りであった。

イ、教員俸給を左の通り当分の間臨時減額支給し得るようその筋に請願し、その実現を見るまでの間は教員と協議の上相当額を寄付其他の名義を以て町村に提供することの諒解を以て実行すること。

ロ、五十円以下の者はその全額の一割、月俸五十円を超えるもの二割、七十円を超えるもの三割、百円を超えるもの四割、百五十円を超えるもの五割、嘱託手当は当分の間二割。

ハ、旅費赴任手当移転料を二割程度減額。

ニ、恩給基金は町村より支出せざるよう其筋に請願すること。

ホ、備品消耗品費は一割天引きすること。

へ、学事視察修学旅行等町村費支出を要する旅行は本年度はとり止めること。

この校長と町村長の協議会の席に於いて某校長はこんな意見を述べている。「この問題は費用を出来るだけ切りつめるように努力するのは当然のことであるが、俸給の問題についてだけでここでは言いえない。金は町村から支給されているが、義務教育国庫負担もある。故に監督官庁の意見を承ってから善処せねばならぬ立場にある。由来信州の教育者は金に淡白であれと教えられて来た、そして実に淡白にやって来た。それを誇りと考えていた。大正七八年頃の物価騰貴の際私の知人の一人はカユをすすって登校していた。

学校閉鎖

かくて各地に教員給値下げの声が起こり、実際に於いて寄付を強要し、教員給を支払わぬ村が続々として現れた。そして減俸案が入れられぬ為として遂に父兄が児童を休校させる村まで現出するに至った。すなわち七月十九日南佐久郡内山尋常高等小学校に於いては児童約四十名が無届欠席を為したが、それは減俸案が入れられない為の父兄が奮がいして（ママ）子供を学校にやらなかったのだということが分かった。同校はその時まだ六月分の俸給を支払っていなかった。なお小県郡の長窪古町では三区の父兄が結束して七月二十一日小学校児童の臨休を行った。その為め五百七十五名の生徒の中、三百六十名休校し、他の区も盟休に加盟することになったので、遂に同町小学校は閉鎖された。その後二十四日に至り教員費三割減によって漸く解決して登校するようになった。小県郡神科村でも同様盟休あり、何れも減給、寄付強要によって解決され、俸給を非合法的に全然支払わない村さえも多数で、我が長野県の教員は無理に減俸されてる。」（『新興教育創刊号』　昭和五年九月号）

『新興教育』創刊号では、児童の欠食問題もとりあげられている。この課題でも長野県からの投稿がある。

長野県松本市内小学校貧困救與児童は最近の調査は一月十銭宛のお弁当を支給されているものが四十二名、学用品の給与四十一名、被服は五名計八十八名の多数に達している。教育課長とやらが六月二十七日調査を行ったが、実情にうとい彼等を一驚きさせたことはその日だけでも同市旭町部の小学校だけで千三百余名中弁当を持っていないものが四十六名あった。中には自宅へ食べに帰るとか言って嘘を言っている子供もあった。

長野県は昭和七年九月、県内の児童欠食調査をまとめている。欠食の状況を「貧困により欠食せるものとして給食を要するもの男一七七八人、女一五八一人」「給食不十分にして欠席勝ちなるが故に給食を要するもの男五三七人、女五三七人」「給食不十分にして就学不可能なるもの男二四人、女一三人」その他少数を統計して、実に四五〇六人の多数にのぼって居り流石に当局も驚いている。郡市別では児童数の多い順に小県六五九、上伊那五六九、諏訪五三〇、下伊那四六五、南佐久三五三、東筑摩二九〇、北佐久二八六となっている。(『長野県教育史　十四巻』五八三頁)

教育労働者と農民組合

昭和初期における教員俸給減俸、寄付強要、戸数割課税問題という自らの生活不安、そして教え子の欠食、就学不能という事態に直面した教師たちは、政治に目を向けざるを得ない状況を迎えていた。教員の減俸をめぐって村民大会が開かれたり同盟休校が行われるなど教師と村民が対立する事態の中で『新興教育』一〇月号に「教育労働者と農民組合」の論文が掲載された。

「教育労働組合が教員自身の解放運動であると共に、全プロレタリア階級の運動であること、即ちプロレタリアの解放なくして我々教員の解放のあるべき筈のないことはあまりにも分かりきったことなのだ。故に我々の運動はあくまでも労働者農民の運動の上に築き上げられなくてはならぬ。それは必然に労働者農民とのガッチリとした連絡のもとに進められなくてはならない事を意味するのだ。」

「地主階級が何故教員の俸給削減に手をつけるか。それは一つは最も手近な俸給生活者としての教員に、貧農階級の反感を転廻させようとしているのである。而も団結力なく最も弱い地位に置かれている教員に向かわせることによって、今日の農村を一時的にも救済し得るかの如く、農民を欺瞞することに起因するのだ。

而もそれによって救われるのは決して貧農ではない。何故なら、教員給は税金から支払われ、その税金の多くは地主階級が負担すべきもので、貧農階級には大して影響をもたらさないからである。その事はよく知っていながら、校長や教員に対してはうまいことをいって『国民の大切な教育に当たっていられるのだから』とか何とかぬかしていながら、一方では農民の反感を募らせようとしているのだ。」（『新興教育』十月号七〇～七一頁）

そして、同号に全国農民組合埼玉県連合会の「小学校教員減給問題に関する農民の態度」という一文を掲載している

「農民は原則的に教員の減給に反対する。だがそれは農民のスローガンである『一切の金は資本家と地主から出せ！』と結び付けたのみだ。（中略）なぜかと言えば現在の小学校教員の俸給は人間生活の標準として決して高いものではないからだ。むしろ農民の生活があまりにも悲惨である

からこそ、農民の眼が真に農民を苦しめている敵に向けられず眼の前に見える小学校教員のような小月給取に向けられる。それを村の指導者顔をしている地主は利用して階級的意識を故意に起こさせまいとしているのだ。全農は農民のそうしたアサハカな眼を転じさせて、一切の教育費は資本家地主から出せ、小学校教員の組合加入の自由、国定教科書批判の自由、等々の方向を示さねばならぬ。」（前掲書七一頁）

当時、教育費の大部分は国庫からの補助金であり、俸給基準は定められている。また、教員の間では「俸給を僅か削っても不況下の町村財政に大きな影響はない」との見方もあり、教員と町村当局との対立は深まるばかりであった。農村に於ける農民組合と教育労働者との提携、共同戦線は大きな意義を持つものであった。

教育労働者組合（教労）の活動

教育労働組合（「教労」）準備会は一九三〇（昭和五）年一一月、東京・中野の山下徳治宅で非合法的に創立大会を開いた。運動方針や綱領は『新興教育』一一月号に論文形式で発表されたが直ちに発売禁止とされた。論文では当面の闘争方針を述べている。

　教育労働組合は当面如何なる闘争を展開すべきか

　経済領域について

「教員の馘首反対」「本人の意思によらざる転任反対」等二十七項目

兵役について

「入営による代用教員、准教員の馘首反対」等四項目

教育の領域について

「資本家地主の利益×（擁）護のための一切の反動教育反対」「国×××（定教科書反対、教員による教科目、教科書選択の自由）「軍×××（国主義）教育に対する闘争」「一学級四十名の確立」「植民地に於ける帝国主義的特殊教育反対」等二十九項目

児童の領域について

「授業料の廃止」「義務教育の延長」「児童のストライキ権獲得、出欠席の自由」「労農少年団の組織」等十六項目

政治領域について

「教育労働者組合の組織並びに活動の自由」「言論、集会、結社、出版の自由」「労働組合、農民組合との共同戦線」「国際教育労働組合の戦線統一」「解放運動犠牲者及びその家族の救援」等十六項目。

このような方針をもって非合法活動に入った「教労」の活動は、合法組織である新興教育研究所（新教）の発行する雑誌『新興教育』を武器として全国に展開されていった。

「教労」は日本労働組合全国協議会（全協）の指導の下に活動を進めていたが、全国単一組合の組織とするか、医療・官公庁・銀行などの労働者の加盟する日本一般使用人組合に加入するかの論議

の中、一般使用人組合教育労働部として活動を展開した。この単独組合か合同かの論争は、次のような趣旨によって合同に踏み切ったとされる。つまり、教育労働者組合の運動は全労働者階級の運動に組織的に結びつき、それに支えられてこそ、正しく発展する、という教育労働運動の発展のための基本原則からであり、同時に教育労働運動は全労働者階級の運動の一翼となってその強化・発展につくさなければならないという階級連帯の原則からである。この原則的立場から教労は全協の公式的といわれる産別組織方針に批判をもちながら、階級的労働組合の全国一般組織「全協」の強化と「非生産部門としての一般使用人層の革命的統一戦線樹立のため」に合同にふみきったのであった。

『新興教育』の読者がひろがり、読者グループが組織される中、当局は恐れをなし、弾圧の機会を狙っていた。一九三〇（昭和五）年一二月、朝鮮の小学校長が突然検挙され、校長と連絡をとっていたという理由で山下徳治所長ら二名が逮捕・連行された。この弾圧をきっかけに非合法の「教労」の統制下にあった「新教」の活動に批判が出され、両者の関係について論争がされた。一九三一（昭和六）年二月、新興教育研究所臨時総会が開かれ、「新教」は「教労」からの従属を離れ、後衛的役割を果たす文化団体として独自の活動を展開することとなった。

各地に雑誌『新興教育』を中心とする読者会・研究会がもたれるようになり、「読者会・研究会の作り方について」指導文書も掲載されている。そこでは「一般に警戒しなくてはならないこととしては、漫然と教員室などで全教員をアジったり、特に詭矯な言動や過激な言辞を弄して、一般同僚から異端的敬遠をうけるが如きことはもっとも、慎まねばならない。必要なことは常に注意深く周囲の情勢を観察し、若い、真面目な、気概のありそうな同僚を狙い打ち的に目星をつけ一人から一人へと、細心・執拗・誠実・親切をもって啓蒙し、獲得してゆくことである。やがて、二三人の共鳴者（シンパサイザー）ができたら、まづ茶話会・座談会・短歌会・文学会・哲学会等を作り、これらを利用して、巧みに啓蒙し、ただしい方向に指導してゆく。」など細やかに作り方を述べている。

また、読書に対する態度について、次のように注意を喚起している。「我々は、マルクス主義を学ぶに当たり、単なる主観主義的憶見・俗学・常識論を放棄して、数学や物理学や生物学に対したと同様な厳密・不撓な態度で望まねばならぬ。ねころんで読み、単なる読み流しに終わる様な勉強の仕方では、××的理論の把握は容易に不可能であらう。」として、一般的参考書を列挙している。地方で入手困難な場合は研究所で取次の便宜を計ってくれるよう配慮されている。一般的参考書を次に列挙する。

（1）哲学（唯物弁証法）
「フォイエルバッハ論」（マルクス・エンゲルス）岩波文庫　二〇銭
「レーニンの弁証法」（レーニン・河上訳　レーニン全集抜粋）弘文堂　七〇
「マルクス主義の根本問題」（プレハノフ　木村春海訳）共生閣　六〇
「史的唯物論か、史的理想主義か」（ラファルグ　淡徳三郎訳）同人社　二〇
「史的唯物論教程」（フインゲルト）「プロ科学」　一〇〇

（2）経済学

（A）経済学入門
「空想より科学へ」（「社会主義の発展」エンゲルス・堺訳）改造文庫　一〇
「賃労働と資本」（マルクス）岩波文庫　一〇
「マルクス主義経済学」（河上肇著）改造文庫　二〇
「××党宣言註釈」（リヤザノフ・太田黒訳）イスクラ閣　八〇
「マルクス主義経済学」（ラピドス・オストロビテイヤノフ）希望閣　一〇〇
（B）金融資本・帝国主義
「金融資本論」（猪俣津南雄）改造文庫　四〇
「帝国主義論」（レーニン）岩波文庫　四〇
（C）第三期の情勢
「安定後に於ける資本主義没落期の経済学」（ヴァルガ）叢文閣　八〇
「第三期とは何か」「ソビエト同盟の建設」「支那大革命史」（以上三冊プロ科学講座）共生閣
各冊　五〇
「恐慌裡の日本資本主義経済の解剖」（森喜一著）白揚社　一二〇
（3）政治
（A）労働組合論
「レーニンと労働組合論」（ロゾフスキー）　四〇
「労働組合論」（レーニン　野坂訳）希望閣　五〇

「ストライキ戦略戦術」（ロゾビスキー）戦旗社　五〇
「軍事科学とストライキ」（ロゾビスキー）労働書房　五〇
「無産者政治教程」第五部　叢文閣　五〇
「日本左翼労働組合運動」（小泉保太郎）マルクス書房　一二〇
「左翼労働組合の組織と政策」（渡辺政之輔）希望閣　一〇〇
「日本問題に関する決議」（プロフィンタン）インタナショナル発行　一〇
（B）組織論
「何をなすべきか」（レーニン・平田訳）岩波文庫　四〇
「清算主義とは何か」（レーニン）希望閣　四〇
「左翼小児病」（プロ科学）　五〇
「ロシヤ社会主義者の任務」（レーニン・瓜生信夫訳）希望閣　一一〇
（C）党史（略）
（D）国家論及び法律
「レーニン主義の基礎」（スターリン）共生閣　二〇
「国家について」（レーニン）永山書房　二〇
「国家と革命」（レーニン）左翼書房　一〇〇
「佐野学全集　政治論」希望閣　一五〇
「山本宣治政治論文集」ロゴス書院　山本宣治全集第八巻　一八〇

「家族・私有財産及び国家の起源」（エンゲルス著）岩波文庫　四〇
「労働運動の激化とブルジョア法律」プロレタリア科学講座　五〇
（4）日本史
「日本歴史」（佐野学全集）希望閣　一五〇
「日本資本主義発達史」（野呂栄太郎）鉄塔書院　一〇〇
「明治維新史」（服部之総著）大鳳閣　一二〇
（5）婦人問題
「婦人論」（ベーベル）改造文庫　六〇
「家族・私有財産及び国家の起源」（エンゲルス）岩波文庫　四〇
「マルクス主義と婦人問題」（レーニン・リヤザノフ）共生閣　七〇
（6）農民問題
「ロシアに於ける資本主義の発達上・下」（レーニン）白揚社　一〇〇
「国際農業恐慌」　叢文閣　六〇
「農民問題講話」（青木恵一著）　一〇〇
「日本における農業の特質の危機」　星野氏著　共生閣　七〇
雑誌「農民闘争」　毎月　二五
一九一七年におけるロシア農民運動　八五
（7）伝記

「ウラジミール・イリイッチ・レーニン」（ヤロスラウスキ）希望閣　一二〇
「マルクス・エンゲルス伝」（リヤザノフ）岩波文庫　四〇
「マルクス主義のへ道」（シャポワロフ）大鳳閣　一三〇
（8）プロレタリア文学　略
（9）雑誌　略

岩田の愛読書は後述してあるが、大正・昭和初期にこれほどの出版社と雑誌が店頭に並んでいたことは当時の知識層、運動家にとっては大きな武器であった。

小学校教員赤化事件　一九三一年八月

教育労働者の運動が広がりを見せる中、当局の弾圧が開始された。一九三一（昭和六）年八月東京支部一三名、九月神奈川支部一二名、埼玉支部一〇名、計三五名に上る現職教員が検挙された。この時、「教労」は壊滅的打撃を受けた。

この時の弾圧の状況について『新興教育』昭和六年一二月号に弾圧を受けた小学校教師の手記が掲載されている。「所謂　教員赤化事件から何

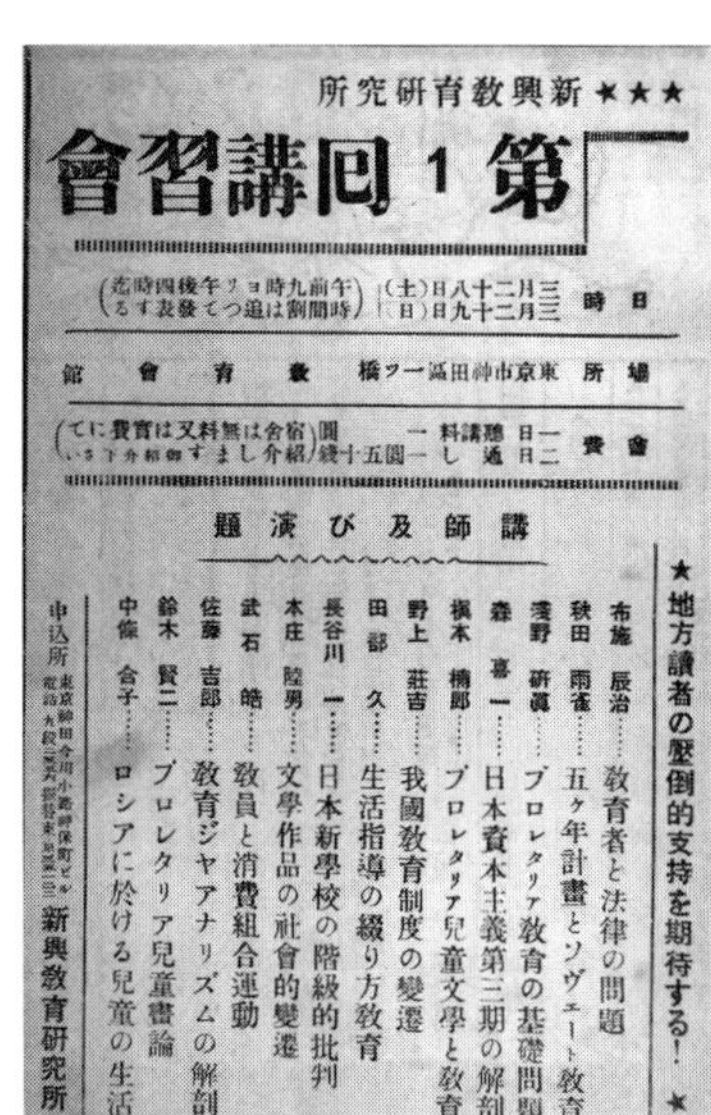

を学ぶか」（元東京市三光小学校訓導　小田眞一）から事件を追って見る。

「一九三二年八月、全国の新聞紙は一斉に、『東京地方の赤化小学校教員検挙』の事実をでかでかと報じた。そして事件は東京地方だけでなく、埼玉、神奈川地方にまでのびた。ブルジョア教育家の言を借りれば、まさに『日本教育界空前の不祥事』にまで拡大し発展した。所謂『小学校教員赤化事件』なるものがそれだ。だが当時のブルジョア諸新聞の報道は例によって卑劣なデマゴキーにみちみちたもので、事件の本質を陰蔽し、或いは事実を全くひんまげて伝へている。だから、ブルジョア新聞の報道に依っては、肝腎な事件の具体的内容については、全く知ることが不可能だ。殊に『赤化教員は何をしてきたのか』という点については、新聞は申し合わせたやうに口を閉じている。教育労働者組合の名にしても同様だ。組合を組織した事実は公然と伝へていながら、それならばその組合は一体教育労働者大衆のために何を闘ひとらうとしたのか。といふ大切な点―大衆が最も知りたがっている組合の具体的な内容については何一つ告げていない。」

八月七日に新興教育研究所主催の講習会が全国から多数の読者など聴講者を集め成功裏に終了した。警視庁はこの機会を狙い一斉に検挙を開始した。スパイと卑劣な裏切りの中で芋づる式に検挙の手が伸び、一三名の組合員が検挙された。抗議運動を巻き起こそうと連絡を取り合ったが、夏季休暇中のこともあって、職場の同僚や児童が学校を離れて分散していたため不発に終わった。新聞は「赤化教員の陰謀バクロ」などの大見出しで最上級の悪罵と憎悪の記事を掲載した。

八月二八日、全東京の分会代表者会議を開催し、離職強要、強制馘首に反対する闘いの方針を確認した。九月に入ると校長視学は一致して離職を迫って来たが「離職理由を認めない」として頑としてはねつけた。しかし、欺瞞的な校長の甘言に乗せられて辞職願を書かされたり、突っ返したが再三ブタ箱に投げ込まれたり、官憲とグルになった校長に依って国元の父兄に帰されてしまったりと、抗議運動は敗北に終わった。検挙された犠牲者一一名は共同声明を発表し、東京府市一万二〇〇〇名の教師に「赤化事件の真相」を訴えた。その一文を紹介する。

「そして考へれば考へるほど多くの本をよめばよむほど、多くの児童に接触すればするほど、我々をなやませ、我々を困惑させたのは現在の『小学校教育のゆきづまり』といふことであった。『親に孝行せよ』『兄弟仲良くせよ』を教へるのはまだしも『稼ぐに追いつく貧乏なし』『正直の頭に神宿る』を訓し、『富国強兵』『忠君愛国』を注入することは国家の本質を知る我々の教育的良心がゆるさない。考へても見よ！児童は先生を無条件に信頼しているのだ。そのいたいけない児童にかうした反動的な教化をする結果を思ふとき、我々はあまりの恐ろしさに慄然とせざるを得ないではないか。」（『新興教育』一二月号七四頁）

神奈川県での一斉検挙では八月から九月にかけ、二九名という大勢の教師が犠牲になった。東京朝日を始め新聞はここでも「恐るべき児童赤化の陰謀」などと煽った。一九三一年一一月一五日付『東京朝日』神奈川版から紹介する。

「左傾化したもの等しく優良教員　厳然たるこの事実に脅かされる当局

教員免許状奪取五名、懲戒免職十二名、依願退職処分十二名という大量整理者をだしたるいはゆる赤化教員事件は本県教育界創始以来の不しやう事件として異常なセンセーショナルをまき起こしたが、治安維持法違反として起訴された者教員免許状を奪取されあるひは懲戒免職処分をうけた者の多くがいづれも父兄児童の信頼と尊敬の的となり同僚間に人望があり平塚第一小学校磯崎訓導、横浜小学校小田訓導、浜町小学校増田訓導が何れも鎌倉師範を首席で卒業した秀才であり、他の教員も概して勤務に忠実な優良教員であったことを考へ、かくの如き教員が何故に彼等が自ら立場を忘れて邪道に踏み込み処分をうけなければならなかったか――県市教育当局も児童の父兄も今度かゝる不しやう事を繰り返さないため慎重に考慮すべき研究題目である云々。」

この弾圧を受けた教師たちは父兄や児童、同僚からも信頼されていた人びとであり、治安維持法という希代の悪法に対して批判の矛先を向けられなくなっていた報道機関のありようを示している記事である。

埼玉県では、八月二六日、東朝紙は『反宗教闘争同盟本部検挙』の見出しの下にダイナマイトがいくつあったとか『反宗教闘争』読者名簿が押収されたとかを報じた。これを契機に芋づる式に教労の組織にまで特高課の刑事の手が伸びた。教労関係者は一〇名が検挙され、一身上の都合ということで依願退職という強要退職に処せられた。

こうした「小学校教員赤化事件」が引き起こされ、フレームアップされた時期、侵略戦争のための支配体制を構築するためには国内での労働運動、農民運動等の民衆運動と戦争反対勢力の弾圧が不可欠であった。治安維持法による検挙者数を見ると一九三〇年は全国で四五五九人、そのうち東京が三一〇八人と六八％を占めている。満州事変を挟んで三年後の一九三三年の検挙者数は一万四三一八人と三倍以上に増加している。東京は七七二一人で半数を占めている。東京には労働運動、無産主義運動の全国組織の指導層がおり、この二カ年だけでも一万人以上が検挙され、指導部を失った戦争反対勢力は衰退していった。

「教労」の活動はこの頃、全協一般使用人組合中央本部と教育労働部との間に組織問題で対立が起こるなど共同闘争もなかなかできずにいた。地方では東北、関東、信越の各県や愛知、大阪、香川、大分、沖縄などに「教労」支部が組織された。しかし、一九三八（昭和八）年二月の長野支部、四月群馬支部、六月茨城支部の弾圧を以て、組織的な「教労」の運動は実質上終わりを遂げた。

国外では、一九三一年七月には満州・長春付近の万宝山で朝鮮移民と中国官憲及び中国農民との衝突事件が起こった。八月には中村大尉とその部下が軍人の身分を隠して興安嶺付近の奥地を旅行中、行方不明になった「中村大尉事件」が起こった。陸軍はこの事件を絶好の口実に排外主義を強調し中国側を非難、満州における日本独占資本の利権を確立すべく満蒙問題を解決しようとしていた。

満州戦争（事変）に対する主張

一九三一（昭和六）年九月一八日夜、奉天郊外の柳条溝で南満州鉄道の線路が爆破された。しかし鉄道に損傷は無くその後列車は運行されていた。ところが、関東軍の鉄道守備隊はこの爆破を中国軍の挑発として一時間後には軍事行動を開始した。そして奉天北大営を始め長春、四平街等の満鉄沿線の主な都市で軍事行動を起こした。いわゆる満州事変・満州戦争が開始された。

『新興教育』六年一二月号では島田啓介の署名入りの声明を発表した。

「日本資本主義経済の危機を切り抜けるために、虎視眈々として満蒙を窺っていたブルジョア・地主共は、軍事××中村大尉、満鉄破壊の事件を絶好のキッカケとして、在留日本人の生命財産の保護と××帝国の既得権益の擁護という人聞きの好い口実のもとに、直ちに疾風迅雷的な予定の増兵、攻撃によって、満蒙の地域を完全に××した。だがどんなに人聞きのよい口実で吾々を欺瞞しようとも、彼等の真に意図しているところのものは、決してそんなところにあるのではない。

イ、満蒙を完全に××帝国主義の植民地と化すことにより、資本の投資と商品市場と劣悪な労働力の使役を武装した××権力によって擁護し、より苛酷な搾取の地とする。

ロ、五ケ年計画の隆々たる成果と共に、経済的にも文化的にも資本主義体制に対する社会主義体制の優越を、実践を以て全世界に示し、単にそれが存在しつゝあるというだけでも、全世界の労働者農民の××的昂揚を異常に刺激してるサヴェート同盟に対する攻撃の足場を強固ならしめる。

ハ、既に本部九省に亘って、尨大なサヴェート区域を建設し、国際ブルジョアジーをして震駭せしめつゝある中国サヴェート××のよき根拠地たらしめる。

これこそ彼等の真にのぞむところのものなのだ。

而も、ブルジョア地主共はこの××の遂行のために、×装せる××権力の弾圧を以て、イ、労働者農民一般勤労大衆に、より一層の賃下げと労働強化と馘首、失業を強ひ、ロ、労働者、農民、一般勤労者の悲惨な生活をよそに膨大な戦費を費やし、更に増税までも断行しようとしている。

又、思え！直接北満の戦野に於て、互に××し合ひ、飢えと凍死にさらされる者は誰か？

満蒙××戦争―それは彼等がどんなに『×国』の『全国民の利益の為め』と叫ぼうとも、断じて吾々のものではない。又彼等の一人一人がどんなに口に平和主義的言辞を弄しようとも、集中されたる

彼等の行動は吾々の眼を欺く事は出来得ない。（中略）

自分達自身の現在と将来のために、吾々が重大な責任の一部を負わねばならぬ労働者農民の幼きヂェネレーションのために、虐げられつゝある××地民衆の解放のために、如何なる苦難を越えても、吾々は××戦争に反対しなければならない。

同僚に、児童に、青年に、教材逆用を以て、或は彼等の生活に即して不平不満要求の上に立って、×戦の決議、行動にまで、×伝し×動し組織化する事は、目下の吾々に与えられたる最大の階級的任務である。」

新興教育研究所は、満州事変の開始直後から帝国主義戦争反対の態度を堂々と表明している。そして翌昭和七年一、二月号では「満州戦争とブルジョワ教育」（横山幸夫）という小論を発表している。一部を紹介する。

「一、満洲戦争はどうして起こったか?

『なぜ戦争が始まったか?』という事について、資本家地主共は全国民に向かって、『景気直し』の為だといふし、その手先の教育家や宗教家は、口を揃えて、『正義のため』『東洋平和のため』といひ、学者は又『人口は増える一方だし、食糧はそれに比べて増へないから、このままほおっておけば、人類は遂に飢え死んで亡びてしまわなければならない。だから戦争は人類を永遠に保存するために当然起こらなければならないものだ』といっている。しかし戦争に行って『人類のために』殺されるのは誰かといえば、吾々労働者農民にきまっている。吾々は『正義』や『東洋平和』のために死ななければならないのか？今更『正義』や『東洋平和』や神様をうらんでみたってどうにもなるもんでない。

しかし、今度の戦争が起こったのは、こういうところにあるのではなくて、資本主義社会の矛盾の中にあるのだ。

『不景気は今年になってもまだ底を入れない』と言はれている程、全世界の資本主義は未曽有の恐慌に見舞はれている。日本でも不景気はますます深刻になってゆくばかりだ。労働者農民の苦しみばかりでなく、資本家や地主共までがこの不景気にはすっかり困りぬいている。労働者農民や勤労大衆の首切、不払、賃下、労働強化だけでは奴らの懐はどうにもならない。資本家の倉庫には今山ほどの品物が腐りかかっている。しかし、奴らは労働者農民の懐には、その品物を買ふ金が一文も残っていない事を知りぬいているのだ。

丁度こういう時に戦争がおっぱじまった。日本の資本主義がこの窮迫した状態をきり開くためには、どうしても植民地を侵×して、植民地の労働者農民を搾×した上に、この品物を高く売りさばいて儲けなければならないのだ。これより他に日本の資本主義の取る手段がなかった。

奴等のいう『景気直し』といふのは奴等だけがもうけるためのものであって『東洋平和』とか『正義のため』だといふのは、資本家や地主が満州を×略するため、労働者農民をうまくダマして戦争に引っぱり出す一方、世界中のあらゆる国々の同情を得るための策略に外ならないのだ。」

「しかし、この満州戦争は日本と支那だけの戦争に終わってしまうのではなく、全世界の資本主義国間のいわゆる××主義戦争にまで発展して行くことは、世界中の資本主義が今、日本資本主義と同じ矛盾の中であせっているからだ。つまり、今度の戦争は日本が先手をうったまでの事で、アメリカ、仏国、英国、其他の狼共はいまにも支那を四方八方から喰ってかかろうとしている。そしてやがては支那は世界戦乱のちまたとなるであろう。」（『新興教育』七年一・二月号二～三頁）

満州事変勃発の最中に新興教育研究所の論客である島田氏、横山氏は、日本帝国主義の侵略戦争の本質を見ぬいていた。そしてこの満州戦争が「世界戦乱」の始まりだという指摘は、卓越したものであった。それは、雑誌『改造』（昭和六年一一月号）で評論家の阿部慎吾が説くように「各紙とも軍部側の純然たる宣伝機関と化したといっても大過なかろう」という状況だった。岩田は『改造』の定期購読者であった。新教の機関紙『新興教育』の読者はこうした戦争論について読者会、研究会で夜を徹して論じていたに違いない。

当時の新聞論調は全く軍部の報道そのままであって、戦争礼賛と軍部激励、後押しそのものであった。満州事変について保阪正康氏は、次のように述べている。

「満州事変に対して当時の新聞各社は、共同宣言を発表（これには全国の新聞、通信社など百三十二社が名を連ねた）しているが、そこには『満州国の厳然たる存在を危うくするがごとき解決策は、たといいかなる事情、いかなる背景において提起さるるを問わず、断じて受諾するべきものに非ざること』とあるのだから、新聞それ自体が権力機構にそのまま組み込まれることを自ら希望したといってもよかった。」（『昭和史のかたち』一九頁）

また、半藤一利氏は当時の新聞について、次のように述べている。

「新聞の果たした役割はあまりにも大きかった。世論操縦に積極的な軍部以上に、朝日、毎日の大新聞を先頭に、マスコミは競って世論の先取りに狂奔し、かつ熱心きわまりなかったんです。そして満州国独立案、関東軍の猛進撃、国連の抗議などと新生面が開かれるたびに、新聞は軍部の動きを全面的にバックアップしていき、民衆はそれらに煽られてまたたく間に好戦的になっていく。」（『昭和史』八〇頁）

新興教育同盟準備会へ

新興教育研究所の活動では、一九三一（昭和六）年一一月、文化運動での統一した「文化連盟」を作ろうとする動きがあり、日本プロレタリア文化連盟（「コップ」）が結成され、新興教育研究所もこれに加盟した。

『新興教育』昭和七年一・二月号には「信州須山生」の投稿が掲載されている。（この一・二月合併号は発禁処分となった。）

「補習生も闘っているぞ！　思想的にも経済的にも今迄割合に刺激の少い信州の山間部で、米を買って食ふ農民の多い所だけに其の唯一の生命線たる、繭価のガタ落ちに、あきれ返って居るうちはまだしも流行の女工賃金不払い続出には流石にこたへたらしい。農村の青年達の間にも補習学校の反動教育に抗して、プロ文化研究と云ふ様な新興勢力を見られる様になったのは、近頃の社会情勢の深刻さを当然現はしては居るものと思はれる。」として、次のような檄文を近隣の補習学校へ送付し、生徒に呼びかけを行っている。

「我々は君達補習校が余りに振はないと云うことを聞いてゐる君達は其の理由を考へて見た事が

ありますか。
君達は自分達の補習教育を相変わらず、小学校の延長としか考えて居ないのではあるまいか。君達は小学校教育は卒業した社会人だ。社会の一員として活動する時、今迄の小学校教育と云ふものが如何に自分達の生活とかけ離れたまちがったものであるかを痛感するだらう。世の中は余りに複雑して居る。百円の証書で金を借りても七十円しか手に入らぬ高利貸の計算を小学校では教へただらうか。

『正直の頭に神宿る』と云う修身を強調されても、現在の世の中では、あれは正直者だと云はれる人の頭には貧乏神が例外なしに宿って居るのがみられるでせう。『稼ぐに追いつく貧乏なし』と云ふ事を教へられても、寝て居て金の残る者もあるに、稼げど稼げど借金に追ひかけられる人の実相に眼がつくでせう。

補習生諸君

現在の補習学校で社会人としての君達が今尚型通りの小学校の延長たる補習校から何ものかを得ようとするからそこに不満があり、不振の原因があるのではあるまいか。

君達は自身の力で、自分達の生活がなぜこんなに苦しいのか、研究して見た事があるでせうか。そしてなぜ働いても働いても我々はこんなみじめな生活をくり返さなければならないか。どうしてこんな不景気がやってくるだろうか。大ぜいで討議してみたことがありますか。

我々××補習学校ではそう云ふ意味から、眼前の問題として、又弁論演習の一助ともして、今度『満州戦争是か?非か?』に対する討論会を開くことにした。諸君も一緒に真面目に考えて見て呉れ、我々農村の内には米が取れなくて、わらびの根を掘って暮らして居る様な悲惨な状態もかへり見ず、其の日暮らしの貧乏人の子弟が、満洲の凍野で金持の番犬になって命迄投げ出す理由があるだろうか？又××の補習校では補習生同志の決議で、一週間に一度づつ農村問題や社会問題を研究する事を提議して許可になり盛んに論議して居る。

××の様な生活が楽だと云われて農村でも一戸平均千円が借金ある相だ、一方には××家の様な大金持もある中に。

我々は借金がどうして出来たか、借金は返せる時が来るだらうか、何ぜ貧乏して居る者のある一方、金持が出来るかを、自分達だけでなく皆んな一緒に考へて見ようじゃないか。

君達は最早小学校の子供ぢゃあない立派な社会人だ、何日迄も教員ばかりあてにして居ないで、自分達の力でこれから生きて行く上に必要ないろいろな問題を、先生達と一緒に研究しようぢゃないか。

信州××補習生

××村の補習生同志諸君

補習学校内に弁論部を確立しろ

補習生に自治研究の時間を与えろ

補習生に世の中の事をどしどし教へろ」

新興教育研究所は、一九三二（昭和七）年度の新活動方針を『新興教育』四月号に掲載し、次の三点を提起した。

一、工場、農村における教育反動、特に小学校、青訓、補修学校に対する労働者農民の闘争を激発するための文化的活動、宣伝をなすこと。

二、プロレタリア少年組織に対する技術的援助。

三、教育労働者、進歩的教育学生、ピオニール指導者たちの啓蒙。

この『新興教育』四月号は当局により発禁にされ、「新教」は財政的に大きな痛手を受け、以後『新興教育』は活版印刷による発行が不可能となった。

満州事変勃発以来、「教労」支部が相次ぐ大弾圧を受けた。一九三二年一月「新教」鳥取支局、三月「教労」山形支部、「新教」島根支局、宮崎支局、四月「新教」長崎支局、六月「教労」神奈川支部、京都支部、大分支部。また、研究所の財政的基盤である出版物はことごとく発禁処分になる有様で、研究所の内部に運動方針について不団結が生まれた。このため研究所常任委員会は一九三二年八月東京で支部準備会代表者会議を開いた。会議には東京、長野、静岡、秋田、埼玉、青森の地方代表が参加した。長野県からは四名が参加し、長野支部結成に向けての打ち合わせがなされたとされている。この会議で新興教育研究所を解体し、「新興教育同盟準備会」が結成された。会ではプロレタリア文化連盟（略称「コップ」）の指導の下に工場、農村、職場、学校、兵営に教育サークル活動を展開し、同盟結成にむけて組織拡大活動をすることを任務として決めた。

しかし、生まれたばかりの同盟準備会もまた当局の連続的な弾圧を受けた。東京では八月から書記局メンバーらが大量に検挙され、一〇月富山、一一月埼玉、秋田、山梨、新潟の地方支部準備会が弾圧された。

この新教及びその後の新興教育同盟準備会は、朝鮮を含めて二七の府県に支局などが組織されていた。また、『新興教育』読者は台湾、満州（中国東北部）、上海など一八道府県等に広がっていた。つまり、この運動は日本帝国主義の占領地や植民地の日本人教師、植民地下の人民教師たちにも広がっていった。

『新興教育』は一九三三（昭和八）年六月号が最終号で、同月九月号からは『プロレタリア科学』誌として発刊された。同誌はコップ・プロレタリア科学同盟理論機関紙として位置づけられた。新興教育同盟準備会は同盟結成を待たず、プロレタリア科学同盟へ全国的に発展解消していった。しかし、一九三三年、三四年と相次ぐ中央指導部の大弾圧・検挙により、「新教」「教労」の旗の下に闘って来た教育労働者の組織は壊滅していった。

第三節　長野県における新興教育運動

一九二六（大正一五）年一一月、労働農民党長野県支部連合会が組織され、翌一九二七（昭和二）年四月には日本農民組合長野県連合会が結成された。労働運動の分野でも山一林組製糸の争議は「ああ野麦峠」の女工哀史で全国に知られることになった。一九二八（昭和三）年二月、非合法の日本共産党中央機関紙『赤旗』が創刊され、大衆の間にはじめて公然と姿をあらわした。そして、この二月日本共産党の信越地方委員会・長野県党組織が確立された。委員会は機関誌『赤色信越』を発行し、労働者農民の結集を呼びかけた。『赤色信越』の発行の中心は、諏訪市出身の繊維労働者平林せんと諏訪郡永明小学校教員、藤田福二だった。

長野県の新興教育運動が育ったのは次のような時期であった。

「恐慌の襲来は、義務教育の分野においても、子どもたちを文字どうりへい衣ほう髪、昼食・学用品にすらことかく状態に導いた。くわえて、教師自身の生活を脅かす賃金の不払い、また賃金の一部を強制寄付させるという事態を呼び、大学卒業生には就職口がなかった。インテリゲンチアも、恐慌と失業の被害から例外ではありえなかったのである。また、教育の現場では「教育」はこのままの状態でよいのかという疑問が広範に生まれ、教師をも含めた労働者の「生活」は崩壊するのではと憂慮された。これらの状況は、全国的な現象として、ずい所にみられた。こういう状況の中で、全国的に義務制教育の分野で、新興教育の運動・教労（日本教育労働者組合）結成の運動が根をおろし、広範に広がり発展していった。この一環として、長野県においても新興教育・教労の運動は果敢に展開されていった。」（『抵抗の歴史』巻頭一頁）

新興教育運動の草分けとなった藤田福二は一九二六（大正一五）年七月に諏訪郡永明実業補習学校（永明小学校と併設、現茅野市）に赴任した。東京外国語学校を卒業した藤田は社会科学やマルクス主義の本を教師の読書会に持ち込み、社会科学研究会を作り、同僚を徐々に啓発していった。

諏訪中学を卒業し永明小学校の代用教員をしていた山田国広もまた研究会に誘われ、その後の新興教育運動の中心となって活動した。山田の著書『夜明け前の闇・信州教育抵抗の記録』（一九六七年一一月第一刷）には当時の様子が克明に描かれている。

藤田は一九二七（昭和二）年の暮に退職、翌年三月一五日の共産党一斉検挙（三・一五事件）で逮捕された。同年四月には京都帝大出身で河上肇門下の石川秀雄を中心に新任の藤原晃らが非公然の「哲学研究会」を組織していた。一九二九（昭和四）年四月、石川の後任に京都帝大哲学科を卒業した河村卓が来た。それまでは新任教師グループと藤原らのグループは距離を保ってそれぞれ研究会を開いていたが、長野市出身である河村の赴任により青年教師たちがまとまり「社会科学研究会」が復活した。「ここに至るまでの、いわば永明における萌芽の時代では、階級的組織活動の観点からすぐれた指導をした藤田福二、石川秀雄、河村卓らの『核』としての存在がこの後の運動の方向にとって決定的であったといえよう。権力側も『動機トイタシマシテ本件ニ有力ナル指導者ガ流入シテイル……永明村ニハ先ヅ最初ニ藤田福二ト云フ其道ノ達人ガ参リマシテ……』（県会議事日誌）という形で表現している。」（『抵抗の歴史』四〇頁）

昭和恐慌は日本産業の重要な地位を占めていた製糸、紡績その他の繊維工業を不況のドン底に陥し入れた。一九三〇（昭和五）年六月以降とくに政府の米政策により米価が急激に上がり、農民たちは収穫米を全部売っても間に合わず、飯米を買わなくてはならない状況であった。こうした中、永明小学校は校長が「給料の一割を寄付したい」と申し出て、これに反発する教師集団が中心になり、教員給与強制寄付反対闘争が取り組まれた。討論を交わす中、条件付きで寄付を実施することになったが、このことが村の有力者や当局には気に入らなかった。翌年三月には読書会グループを中心に大異動が敢行され、研究会、読書会の教師たちは県下各地へ赴任していった。

一九三一（昭和六）年六月頃、永明小の文化サークル「時事問題研究会」は柴草（旧姓山本）の提案で新興教育研究所から機関紙『新興教育』を購読することを決め、柴草を責任者として購入配布の体制をとった。研究所では八月一〇日より三日間、東京市神田区神保町で第二回講習会を開催した。第一日目はプロレタリア児童文学の作り方（槙本楠郎）、資本主義的合理化と学校教育（田部久）、ソヴェート教育参観記（中條百合子）など。二日目は唯物史観と教育（石川湧）、プロレタリア児童書の理論と実際（鈴木賢二他）、ピオニールと反宗闘争（秋田雨雀）など。三日目は文化教育批判（浅野研真）、教育者と法律（布施辰治）、プロレタリア童謡について（新島晴子）などであった。（講習会への参加を呼びかける広告）

講習会には長野県から柴草要、藤原晃、石沢泰治、小松俊蔵ら四名が参加し、受講後の座談会が石川秀雄宅で開かれた。座談会では『新興教育』の配布網が検討され、九月下旬には上伊那支局、一〇月には諏訪支局が結成された。

一九三二（昭和七）年に入り、新興教育研究所は新興教育同盟準備会と組織再編が行われた。全協一般（日本労働組合全国協議会・一般使用人組合）の教育労働部、略称「教労」の本部から長野県における教労支部結成の要請が来た。二月四日、藤原宅において八名が集合し、教労長野支部結成について論議が交わされた。「特高資料」によると、

「席上藤原は新教は単なる文化活動の域を脱せず、社会情勢は教員をして必然的に政治経済の闘争を目標とする教労にまで進出せしむるを必要とすることを強調し、石沢又理論として研究すること丈で不可、実践に移すべきを力説し其の他は之を認容し猶考慮の上結成することとして散会せり」（『抵抗の歴史』五一頁）と支部結成の意思確認を行ったとしている。二月六日には柴草が上京して本部に対して新教と教労の関係、教労の任務などに就いて説明を受けている。

こうした動きとは別に二月五日、教労本部から上原（山口近治か）が河原広三の案内で上田市・月草寺で河村卓と馬場健作とで教労長野支部の話し合いを持ち結成を確認し合った。翌二月六日、上原、河原、河村の三人は松本市・浅間温泉で藤原、小松を加えて県下の教労組織について討議した。翌七日、上原、藤原、小松は朝日小学校の丸山茂太と上伊那地区の組織について合意した。

教労長野支部の創建は二月八日に行われた。会議は永明村塚原区の石沢泰治の下宿で開かれた。参会者は柴草、藤原、石沢、山田、丸山、上原（山口近治）ら一〇名であった。藤原が議長となり、オルグの上原が情勢報告をした。

「緊縮政策の浜口内閣のもとで、労働者は低賃金に押さえつけられた。その後を引き継いだ犬養内閣は膨張政策をとって、その低賃金の労働者を酷使して莫大な利潤を懐に入れた。浜口も犬養も異質のものではない、同じ穴の二つの頭だ。その背景にブルジョアがいる。それによっておどらされて

いるのだ。真の敵はその背景にいる資本家財閥である。」（『夜明け前の闇』一九七頁）

討議を重ね、組織について協議し、書記長に丸山茂太（上伊那・朝日小）、連絡・会計に藤原晃（諏訪・永明小）、出版・書記局ニュース担当に柴草要（諏訪・南諏訪小）を選出した。

第一回書記局会議は、二月一二日上諏訪町大手町の松月蕎麦屋で開き、次の事項を決めた。①長野支部ニュースの発行。②組織を充実させるための活動。③転任はいいことか、悪いことか（細胞分裂の可否）。また。従来の新教支局ニュースを「信濃教育」と改めた。

『書キ局ニュース』No.1（一九三二・二・一五）には次の記事が掲載された。

教労部長野支部書キ局結成に際し進歩的教育労働者に檄す

資本主義第三期の矛盾はいよいよ深刻化してきた。そしてその必然的結果として俺達教育労働者の頭上にも学級セイリカンショ俸給不払強制キフそれから住宅料賞与赴任旅費その他諸手当の全廃等々という形が押しよせて来た。これは労働者農民が窮乏化しているからだ。だが労働者農民の窮乏は俺達教員の俸給が高すぎるからでも学級が多すぎるからでも断じてない。それはまさしく資本家地主の搾取と収奪が第三期に入り、一段と激化したからだ。だから反動的御用団体信濃教育会が指導する義務教育ヒを国庫からもっとたくさん出してくれと資本家地主の議会にお願ひし様といふ運動は俺達や労働者農民の正しい要求を側直にそらせそして資本家地主の搾取をインペイせんとするギマン政策以外の何物でもない。

しかもこの三月には俺達の仲間の首が五、六百はきっとトブのだ。教職から追われた仲間はどうしてその妻子を養っていくことが出来るか失業者が三百万をこへるといふ現在ドコに教員の古手などを使ってくれる所があらう。失業ガシだ。

一方、満洲のドロ棒戦争はハルピン奉天から錦州上海とますます戦線が拡大しているしかもそれ故にソ同盟攻撃及び帝国主義戦争のキ丶にまで発展している。資本家地主の政府はガシ線上を彷っている失業者や東北地方の農民いやますます窮迫しつ丶ある全ての圧迫大衆の救済などは眼中になくただただ彼等は自己の利益のため労働者農民から集めた血の出る様な税金を全部軍事ヒやケイサツヒに当てているのだ。（中略）

こうした客観情勢の下にあって真に教育労働者の利益をヨーゴしブル的反動教育をうち破りプロレタリア教育の旗を高くか丶げ革命的労働者農民の勝利のために勇敢に働くことこそ俺達進歩の教員のなすべき歴史的ニンムなのである。（中略）

そして、スローガンとして次の目標を掲げた。

★初任給引下げ昇給停止俸給不払強制キフ、賞与諸手当の廃止反対！
★学級整理による首切労働強化反対！
★資本家国家全額負担の失業保険の即時実施！
★拾億の軍事費ケイサツヒを失業者其家族凶作地方の貧窮者の生活保障に当てろ！
★教員俸給を初めギム教育ヒは資本家国家が全額負担しろ！
★ファシズム反対！
★中国革命を守れ！

★帝国主義戦争反対！
★ソ同盟を守れ！

このニュースは発行者が「全協日本一般使用人組合教育労働部長野支部書記局出版部」となっている。書記局は教労、新教を兼ねており書記長に藤原晃、調査山田国広、会計石沢泰治、出版柴草要、SK係浜浪雄という構成だった。したがってこのニュースは藤原あるいは柴草が執筆したと考えられる。

各地区の責任者と結成月日（いずれも昭和七年）は左のとおり。

上伊那地区	小松　俊蔵	二月八日
諏訪地区	柴草　要	二月八日
下伊那地区	今村　治郎	二月二十一日
上小地区	河村　卓	三月五日
更埴地区	高地　虎雄	三月五日
長水地区	村山　英治	三月五日
中信地区	西条　億重	三月六日
佐久地区	岩田　健治	七月七日
木曽地区	名取　簡夫	十月十六日

（『抵抗の歴史』五四、五五頁）

長野支部の地区代表者会議は、毎月一回定期的に開かれ、弾圧までに一一回開かれた。そこで問題にされた主な議題は信濃教育会や教員互助会がともすれば一部ボスの手で牛耳られているのに対して民主的な運営をめざすことであった。

こうした中、一九三二年七月八日に『三二テーゼ』が『赤旗』に発表された。このテーゼは当時の労働組合運動、文化団体の運動にとって大きな意義を持つ画期的な論文だった。つまり、日本の中国侵略が、アメリカとの軍事的衝突にすすむ危険をもつと警告し、侵略は勤労者に対する前代未聞の専横と暴力支配の体制を維持し強固にし、農村における賦役支配を強化し、大衆の生活水準をなおこれ以上低下させる政策と結びつていると指摘した。そして、天皇絶対の専制政治を打ち破ることに当面の日本の革命運動の第一の任務があるとして、当面の革命の性格を民主主義革命とした。教労支部ではこの論文の読解研究会なども行っていた。

新興教育研究所長野支部は、教労の組織とほぼ重複しており、活動も同様であった。しかし、出版物は先に述べたように新興教育研究所は、『信濃教育』という印刷物を発行している。その第一号は一九三二年二月一五日付で、信濃教育社出版部発行とされている。その一部見てみよう。冒頭の情勢分析は「教労ニュース」と同じであり、割愛する。

「我が信教は教員大衆をしてこの歴史的使命を効果的に全的に果たさせるためにそのよき友としてすぐれた相談相手として尚親切な指導者として努力すべくこゝに生まれ出たのである。だから我が信教は単なる新教支局ニュースではない新教支局ではまだまだ俺達の使命を遂行するに当たって充分なる指導をなし得ないのだ。というのは新教は教員の大衆的ケイモウ雑誌である主として文化闘争をするものだ。だから俺達の経済的政治的闘争の指導は別個のキ本的ソシキの指導にまってのみ初めて可能であるのだ。ここに信教の生まれた意ギがある。経済的又精神的に圧迫され常に不平不満を持っているすべての教員はこの信教の読者になり、そしてみんなでよりよい我らの信教に育て上げ様ではないか。それは容易である。読者はめいめい必ず新読者を次々と勧誘し、組織に加はりもって信教の読者の拡大組織の強化を大胆に実行すればいいのだ。」

第一号は四ページに渡り、投稿記事も交えて、「職場大会」「闘争委員会」「選挙に関して」「戦争を止めろ」などの記事で飾ってある。末尾には「戦争問題ファシズム問題についての参考書」が掲載されている。

当時、教員間では仲間づくりの読書会が多く開かれた。そこではテキストとして次の様な書籍が読まれた。

哲学書では、西田幾太郎『善の研究』、カント『実践理性批判』、エンゲルス『自然弁証法』、マルクス『ドイツイデオロギー』、レーニン『唯物論と経験批判論』や三木清の唯物論研究会の著作などが読まれている。

歴史や経済学では、津田左右吉『神代史の研究』、本庄栄治郎『我国近世の農村問題』、河上肇『第二貧乏物語』、エンゲルス『国家の起源』、カウツキー『農業問題』、レーニン『帝国主義論』等に及んでいる。

文学では『万葉集』『藤村詩抄』『北村透谷集』『石川啄木集』『蟹工船』『女工哀史』、外国文学ではゲーテ『ファウスト』、ロマン・ローラン『ジャンクリストフ』、トルストイ、ドストエフスキー、ゴーリキー、チェーホフなどが読まれた。

その他、島木赤彦の影響もありアララギ派の歌人も多く、短歌や俳句のサークルが多く生まれた。

警察部の「被検束教員ノ閲読セル左翼文献調（調査人員九十八名）」（『抵抗の歴史』一七一頁）によれば、閲読人員一〇人以上の上位は次の様になっている。社会主義的文献が目立っている。

第二貧乏物語、中央公論、改造、資本論、空想より科学へ、日本資本主義発達史、唯物史観と現代の意義、史的唯物論教程、ドイチェイデオロギー、経済学入門、フォイエルバッハ論、賃労働と資本、弁証法的唯物論、唯物論と経験批判論。

当時の長野県の教師の教育実践の場における教科、教材研究はまず批判活動から始まっている。その代表的なものを上げると

アララギ派の批判　　下伊那地区
木村素衛哲学批判　　諏訪D小地区
三沢勝衛郷土地理批判　　諏訪E小地区
小泉信三経済学批判　　諏訪A小地区
西尾実国語批判　　上小地区

このうち木村素衛哲学批判は『観念論と唯物論』と題されて藤原晃により執筆され、広く県内に配布された。

教育課程の自主編成では、一九三二（昭和七）年一〇月の第八回地区代表者会議の席上提案があり、「児童無産者教育課程」作成の取組がなされた。その分担は次のとおりであった。

国史　諏訪地区
修身　下伊那地区、上伊那地区
綴方　中信地区
国語　下伊那地区
図画　諏訪地区

これ等のうち修身は原案が下伊那地区でできあがり、上伊那地区で修正討議がされたが、完成する前に弾圧があり、成文になっていない。無産者教育課程の編纂は完成しなかったが、国定教科書についてどのように取り扱ったかを教労の書記長であった藤原晃は次の様に回想している。

「われわれにとって国定教科書は全面的に否定されるものであった。それ故、①その教材も全く無視して取り扱わないもの。②一部だけ利用して他は無視。③その趣旨を全く変えて逆用する。④軽く素通りして過ぎる、等であったが、いずれも教科書を机上に開いて置かせる方法をとった。いうまでもなく余計な疑念を抱かせないためである。

なお修身科の自主教程の中で皇室に対する教材があいまいに扱われていたかのような疑問があると指摘するものも今日あるようであるが、われわれは、絶対的天皇制が如何に反動的で勤労大衆の敵であるかを知っていたが故に、これが批判をせずにはおかなかった。が、しかし天皇制の打倒は最も重い刑罰をもって報いられることであり、教労は天皇制廃止をかかげていないが、努めてその取扱いについては考慮して、軽率な表現を避けたのであって、決して軽視どころではなかった。」(『八十年の軌跡』九一頁)

日本帝国主義が満州事変から日中戦争へとまっしぐらに突き進んで行く昭和初期の時代、民衆への弾圧が強化されていった。教育運動史研究者の柿沼肇氏は昭和初期の教育運動を研究する上での注意点として次のことをあげている。「今日とは比較にならないほどの困難の中での運動であったのだから、その実践や理論のうえで『歪み』を生じざるを得ない場合も少なくない。弱点や未熟さだけを誇大に取りあげるのではなく、あくまでもその時代と社会の状況に即して、その運動が果たした積極面と限界とを解明しようという見方が求められるのである。」（『新興教育運動の研究』二一二頁）

第四節　佐久の新興教育運動と岩田健治

一九一八（大正七）年四月、教師として新しい人生をスタートした岩田は、大正時代後半の佐久地域の農民の生活や運動について、次の様に回想している。

大正十二、十三年ごろは、養蚕業が好況だった時期です。それは多分に投機性をもつものだったが、養蚕農家が圧倒的に多い長野県では、その好況のため、いっぱんに農民生活は上昇期にあった。したがって、農民の文化的欲求が、いろいろ出てきた。とくに、青年層の文化的要求は、水準の高いものだった。そういうところから、農村に知識層が形づくられてきた。旧い指導者層に代って、そういう新しい農村の指導層が出て来て、文化運動や組合運動をすすめていった。農民組合では、佐久は全農全会派（農民組合の中でも最も進歩的な組合の全国組織）に属するものが多かった。しかし、その全農の中央本部でも、長野の農民運動を指導しリードするだけの力はなかった。長野では、単に小作争議や経済斗争にだけ力を発揮する農民組合でなく、文化運動や青年運動の中心になって働く、新しいタイプの農民運動の指導層が形成されていた。そういう文化水準の高い農村知識層が、養蚕・製糸業の好況という経済的潮流にのって、どんどん生まれ出てきた。そして、大正十二年には信州共産党事件が起こるまでに、階級的な意識の目ざめも、すすんできていた。（日本共産党がはじめて結成されたのは大正十一年七月十五日である。）私もその事件で警察の取り調べをうけたが、かんけいはなかったので、何事もなくてすんだ。しかし、関係があるのではないかと疑われるほど、教員としては並外れた活動をしていたものらしい。このような、長野の自由主義教育の土台と、青年農民運動がすすんでいて地ならしができていた。その上に、昭和の長野の階級教育運動の組織が生まれ出てきたのです。（『新教の友』第五号一四頁）

昭和の大恐慌は岩田の住む田口村の経済もどん底に陥れた。農民の生活状況と教育をめぐる状況を、岩田は『六十年史』で、次のように述べている。

昭和年代に入り、愈々農村の経済が窮迫をつげ、困憊悲惨の状は言語に絶したが、此時一方俸給生活者は、物価は愈々下落するにかゝわらず、俸給は好況時代の俸給令によるので、其の生活は愈々安定した。反面村の状態は農民の税の滞納者続出の有様で村財政は益々苦境に陥った。農民と共に村落に住居する俸給生活者小学校教員は、直接農民の羨望の的であったが、ついにそれは反感となった。かくして俸給寄付強要の問題が各地に起るに至り、昭和五年には寄付問題のもつれから、小学校生徒の盟休事件までも巻き起こした村も各所に見られた。事態はそれほど容易ならぬ状態となったのである。昭和六、七年には小学校教員に村税戸数割を重課し寄付の代償化とせられるやうになったことが又問題となった。（三八～三九頁）

昭和初期の農民闘争は小作争議に代表される。そして、この頃の小作争議は主に地主による土地取上げを原因として起こるものが多く、小作料の減免というような地主対小作人間の争議ではなくなってきている。農村の指導層は小作人組合、農民組合を組織して集団的に地主に対して向かっていった。岩田の出身地の田口村でも土地取上げ反対闘争が起こった。

「一九三一（昭和六）年六月、全農田口支部で小作地の土地取上げ反対闘争がおこなわれた。地主は田口区の小地主で市川、小作人は同じく田口区の依田であった。両者とも小さな百姓であったが、この小作地を地主が無断で他の小作人に貸したところに問題があった。全農田口支部はこの問題を取上げ、土地取上げを止めさせるため、六月十日全農佐久地区の応援を得てこの小作地の共同耕作作業を行ない（田おこし）、その後十名余で地主宅へ直接大衆交渉におもむいた。地主は留守のため交渉はできなかったが、このことで土地取上げは撤回、解決した。」（『南佐久農民運動史・戦前編』一四八頁）

佐久地域の農村における文化運動は盛んで一九三〇（昭和五）年には芸術愛好者を中心に「創芽

会」が組織された。会のメンバーは農村の青年婦人、小学校教師、看護婦、旧制中学生などであった。昭和五年の秋から翌年の春にかけて作家同盟の江口喚、徳永直、池田寿夫等の文芸講演会をおこなった。また、音楽家同盟委員長の関鑑子が同盟員の露木次男、岡崎ちづ子等と共に来佐し、望月高女や小諸小学校の講堂で公演をした。岩村田では岩村田青年団主催で岩村田小学校という計画であったが会場貸出し拒否にあい、岩村田図書館で開いた。昭和七年三月にはプロレタリア演劇同盟の企画で農民劇「土と闘ふ」他の上演をした。特高の弾圧を警戒して劇団の名称を新築地劇団として滝沢修、松本克平、小沢栄太郎、原泉子等二十数名の公演を中込座で行い、四百数十名の入場者があった。

青年団の活動も活発で、県費の補助を受けないで自分たちの手で自主的な青年団建設をめざして活動をした。青年学校での軍事教練反対、在郷軍人会その他政府軍部の手先になっている団体の即時解散、自由な青年教育機関の設立等が討論された。また、社会的・経済的要求も取上げ、電燈料金値下げ運動が取組まれた。

一九二五（大正一五）年三月、大正デモクラシーの影響を受けた南佐久郡櫻井村の農業青年のグループである農愛会が生まれた。月一回発行する雑誌『農愛』に文章を寄せ合いお互いの意見交換を行った。この頃、中等学校以上には配属将校が置かれ、青年訓練所にも設置された。農愛会の幹部が次々と入隊し、一時は「青葉会」に再編されたが、一九二七（昭和二）年一二月には無産青年同盟として発展的に解消された。無産青年同盟は、労農青年大衆の政治的社会的経済的利益の獲得とその生活の向上、階級的教育及び訓練徹底などの任務を明確にし、『無産者新聞』の読者拡大を図った。野沢町成田山や地藏山、臼田町の大師山などの縁日を利用して街頭宣伝活動をした。翌昭和三年三月一五日の全国的大弾圧により（三・一五事件）長野県においては七十余名が検挙された。

教員俸給未払いと児童の欠食

小学校教員に対する俸給未払いの状況は、昭和四年頃より全国に広まっていた。『新興教育』の投稿にある南佐久郡内山小学校の同盟休校が行われた昭和五年には、岩田は隣接する北佐久郡岩村田小学校に勤務していた。

内山小の同盟休校について『佐久市志』には、次のように記載されている。

「同村で教員俸給の支払い延期が問題化したのは五月ころからであった。七月になると教員給減俸の要求が強まり、十九日にはそれがいれられぬのを理由に、児童三十九人が欠席し同盟休校の様相をていした。二十一日は欠席児童数が六割にものぼり、全職員が欠席児童の家庭を訪問して説得につとめ登校をうながした。にもかかわらず同盟休校は二十四日までつづき、全児童が登校し平常にもどったのは二十五日のことであった。しかしこのあとも、教員給料の支払いは二、三か月遅れの状態がつづく。

同盟休校前日の七月十八日村民大会が開かれ、村民二百余人が学校におしかけ俸給削減、寄付問題の即答をせまった。学校側では臨時職員会を開いて対応を協議し、村の苦境には十分同情するが、『減俸及びこれを意味する寄付行為には応ぜられず』（『職員会誌』）という結論にたっした。その理由はつぎのとおりである。①国法上の立場—教員は国家の法律に依拠する立場上私見をさしはさむべきではない。②行政上の立場—義務教育は国家の事業で町村の自由裁量にまかすべきものでなく、教員の待遇をことさら低下させてはならぬ。③教育的立場―教育は町村の請負事業ではなく、教育の権威上からも教員を町村との雇用関係に堕してはならない。④教育界の関係―教育者相互に道をあやまらぬようにして合法的な方法を選びたい等々。」(『佐久市志　歴史編(四)近代』一〇四三頁)

こうした中、長野県は昭和七年六月に県内の実態調査をした。(岩田はこの時には高瀬小学校の校長をしていた。)それによると、県内小学校四二五校の内未払いのある学校は一八六校で四四%に上っている。高瀬小学校の所属する北佐久郡の小学校の未払いは二九校中二〇校、隣接の南佐久郡では二三校中一六校で何れも七割が未払いという状況だった。また四月、五月から未払いの続いている学校もあった。

佐久地域の新興教育運動

佐久地域の新興教育運動は、次のようにして始まった。

「小県郡長窪古町(長門町・現長和町)出身の両角栄が、岩村田小に赴任したのは六年四月である。島木赤彦のアララギ会員で、哲学講習会を通じ木村素衛に傾倒していたが、年長の同僚(小林信か)の影響で、農村疲弊を経済恐慌による社会現象ととらえる史的唯物論に関心を深めた。まもなく高瀬小校長の岩田健治宅で、平根小の佐藤量男と小林元にであい、雑誌『新興教育』の回覧や社会問題研究会に加わり、岩村田小同僚の立岩巖・輿石三郎もこれに参加した。七年夏ころから非合法組織に関係していることに気づいてはいたが、義理や裏切り者と責められたくないとの思いで脱退できなかった。しかし、十一月の佐久全農事件で動揺がひろがり、研究会は解散することになった。」(『佐

久市志・歴史編（四）近代』一〇四八頁）

岩田は佐久地域の新興教育運動について、次のように回想している。

長野県では、あの教員事件がおこるずっと前から、新教・教労の階級的教育運動がおこる地ならしがされていた。その第一は〈長野の自由教育〉であり、第二はさきにものべたように、青年運動や農民運動がすでに先行して活発におこなわれていた。（『新教の友』第五号）

また、岩田の教育方針と教育実践の一端が先の「座談会」記事に掲載されている。

私は、前任校の岩村田小学校で首席（教頭）をしていた。そのときに、自分のよしと考える教育信条を、全校に実施した。高瀬小学校長になり、まもなく新興教育・教労の組織に参加したのだが、そこでの教育方針も、岩村田での教育実践を変える必要はないと信じて、そのままおしとおした。

①教育的環境をよくしていくこと。

②大衆に親しみ大衆をゆり動かすこと。

③日に日に新たな教育をして、学校の空気を一新していく。

④児童の学校内組織をつくり、その運営を自主的で民主的なものとする。

農繁期にあたっては、まっさきに農繁託児所をつくった。これは、全国的にみても、農繁託児所のはじめではなかったかと思う。

児童文庫をつくらせる指導もした。児童が、薬草を採取したり、イナゴをとったりして、それを売った金で本を購入する。これは、全校児童ではなしに、有志の参加によるものだった。いわゆる児童の同志的な結合の力で、それをつくるという、一種の少年団組織とも見られよう。教育者の運動は、佐久の農民運動と、となりの小県郡の農民運動とに連携をとって、教育・文化運動をすすめていくようにした。そこに、東信の特殊性が見られよう。（『新教の友』第五号）

教育を地域住民と共に考え、子どもを中心にすえて教育実践をしていく民主的な学校運営に当たっている岩田の姿勢がうかがえる。当時、子どもの創意を生かして児童自治会の組織や児童文庫の活動が長野の各地で実践されていた。

昭和七年二月に全協教労部長野支部が結成された。同年四月、北佐久郡高瀬小学校長に着任したばかりの岩田のところに上田小学校代用教員の河村卓が訪れた。この時のことを岩田は、次のように回想している。

新興教育・教労の長野支部と私との関係は昭和七年四月、上田市の河村卓君が佐久へ私を訪ねてきたことからはじまる。そのとき私は、北佐久郡高瀬村の小学校長に新任したばかりだった。

それよりさき私は、藤原君が師範の校友会雑誌「学友」に、教育論を発表しているのを読んで、若い世代の青年教師たちが、どのような教育思想に心をひかれているのかを知り注目していた。

若い河村君は、教育に対する識見の広さと、透徹した論理性、誠実のこもった説得力で、私の心を動かした。私は、自分の経験からきている教育観と、現実の農民生活・農民運動からくる児童教育への期待や要求を話した。そして、たがいの意見が完全に一致するのをみて、組織へ参加することにした。この運動の第一線に立って働くことはできないだろうが、自由教育の出の私のような年輩のものが参加することによって、若い気鋭の諸君の力づけとなり、また何らかの意味で私の意見が運動にプラスとなり、意味のあるものになるなら幸いである。私も諸君のキビについていこうということになった。（『新教の友』第五号一四頁）

当時の高瀬小学校正面

岩田を最初に教労・新教の運動に誘った河村卓について少し触れておく。河村は一九〇六（明治三九）年三月、下高井郡中野町に生まれた。長野師範付属小学校の在学時に長野師範の学生（教育実習生）中谷勲に教えを受けた。中谷は岩田と長野師範の同級生で、前述した白樺派教師等の戸倉事件、倭小事件にかかわった。河村は松高卒業後京都帝大哲学科に学び、一九三〇（昭和五）年四月諏訪郡永明小学校（実業補習科）教諭となる。永明小学校で社会科学研究会などを作り指導的存在だった。教員給与一部強制寄付反対運動に加わり、翌昭和六年に上田小学校代用教員となった（不意転）。上小地域で教労・新教の責任者として中心的役割を果たした。二・四事件では、懲役三年の刑を受ける。

昭和八年二月二五日、長野県は学務部長名で、思想問題で検挙教員を出した四七校の校長に対し、「思想運動教員に対する調査並びに監督に関する件」として検束された教員から報告書を提出させ、それを県に報告せよとの通達を出した。報告書の項目は、①左傾思想研究の動機、②右に関する読書内容、③思想運動の組織に関係するに至りし経過、④組織に入りし後如何なることをなし、如何なる非合法文書の配布を受けたるか、児童に働きかけしことなきか、⑤新興教育と教労部とは如何なることをなす団体と考へ居たるか、⑥自己在来の行動を如何に考ふるか、⑦将来に対する覚悟というものであった。

報告書の中に、岩村田小学校の岩田の同僚であった両角栄が昭和八年三月一〇日に安川源司岩村田小学校長に提出したものがあり、当時の活動の様子を伺うことができる。県学務部あてに提出したものであることを考慮しても、岩田らの活動経過がわかるので紹介しておく。

「思想運動の組織に関するに至りし経過

岩村田小学校赴任以来、一ケ年を経過して、昭和七年四月末日頃、当時高セ村小学校長たる岩田健治氏が突然「遊びに来い、話したいことがあるから」と云ふ招待状（名刺）をくれたので行ってみると、そこには平根の首席訓導佐藤量男氏と岩村田小学校訓導小林元氏の二人が見えて居り、その日は、北佐久教育会の事業の批評や漫談をして散会しました。

五月上旬ごろ再び招かれて前の二人と共に集ると、岩田氏は、「今後日を定めて何かの研究会でも始めやう……」と云ふ様なことを云はれたので、一先づ我々は賛成しましたが、別に内容は決定しないでそのまゝ解散しました。

五月中旬某日と思はれる頃、第三回の集合をしました。この頃岩田氏は押入れの中から『新興教育』と云ふ雑誌三四冊を取り出し、私には昭和六年十二月号を貸与し他の二人にも各一冊づゝ渡し三人で廻し読みをするやうに云はれたのでした。この頃から毎週木曜日の夜集合して、大体社会問題の研究会をすることに決められたのでした。

五月下旬ごろから立岩巌氏も参加し、六月初旬から輿石三郎氏も参加するやうになり、以後六人づゝの会合でありました。かくして七月中旬頃までは全く非合法的な会合であるなどとは少しも気付かず、極めて自由な気持ちで集まりました。

それは、岩田氏の手から渡された『新興教育』と云ふ雑誌も当時は、合法出版物であり、岩村田町の住吉書店の店頭にもありましたし、第一岩田先生は若くして校長に抜擢された程の人であるから、まさか組織に関係しているなどとは、毛頭思ひませんでしたからであります。

然し七月の中旬ごろ上田の会合に出席するやうになったり、八月の初旬小林君が松本の方へ出席する様になってからは、まったく非合法的なるものであって、危険の組織に関連していることを知りましたが、今更個人的に脱退することも出来ず、一は今迄の岩田氏に対する義理上、一は好奇心、一は裏切り者と責められたくない、様な訳で、常に引きづられる気持ちを持ちながらも十一月初旬までは、解消することが出来ませんでした。正式に組織に加入したのは岩田氏が独断でしたので全く知りませんでした。

八月の暑中休暇中は一回の会合もなく、九月の中旬頃小諸の懐古園内に会合したことがありました。当日は更埴の方から三名、上田から三名、こちらから六名も出席していました。

此の日の会合の主旨は北信地区を作る準備だったと云ふことをこの頃岩村田警察署の遠藤部長から聞いて初めて知ったやうな訳です。

会合の主旨とか組織の系統と云ふやうなことは岩田先生も私にはあまり話しませんでした。

十月になってからは、岩田校長が高セ村の方へ転居してしまひ、会合の場所がなくなった関係で、私のところで一回、上の城の輿石君のところで一回会合しました。

私のところの会合では、岩田先生を除く他の者は皆今迄の非合法的な関係から離れてもっと自由なものにしたいと云ふ希望を話し合ひました。

十月三十日輿石三郎君のところで会合した時も同じ気持ちでありました。それ以後全く会合はしませんでした。

ところが十一月十八日に全農の一斉検挙がありましたし、岩村田小学校の有力なる某先輩は、急に思想を転向しましたので、我々も今までの関係を正式に解散する方がよいと考へ十一月二十日頃、岩田氏を除く五人の者が三井村の小林元氏のところに集合して、全く解消することにしたのであります。この日会計係の立岩巌氏から会費の分配を受けて散会しました。

翌日その事を高セ村の岩田校長に報告しましたところ「あわてるな」と云ふやうなことを云われたが、今更我々の考へを何うすることもならず、岩田校長もそれ以後全く関係を断ってしまっ

たのであります。」（『長野県教育史第一四巻資料編八』一〇五六～五七頁）

官側資料である「長野県教員左翼運動事件」及び「思想事犯検挙教員名簿」により佐久地区教労・新教の運動をおってみることにする。

まず、検挙した教員を次のように区分している。教労組合員、教労組合員候補、ＳＫ（新興教育同盟員）、ＳＫ影響下とに四区分し、教労とＳＫの両者に加入している者も表示してある。佐久地区のメンバーといわれる六名は全員がＳＫ、つまり新興教育同盟員とされている。

また、教労佐久地区は一九三二（昭和七）年七月七日に結成され、責任者は岩田となっている。そして一九三二（昭和七）年四月から暑中休みまでは毎週一回木曜日に会議を開いていた。九月から一二月までは毎月一回開いた。関係者は岩田、立岩、両角、興石、小林元、佐藤の六名となっている。そして、同年一二月初旬に佐久地区の教労組織は解消された。

解消された経緯については、次のように記載されている。

「昭和七年九月十二日頃小諸町懐古園某料亭にて開かれたる北信メンバー会議の際佐久地区責任者岩田健治は次の如き提議をなせり

①組織の活動をより効果的ならしむる為ＳＫを教労より切離して独立せしめ合法的団体たらしむべきこと

②随って従来の秘密出版物を止め合法的に公刊すること

右討議の結果出席メンバーの容るる所となり次回地区代会議にこれを提案することを決せり、

より て同年九月十八日松本市大名町にて開会の第七回地区代会議席上河村は北信地区の意見として是が提案をなしたりしが日和見主義として一蹴せられたり、爾来佐久地区は頓に其の運動不活発となり同年十二月初旬遂に解消するに至れり」(『抵抗の歴史』五七頁)

九月一二日に開かれた北信地区メンバーの会議は参加者は九名で、佐久地区から岩田、両角、小林元の三名が参加、長水地区責任者の村山、更埴地区責任者の高地、上小地区責任者の河村も参加していた。そして前述の岩田のSKと教労の分離論等が提案・討議され、メンバーの総意によって提案は可決された。

九月一八日長野支部地区代表者会議が開かれた。(岩田はこの会議には参加していない)会議の議事録によれば、「席上河村は北信地区の意見として是が提議をなしたりしが日和見主義として一蹴せらりたり」とされている。北信メンバー会議の提案は否決され、佐久地区は解消したとされている。

これも官側資料であるが、二〇一八年一一月刊行の『「長野県教員赤化事件」関係資料集第1巻』(二四八頁)に「河村卓公判速記」が収録されている。河村の公判は一九三四(昭和九)年五月八日、九日(第四次公判)に行われた。その中で佐久地区の組織につき、次のように証言している。

裁判長　昭和七年八月初旬頃小県郡神科村大久保鉱泉に於て北信地方同志協議会を開いて佐久の両角、小林、水間等が集まったと云ふが目的はなにか

被　告　佐久地区を拵え様としたが佐久の人達には断はれた

裁判長　何と云って断はれた

被　告　考えの上では賛成するが組織を作ることは賛成出来ないと断られて□りました

教労北信地区責任者である河村の証言であることを勘案すれば「佐久地区」という組織は確立していなかったと思われる。

岩村田小学校当時の同僚であった輿石は「(岩田は) 昭和七年四月に一躍高瀬小学校校長に抜擢されている。実に気鋭の闘士であった。この校長の書斎がグループ研究の会場となった。天井にとどく程の書物の山が殆ど左翼の本であったのには驚いた」と回想している。(『治安維持法とたたかった人びと』三三頁)

そうすると、佐久地区のメンバーの両角が安川校長への「報告書」で述べたように、また、輿石が回想しているように「校長宅がグループ研究の場」という程度の学習会・研究会であったかと思われる。

「教労」と「新教」の関係の議論

一九六九年一月、二・四事件関係者による座談会が開催された。この座談会で「教労」と「新教」の関係について意見が交わされ、佐久地区の意見が特別に取り上げられた。合法か非合法かの議論なので紹介する。(『抵抗の歴史』一九六～二〇〇頁)

司会者　昭和七年九月十二日北信メンバー会議、九月十八日の第七回地区代表者会議(前頁参考)において教労とSKの分離が提案され、日和見主義として一蹴された、と記されております。これは長野の運動を検討する場合見過ごすことのできぬ大切な問題が含まれているように思いますので

先ず、「北信メンバー会議」の模様からどうぞ。（要約したもの）

佐久地区の意見と批判

F（村山）　北信メンバー会議、つまり「昭和七年九月十二日頃の佐久地区での会議」というのはあれは岩田先生にはじめて私が会ったときのことですね。小諸の懐古園のひっそりとした茶店で、もう季節はずれでした。私は八月除隊になり九月から組織についたのですが、それに参加して打合せをしました。今の記事の（1）（2）に書かれていることはSKというのはそういう趣旨ですから話としましてはこの資料にあるようなことがあったと思います。河原さんが北信のSKの責任者でしたが、形式的には長野と周辺の郡の地区のSKと教労は僕が責任者でした。

岩田さんの提案についてはどうもはっきりとはおぼえておりません。また、「日和見主義として一蹴せられたり」という地区代のことも記憶にないですね。しかし、岩田さんは、私の印象ではたしかに、教労、SKなどの組織活動を教員の組織の中にもちこむことに批判的だったように思うのです。しまいまですっきりした形でははいってこられなかったような感じです。

司会者　岩田健治さんの提案のあった九月十二日の北信メンバー会議に出席された方でこの席にいらっしゃるのは村山さんだけですが、提案の趣旨や内容についてはほとんど記憶にないようです。それで、戦後になって岩田さんがこの問題について話されたことを参考までに紹介いたします。

「岩田　佐久は東信地区ともよばれる地方で、その東信では以前から青年運動や農民運動がすすんでいた。そこで佐久の教育運動は、そういう運動と関連しながら進められていた。その立場から見ると、教労長野支部の運動は〈精鋭主義〉のように思われる。佐久では、その精鋭主義には反対である。もし弾圧が来て、検挙されたとき、佐久に根がなくなったらどうするか。私たちは教労の精鋭主義に反対して、この教育運動は青年運動や農民運動との関連をもって進めていかなければならない―と、主張したわけです。すると、昭和七年九月の地代者会議で、それは、日和見主義的な見解だとたたかれました。そのことがあってから、佐久の教育活動は、低調になったといわれています。」（昭和三十五年六月）

この文章で岩田提案の内容がつくされているかどうかはわかりません。また、資料に記されている具体的な二項目の提案とこの文章とは、必ずしも十分にピッタリしておりませんが、あの二項目の提案をした岩田さんの「運動観」の一端は、これからうかがえるように思われます。ここでは、これが提案の主たる趣旨であったかどうかには疑問もありますので、あくまでも岩田さんの考えの一端という意味で参考に出しておきたいと思います。

司会者　この佐久地区からの提議が論議された地区代会議（第七回・九月十八日）には西条さん、藤原さんが出席されていますが、そのときの批判の内容は。

D（西条）　河村さんが、佐久の方から意見として提案されたときは、われわれ教員の組織はＳＫにとどめて教労までもっていかない方がいいのだという意見だった。それでそのことは、個人としてＳＫにしかいかないというのならわれわれも納得がいった。しかし、原則論として教員の組織は教労へいくべきでないということに対しては反対した。

岩田さんが校長で大事な人だから、もっとＳＫの仕事をやってもらった方がいいという、個々の事情で問題になったのなら納得できるが、原則として、長野の教員運動はＳＫの範囲にとどめなければいけない、教労までいくのは行き過ぎだという意見だった。われわれは、それはまずい、生活権を支える経済問題とか教員という職業的地位、身分の保証などにかかわる問題は、教師の団結の組織＝教労の組織も必要であるし、また現にその必要性があるのでやっているのだ。だからそれをSKの組織だけにとどめるというのは、教員運動を研究活動のワク内に引き止めようとする日和見主義だ、ということが、これが、反対の主な理由でした。

F（村山） 岩田さんの考えでは、教労は全協一般使用人組合に属していて、全協は非合法であるとはっきりしていて、新教は文化・教育研究活動でまだ合法だという点にあるのではないか。

当時の教員の実感として、教育研究活動ならクビが安全だが、経済的闘争となると直接、教育体制にぶち当たる実践（政治・経済的闘争）で、すぐ治安維持法でやられクビになるから、教労のメンバーであるのは不安だ、といったことがあったのじゃないか。つまり、組織をひろげようにも、そこに一般教員を説得してメンバーに獲得するのが、なかなか容易のことではない、というネックにつき当たった……

E（藤原） 組織結成当初は拡大の方針として、SKという文化活動を全面に押し出して教育会への闘争・師範学校・女子師範・青年・父母へとあらゆる方面へはたらきかけようではないかという方針がきまっている。ところがそれがなかなかうまくいかない。

（中略）

先の佐久地区の提案にもどりますと、長野県には非常に自由主義的傾向があるのだから、SKの活動範囲の中で、まだいくらでも仕事ができるし、その余地が十分ある。それなのに、非合法の教労の組織を取り入れると自分自ら潰滅にみちびくものだという意見が出てきたということ。これは、佐久からばかりではなく、諏訪でもまた、永明の中にもあったし、われわれはそれを絶えず問題にした。どこまでも合法の組織で仕事の出来る可能性と範囲が十分あるのだから、それを守っていこうじゃないか、というのと、いやいやそうじゃない、そんな文化活動に終わったのではわれわれの解放はありえないのだという意見とが絶えずありました。そこで柴草君が上京して、一般使用人組合の中へとけこんだ教労の小さな存在が独自の活動をできないことを心配して、中央の方針をききに行くわけです。

中央の方針をきいて、まったく納得したというわけでもないが、われわれの中にも、われわれの仕事は文化闘争だけじゃないんだ、経済的な闘争―資本主義体制を崩さなければ、われわれの世界はこないんだという立場からどうしても教労はなくてはならない、そして教労が核になって文化活動においても指導的役割を果たさなければならないんだ、しかし、文化活動にたずさわる人びとは、教労の存在なんか知らなくてもかまわない、『新興教育』は合法だとして、ジャンジャン働いてもらえばいいのだ。しかし『新興教育』は合法だといってもああいう風につまってくれば、情勢いかんでいつ非合法へ追いやられるかわかったものではない。しかし合法ということで、これをやったから検挙されたり馘になったりすることはない。だが万が一あるかもしれないから、それは団結の力ではねのけようじゃないか、とこういっていたわけです。

そういう過程で、教労というものをリードしていかなければということが確認された。しかしそうはいっても、運動自体、経済闘争と文化闘争にはっきり分かれるもんでもないし、文化闘争はしやすいが、経済闘争はしにくいということで運動が停滞気味のところがあったし、文化闘争・経済闘争、

SKと教労のちがいが、意識の弱さの形で論ぜられたという傾向があった。

司会者　諏訪地区の第七回小地区代表者会議で「永明分会にて三人脱会の報告あり」と書かれていますが、これは教労・新教の以上のような議論と関係がありますか。

E（藤原）　それは教労内部の動揺とかそういう問題ではなく、彼らの意識がまだ低いのに、非合法で、覚悟をしていかなければということを早くいい過ぎたのです。それでおそれをなして後退していくわけです。「去る者は追わず」ということでした。

佐久の組織の特殊性

司会者　この問題には「教労」「新教」の運動の相互関連、その相違点と共通点という運動の本質にかかわる問題をどうとらえるか、という根本問題と、現実の長野の運動における教労と新教の実体にみられる矛盾とが複雑にからみあっています。また合法・非合法という問題のとらえ方のちがいも含まれており、さらに佐久地区の運動の特殊事情やメンバーの特殊性という問題がそこにはあります。一番最後の点についていえば、資料によれば当時この長野の運動に参加していた人びとの平均の年齢は二六歳位で検挙された一三八名のうち三〇歳以上は一四名で約一割ぐらいしかおりません。つまり運動全体としては圧倒的に青年教師の運動という性格があった。ところが佐久地区のメンバーは岩田、佐藤の三七歳を上として両角三二歳、立岩三〇歳、輿石二九歳、小林二七歳とみんな年長者です。しかもこれらの人びとはみんなSKのメンバーであって教労加盟者は一人もおりません。このような面で佐久地区の運動にはかなり慎重なムードがあったのではないかと想像されるのです。

佐久の運動は岩田さんの談話にもあるように地域における教育運動を中心としています。このような条件のもとで佐久地区がＳＫとして独自の活動を中心に考えるのもあながち無理ではなかった。

　また岩田さんは次のようにいっている。

「七年十一月でしたか、上田市で一市四郡の小学校長会があった。その席上で視学が、『わが信濃教育界にも、赤い教員の組織がある』といった。そのときは、それが主目的の話題ではなかったから、それ以上詳しいことは聞けなかった。しかし、私にはピンときた。これは近いうちに、弾圧が来るぞという予感がはっきりした」。

　岩田さんは校長であり、その前任校の岩村田には四人のＳＫメンバーがいる。自分が弾圧されてもこれをなんとか残したいという気持をもたれたにちがいない。これは全く推測の域を出ないのですが、こうして一一月下旬に佐久のＳＫメンバーをすべて脱退させたのではないか。佐久のＳＫメンバーはみな岩田さんよりあとに組織にはいってきた人たちなのです。たぶん岩田さんはそれらの人びとに対する責任を痛感したのではなかろうか。

第五節　岩田健治氏の想い出……関係者の証言より

　岩田の人となりについては同僚や同志より様々な想いが語られている。左記の座談会から声をひろってみる。
司会者　やや本題からそれるが、やはり佐久地区の問題を考えるには、その中心になっていた岩田さんの活動歴というか、それまでの運動のなかでつちかわれてきた運動観といったものの影響を無視できないと思うのです。その点でご意見を。

F（村山）　北信グループは数は少なくて起訴されたのは数人で、河村さんを中心にした同人グループみたいなもので根にはそんなに多勢いたわけではない。岩田さんの場合は、誰が紹介したのかわからないが、西条さんよりももっと前から農民運動をやり、一番近かったのは高倉テルさんではないかしら。そういう人で有名だったので河村さんあたりから何らかの方法で紹介されてお訪ねしたが、おいそれと簡単には動かないという感じだったと思う。ここに記録されているように簡単なものではなかったと思う。

私は七年の四月に軍隊に入り九月に除隊しました。それ以後岩田健治さんは私も知っていますが、この九月の北信メンバー会議のほかには出ていないのです。独特の立場があったようですね。始めから懐疑的なところがあったのではないかと思うのですけれど。

D（西条）　岩田健治さんは河村さんが獲得した人で、組織的にいえばたしかにそうだが、組織される前に農民運動の積みあげがあって、高倉テルさんあたりに近い人だった。

I（書記局員）　岩田さんの話では、河村さんの来られる前に『学友』という師範の校友会機関誌に藤原さんが書かれたものを読んで岩田さんは、若い人が新しい考え方をもって長野県の教育界に出てきた、といって注目していた。岩田さんは意識の中で若い人の動きを認めていた。

D　岩田さんは農民運動を通じて意識としてはかなりのところへいっていた。

I　長野県内の教育について岩田さん自身の実践があった。

F　私の知ったころはもう校長だった。年齢的にも反省期というか複雑になっていた。立場上も校長でその辺りが実際的というか複雑になっている。僕ら会ってもなかなかすっきりしない面もあったが、今から考えると、実際的で学ばなければならないと思った。

A（今村）　岩田先生には面識はないがお名前はよく聞いていまして、その時は非常に感激しました。その前に新聞で、大阪か奈良の勅任官がマルクス主義―『資本論』をやっていて検挙されたという記事をみた、相当の年輩だったのですが、それが昨年亡くなった川上貫一さんだったんだ。岩田先生にしても校長をしていたが、左翼運動なるものがわたしたちの時代では決して昂揚期ではなかったと思う。したがって、悲痛な決意のもとに参加したと思う。弾圧につぐ弾圧を重ねてきて、戦争前夜で治安維持法が改悪されてきて、運動そのものが決してはなばなしく先物買って出ていくという景気のよいものではなかった。若い独身ものなら理論とかいろいろのものを契機に敢えて運動にはいっていくこともあったが、校長というものは一校に一人しかいないし、どえらい名誉とあこがれの的で、エリート的な優秀なものは校長になる努力をした。当時冗談に話したが、正教員の校長になりたいといって、名前を「正長」と変え、最後に校長となった伝説的人物もいた位だった。藤原さんやその他はみな優秀な人で校長になる男だったが……。

岩田先生は現に校長をやっていて、相当年輩であったし、左翼運動は退潮期で、弾圧を目の前にしていることを承知の上でとびこんできたということに、私は非常に感激しました。

岩田先生は高倉さんの影響で理論的に承知した上であったから、河村さんがすすめたときにはあえて拒否できない良心的なものがあったと思う。ぬくとい（温い）部屋から裸になってとびこむことに、もっともはいるにははいったが積極的というわけにはいかなかったかもしれないが……。

あの当時教労運動に参加した人びとは深遠な理論を理解してというより、それに対する思想はもちろんもっていたけれど、理論だけでなく「理論から実践へ」という意識、教師の立場としては自分が正しいと考えたことを実践する責任がある、子どものためにすすんでやらなければならないのではないかといわれれば、まじめな人、良心的な人ほどそれに背を向けることはできなかったのだと思う。

I　岩田さんからおききしたところでは、藤原さんの書いたものを読んでうたれたという。河村さんが来て、それで自分も諸君と一緒に殉じようという気持ち、弾圧される覚悟をきめられたらしい。岩田さん自身の教育では岩村田での実践が芯になっている。佐久地方は(この表が正しいとすれば)SKが六人で教労がいない。つまり教労の活動をするメンバーがいなくてSKだけの活動しかできないのは当たり前だと思う。それが佐久のいわゆるSKだ。

地区代会議へ出ると、SKと教労を兼ねているところへ代理としてでなければならない。したがって教労問題が出てくる。岩田さんが受けとめておろす場合、SKのメンバーしかいない。岩田さんが教頭だった岩村田には六人のうちSKが四人いる。これは岩田さんがいわれたのか、河村さんその他の人かもしれないが、責任者の岩田さんが勧誘されたのかもしれない。

となれば、岩田さんの岩村田での教育実践と、それまでの積み重ねの上で農民運動などと接触され、農民組合の提携で、その時々の父兄の生活に密着した地についた教育を考えておられたと思う。そこに岩田さん、佐久地方の特色があったと思う。

(中略)

C(奥田)　戦後の今日の時点で考えてみると、あの時全協に結びつかないで新教の組織だけで同じようなことをやっていたのだったらもう少し運動は広まったであろう。根こそぎやられることもなかったのではなかろうか、という意味で岩田さんの考えを支持しています。もちろん、その当時はこの問題は聞きもしなかったし、考えても見なかったから、当時は新教と教労との関係にとくに問題は感じなかったのです。

G（西条）　S・Kの活動は確かに必要で、教労のプールであり党のプールでもある。これはあくまでも拡げていく。今にしてそういう点で岩田先生をみていくと、教労に入れるべきでなく、ああいうシンパサイザーは校長という立場において、もっと巧妙にやっていればよかったと思います。

佐久の新興教育運動　岩田健治に大きな影響を与えた河村卓はこの座談会には出席していない。後日、河村は当時のことを、次のように回想している。

「佐久も農民運動の盛んなところだった。岩田さんは、教労の長野支部結成の時、そのような組織を作ると、官憲の規制ばかり受けるのではないか……と最初から懸念していた。しかし、私には、支部結成を抑える力はなかった。それほど、全県の基盤が熟していた。師範卒の正教員でなく信州に根を下ろしていない代用教員の私には、リードする力は無かった。先生でもない河原(広三)は、もっと無かった。」「あの弾圧により、実に多くの純粋で有能な先生方が不当な刑罰を被り、教職を追われた。組織の結成にかかわった一人として、国家権力に対する憤りとともに、そのことが消えることのない心の重荷になっているのです。」（『信州昭和史の空白』二四六、二六五頁）

第三章　岩田健治と二・四事件

第一節　「長野県教員赤化事件」

新教・教労の長野支部が結成された一九三二（昭和七）年頃の我が国の国内外情勢について改めて記述しておく。

一九三一（昭和六）年九月、中国東北部奉天郊外の柳条湖で南満州鉄道の線路が爆破され、満州事変が始まった。マスコミ・世論は戦争熱に浮かれたように日本軍の軍事行動を支持した。満州事変を契機に日本はファシズムの時代に急激に舵を切っていった。

一九三二（昭和七）年一月に開始された中国本土・上海での戦闘では、中国民衆の抗日運動の激化と米・英との対立により侵略は失敗し、日本は国際的孤立を深めていった。こうしたなか、同年三月には清朝最後の皇帝溥儀を執政とした日本の傀儡国家「満州国」の建国を宣言させた。国内では、二月、三月に血盟団事件、五月には犬養首相が暗殺される五・一五事件とテロ事件が続いた。同時に、侵略戦争遂行を妨げる労働運動、農民運動、青年運動などの社会運動に対する弾圧は益々強化されていった。また、八月三〇日には帝国議会で拓務省提出の満州移民案が通過し、第一次満蒙開拓計画（一〇万戸五〇万人移住）・武装移民計画が国策としてスタートした。

同年年初より全国で新教・教労への弾圧が始まった。一月新教鳥取支局、三月新教島根支局・宮崎支局、教労山形支部、四月新教長崎支局、六月教労神奈川支部・京都支部・大分支部、八月新教及び教労の東京支部の大量検挙などが一〇月まで続いた。新興教育同盟準備会の機関紙『新興教育』は四月号で発禁処分とされた。教労長野支部は二月に結成され、佐久地区が結成された七月には全国では相当数の新教・教労支部が壊滅した。そのわずか半年後の一九三三（昭和八）年二月四日に治安維持法違反による長野県の民主勢力、新教・教労の一斉検挙が始まったのである。

検挙の発端

一九三三（昭和八）年二月四日に始まる共産党、全農、全協など長野県における活動家の大検挙、いわゆる二・四事件がおこった。事件の発端については、事件発生後の一九三三年四月一〇日に開会された長野県議会・秘密会での山本義章警察部長の答弁で詳細に語られている。日本共産党の誕生と政策、その下での全国労働組合協議会（全協）の組織化、そして、教員班の活動である新興教育研究所の活動について答弁している。新興教育研究所について次のように述べている。

「其は長らく合法的に堂々と表面に名乗って、神田神保町の神保ビルと云ふ所に事務所置いて、そうしてやって居ったのであります、其機関紙としては『新興教育』と云ふものを発行して、全国の教育者に呼び懸けて居った訳であります。」

「所が一昨年（昭和六年・筆者注）の八月夏休みに、短期講習を此研究会が主催いたしまして、全国から教員を募集して、さうして講習を行ったのでありまするが、其講習の様子を見て居ると云ふと誠に穏やかならぬ、当時私は警視庁に居りまして、親しく其の講習の状況を報告として受けたのであります る。是は宜しくないと云ふことを感じまして、全国に、其講習に出席した所の、学校の教員を出した所の関係府県に対して其教員の視察方、注意方を喚起して置いたやうな次第でありまです。其後其研究会を能く探究して見ますると、矢張り其背後の中心人物は、共産党の重要なる人物の一人であることが判明いたしましたので、断然解散を命じ、弾圧を致しました所が、忽ちにして非合法運動に化して地下に潜ったのであります。」(『抵抗の歴史』二八八頁)

なおこの夏季講習会には、長野県から藤原晃、柴草要、石沢泰治、小松俊蔵が参加していた。これら四人が中心メンバーとなり、一〇月には新興教育研究所諏訪支局が結成されたと、山本警察部長は県議会で答弁している。

山本は昭和六年当時警視庁の特高課長であり、全国の共産党や労働運動、農民運動など社会運動について熟知していたのは当然である。そして、昭和七年四月に長野県警察部長に昇任したわけで、長野県内の「不穏な」動きは早くから察知していたと思われる。

一斉検挙に向けての当局の体制整備としては、同じく昭和七年四月に特高課長に坂田喜一郎が着任した。坂田は年度途中の同年八月には学務課長、社会課長兼務となった。教育行政を司る学務課長と公安警察の特高課長の兼務という人事案件は異例の人事である。

昭和七年六月、本庁である警視庁の特高課は特高部に昇格し、新設された特高部長に安倍源基が抜擢された。安倍の前職は山形県学務部長で、昭和七年三月、教労山形支部の赤化教員事件弾圧の経験から今度は長野県の新教・教労の組織壊滅を指揮したとも思われる。当時の内務官僚は官僚勢力の中心であり、全国の警察を握っていた。彼等の仕事は単に違法行為を取り締るだけでなく、労使関係、小作関係などの調停や国民の思想教化にまで及んでいた。政党内閣のもとでの政党幹部の多くは官僚出身者で占められ、全国にはりめぐらされた精密な組織の中で支配体制を築いていた。

一九三三（昭和八）年二月四日の一斉検挙直前の二月一日、県学務部長名で「学校職員の指導監督につき県通牒」という左記の通牒が出されている。

「職員の指導監督に関する件」

部下職員の思想方面の監督指導に就きては平素充分御留意のこととは存じ候へ共、最近新聞紙上に公表せられたる事実等に鑑み職員の思想行動に関し特に左記御注意の上万遺漏なきを期せられ度此段及通牒候也

記

一、読み物（図書、雑誌、パンフレット、其の他）の種類傾向に留意すること

一、校友関係及信書の往復に留意すること

一、諸種の会合の性質に留意すること

一、勤務状況に留意し欠勤遅刻等に関しては其の理由を明知すること

追而右等の事情に鑑み疑わしき思想行動有之候際は即刻御報告相成度候

（『長野県教育史第十四巻史料編八』一〇五三頁）

特高課と学務課は緊密な連携のもとに教労・新教の組織実態を調査・把握していた訳であるから「疑わしき思想行動があれば報告せよ」との通牒を見る限り、二月四日に一斉検挙が始まる様子は伺われない。

検挙の発端について山本警察部長は四月の県議会・秘密会で、次のように答弁している。

「検挙の端緒と致しまするると、先般御承知の諏訪管内に於ける御真影の不敬事件がございました、当時此問題は如何なる種類の犯罪であるかと云ふことに付て少なからず頭を悩ました次第であります。」（中略）「其際諏訪郡下には、及び伊那地方には相当左翼の傾向の濃厚なる教員があると云ふことを、投書なり、風聞なりに依って承知いたしました。若し左様な教員があり、教育に少くとも影響があると云ふようなことになれば、誠に憂慮に堪えないと存じまして、極力内偵の歩を進めて居たのであります。」（『抵抗の歴史』二九〇頁）

この答弁は、諏訪管内での御真影不敬事件がきっかけで、たまたま左翼教員の存在を知ったような内容である。しかし、山本警察部長は昭和六年の警視庁勤務時より長野県の教労・新教の教員の動きを充分承知していた訳で、県議会でのこのような答弁は検挙時期が遅れたことへの言い逃れとも思われる。

また、二月四日という期日についてまことしやかに、次のように答弁している。

「尚又南信に於ける其他全協の部門、例へば交通労働だとか、繊維労働だとか、通信労働であるとか云ふような方面にも幾らかの疑いを存じて居りましたので、多少の材料が整備いたしました時を俟って、尚且つ教員の異動等も考慮いたしまして、其時期と云ふことを深く念頭に於て二月の四日を期して検挙に着手した次第であります。」（前掲書二九〇頁）

二月四日の第一次一斉検挙は松本・上諏訪・飯田・伊那署員を動員して行われた。（184頁表3）のように全農・全協繊維・共産党・共青などが六三名、教労関係者二四名合計八七名の大量検挙となっている。

二月二三日の第二次検挙では全協・全農等が三五名、教労関係者が九名合計四三名となっている。また、（同表2）には教労・新教関係者の検挙日毎の人数があるが二月四日の第一次検挙者は二四人で、その後は連日検挙者がある。三月一〇日以降月末までに二〇名の検挙があり、必ずしも教員の異動時期を考慮したとも考えられない。

三月一〇日より司法省、東京控訴院、内務省警務官、東京控訴院思想検事らが相次で長野に入り、全農等八七名、教労関係者二一名と大量の検挙者を出した。

検挙者の取り調べをした諏訪署の館林特高主任は「まさかこれほど教労の組織が出るとは思わなかった。繊維や全協・共青関係を検挙していったが、先生の組織でこんなに出るとは思わなかった。メシつぶでタイを釣った」と語っていた。

こうしてみると、検察当局の事前の調査結果以上に関係者が拡大し、六月末までに六〇八人が検挙され。まさに「根こそぎ」検挙した事件である。

「教労関係者約二百三十人のうち県特高課自体が『参考呼出』としている者が三十九人、即日釈放者四十八名で全体の約四割が容疑がはっきりせず、或は容疑が殆どなくても検挙されたことになる。県民、児童の父母にも大事件という印象を強くあたえる結果となった。」(『治安維持法と長野県』一七五頁)

二月四日の新教・教労関係者の地域別の検挙者は、上伊那八名、下伊那二名、諏訪三名、南安五名、上小四名、上水内・長野市各一名で四日の検挙者は合計二四名となっている。また、五日以降月末までの検挙数は七八名であり、県議会での山本警察部長の答弁のよ

表2　教労・新教の検挙者数

3・1	3	月日	人数
5	1	2・4	24
6	1	5	1
7	1	6	4
9	1	9	4
10	3	11	1
11	5	13	1
15	5	15	1
21	1	16	2
22	3	17	11
25	3	18	9
4・4	2	19	7
16	1	20	1
22	1	21	16
25	2	22	5
26	1	23	9
29	1	25	3
30	1	26	3
小計	34	小計	102
計	136		

『抵抗の歴史』より

表3　二・二四事件検挙状況

日付	共産党・全農等	教労
月　日	人	人
1・7	1	
1・19	1	
2・4		
(第一次検挙)	63	22 (24)
2・5～2・22	20	83 (63)
2・23		
(第二次検挙)	35	12 (9)
2・24～2・28	32	10 (6)
3月中	87	74 (21)
4月中	24	8 (8)
5月から12月	24	
日付不明		28
計	287	237 (136)

『治安維持法と長野県』より
(　) は特高課途中発表による『抵抗の歴史』での集計

うな、事前に「全協教労の組織活動の確証を握るに至った」と言えるような初動捜査ではなかった。

事件の検挙状況は、県下二市一二郡、六五校で合計一三七名が取調べ又は検挙された。そのうち小学校一三〇名（内女子一四名）実業補習学校四名（内女子一名）、中学校二名で、平均年齢は二七歳であった。（表4）

出身校は長野師範学校七五名、同臨時教員養成所一四名、松本女子師範学学校一〇名、中学校五九名、実業学校二三名、高等女学校九名などであった。

起訴されたものは全農・共産党等で四四名、教労関係では二九名であった。昭和九年、教労関係者の第一審判決では治安維持法違反による懲役四年から二年の刑（一四名執行猶予）に処せられたもの二七名、実刑判決は一三名と苛酷な判決であった。また、行政処分を受けたもののうち、懲戒免職六名、諭旨退職二七名、休職三六名に及んだ。（188頁表5）

また、石垣前知事と土屋前視学官は文部省より譴責

表4　二・四事件の教員の検挙状況

当局の区分	小学校		実業補習学校		中学校		合計		
	男	女	男	女	男	女	男	女	計
新教同盟員	30	3	2	—	1	—	33	3	36
教労組合員	1	—	—	—	—	—	1	—	1
新教同盟員・教労組合員	50	9	2	1	1	—	53	10	63
新教影響下	17	—	—	—	—	—	17	—	17
教労影響下	9	1	—	—	—	—	9	1	10
新教・教労影響下	5	—	—	—	—	—	5	—	5
その他	4	1	—	—	—	—	4	1	5
計	116	14	4	1	2	—	122	15	137

『長野県政史　第二巻』より

処分が下された。県視学の斎藤節、岩下一徳、北条守一、松岡弘、山田光之助は岡田県知事が譴責処分をした。岩村田小学校長安川源司と平根小学校長小林新一郎は戒飭処分とされた。

教員赤化事件としてフレームアップ

一斉検挙の当日の報道で見る限り「赤化教員」という認識はなかったようである。この日の一斉検挙について二月五日付『信濃毎日新聞』では二面トップで「南信一帯へ検挙の手」「全農派の十数名今暁総検挙される」「全協系繊維労再建を狙う一味」という見出しがつけられている。中段には「目星を付けられる小学校教員二名」の記事が掲載されている。さらに、二月一〇日付の同紙には、「赤色教員狩り愈よ急」「突如北信各校に飛び火」「柳町、浅川、上田をはじめ」「帝大出の代用教員　上田で秘かに検束」「事件拡大の鍵を握るか　本校の河村卓氏（長中出身）」と検挙者の全県下への拡大が報じられ、教員が多数検挙されていることへの驚きが報じられている。

一斉検挙を広げた要因に長野三区選出の戸田由美衆院議員（国民同盟）の二・四事件への対応があった。戸田は自らの選挙区である諏訪・伊那地方に大量の検挙者が出たことで二月一〇日に県内で調査に入り、知事、警察部長、学務部長に強力な捜査を督促した。そうした結果、184頁表3のように

表5　被検挙者の処分

昭和８年７月

処分	男	女	計
起訴	28	1	29
懲戒免職	5	1	6
諭旨退職	21	6	27
譴責	1	—	1
休職継続	30	6	36
復職可能	16	1	17
戒飭	14	—	14
不問	7	—	7
計	122	15	137

『長野県政史　第二巻』より

二月五日から二二日の間に検挙された者は教労関係者で六三名に上っている。戸田の帰県調査と教労関係検挙者の増加は、はからずも一致している。

戸田は二月一八日、第六四帝国議会に「長野県下教育界並青壮年層に現れたる極左検挙に関する質問主意書」を提出した。戸田は質問主意書の中で「共産主義者たるの嫌疑及実行運動参加の故を以て検挙されたる者、青壮年層に於て数百名、小学校教員に於て数十名、学生間に於て同じく数十名を算するに至りたるは真に驚愕戦慄すへき聖代の一大不祥事」として総理大臣、内務大臣、文部大臣の責任を追及し、「秋霜烈日の態度と心境とを以てこれが根本的掃除を断行」せよと迫った。これに対し三月七日の政府答弁書ではこれまでの被疑者数は「小学校教員九五名、学生五名、一般壮青年者一〇九名、計二〇九名」と報告している。その上で、「苟も国体と相容れざる不穏の徒に対しては其地位職務の如何を問わず根本的掃除を断行すべく着々之を行いつつあり、而して之と同時に一方その善導矯正に就いても極力尽力しつつあり」と取締強化の決意を述べている。（『治安維持法と長野県』一七四頁）

また、この日、世耕弘一らによって、「左傾運動取締に関する質問」が出され、思想対策・教育刷新の決議案が提出された。決議案の論議の中では「長野県に於る多数の小学校教員の赤化事件の如き」ゆゆしき事態と引き合いに出され、国際連盟脱退という非常時での国家精神総動員に「赤化事件」として利用された。（世耕弘一氏は参議院議員世耕弘茂氏の父：筆者注）

三月七日、帝国議会衆議院本会議で鳩山一郎文部大臣は、「長野県小学校教員の治安維持法違反事件」の報告をしている。近年、小学校教員による思想事件が多発していることは憂慮に堪えない、として「今回長野県に発生しました事件を見まするに、其範囲の広きこと、其関係者の多数でありますこと、並に児童への働き掛けの大胆でありますこと等につきましても、従来のものに比して非常に相違があります、教育上洵に寒心すべき事態であります」と他府県の検挙とは比較にならない内容の思想事件であり、「教育県長野」と言われる長野県にとってのまさかの事態に驚愕するという報告だった。

同じく山本達雄内務大臣は、「憂慮に堪えざる不祥事件」であり「徹底的検挙を断行して、将来の禍根を一掃する」と徹底した弾圧の継続を誓った報告をしている。そして政府内では「赤化教育」の取締まりと思想・教育統制の方向へ「全国のモデルケース」として誘導していった。新聞報道もこぞって「教員赤化事件」「アカ教員」による事件として大々的に報道し、国家権力と一体となり、「教員赤化思想事件」としてフレームアップしていった。

政府は二・四事件を一地方の問題ではなく全国的な問題として位置づけ、「極めて重大に扱うべき」として、二月二二日記事掲載禁止の措置をとった。以後、二・四事件は「某重大事件」として国民の目から隠されていった。

報道が解禁となったのは九月一五日である。記事解禁日の九月一五日、『信濃毎日新聞』は号外（四ページ）を出し「戦慄！教育赤化の全貌」「教科書を巧みに逆用し教壇の神聖を汚辱す」「二・四事件本日解禁」などの見出しで県民に衝撃を与えた。

『南信日日新聞』は、「全信濃を挙げて赤化のルツボに踊る教壇から童心に魔手を延す赤化教員の地下活動」と報道、長野県民の恐怖心を煽った。

信濃毎日新聞　號外

戰慄！教育赤化の全貌

共産黨系全線に彈壓

起訴七十七名に達す

教員のみで實に廿九名

教育界未曾有の大不祥事

二・四事件

教科書を巧みに逆用し

教壇の神聖を汚辱す

反戰、反宗教、鬪爭意識を注入

兒童自治會の組織十余に上る

全協教勞部の行動

檢擧動機と其の情況

小野巡査と荒井青年の殊勳

一味に操られた少將の息

箱山が潜入する迄

爭議で警官に抵抗して逃走

別所「思溫莊」の

河上博士を教へ

露文學者高

四國から駈けつけた

妻女は山

全国紙の『東京朝日新聞』信濃版は「教員赤化をめぐる二・四事件、学童に伸びる魔手」また『読売報知』は「〝教育界の王座〟信州ただ一朝にして陥没、全国未曽有の大不祥事」などと喧伝し、全国の教育界に激震を与えた。

また、検察当局の事件経過に対する新聞発表は、次の内容であった。

「極秘裏に真相調査に務めて来たところ十月頃に至り漸く諏訪、上下伊那三郡を中心に全県的な全協教労並コップＳＫ同盟組織のある事実が朧げ乍ら判明するに至り一層綿密な捜査を続行し年末に至り遂に全協教労の組織活動の確証を握るに至ったのである。（中略）教労並党共青関係など何れも検挙の機漸く熟したので一月初旬より内務当局及長野地方検事局と打合せを了し其の結果先ず社会に及ぼす危険性の最も多い全協教労並其の組織に最も近接した関係者より検挙することとし、二月四日土曜日の未明を期して先ず八十六名を検挙した」（昭和八年九月十五日付『信濃毎日新聞』号外）

県特高課は、この事件を「検挙は総てを残さず根底より潰滅せしめて総決算を終われるの観あり。二・四事件は本県に於ける画期的検挙」で「本県思想運動史上に特質すべきものありと言うべし」と自らを褒め称えている。

小平千文氏は「二・四事件は教員赤化事件としてはくくれない社会主義運動、農民運動、労働運動、青年運動などのあらゆる社会運動を壊滅し、戦時体制に組み込んでいった事件であり、大正デモクラシーの息を完全に止めることにもなった事件となった。」と位置付けている。

第二節　岩田健治校長の検挙

長野県内各地で全農全会派の指導で小作争議が闘われていた。警察当局にとっては大規模な闘争を各地で大衆的にくり広げる全農全会派の動きは脅威となっていた。二・四事件に先立って昭和七年一一月一八日、「佐久全農事件」といわれる一斉弾圧が行われた。南佐久、北佐久地区の全域にわたって全農幹部の根こそぎ検挙が行われた。総員四二人で南佐久が一六人、北佐久が二六人だった。

一九三二（昭和七）年一一月、県学務部は郡市別に校長会を開き、新興教育運動対策を行った。高瀬小学校長であった岩田にも通知がありその時のことを座談会で岩田は、次のように語っている。

「昭和八年二月の検挙がくるより前に、七年十一月でしたか、上田市で一市四郡の小学校長会があった。その席上で視学が、「わが信濃教育界にも、赤い教員の組織がある」といった。そのときは、それが主目的の話題ではなかったから、それ以上に詳しいことは聞けなかった。しかし、私にはピンときた。これは近いうちに、弾圧がくるぞという予感が、はっきりした。」（『新教の友』第五号一五頁）

一斉検挙は二月四日に諏訪地区、上下伊那地区に始まり佐久地区に検挙の手が伸びたのは二月二一日、岩田の検挙が最初だった。その前後の様子を『北佐久郡志』では、次のように記述している。

「本郡に司直の弾圧が加えられ始めたのは二月一〇日過ぎてからのことである。一五日の中信毎日新聞は、『赤化教員検挙北佐へ飛び火か』と題して高瀬小学校長岩田健治に関する問題を初めて掲げた。教員赤化問題の報が伝わると高瀬村は一大センセーションにまきこまれ、岩田校長を役場に招いて懇談時余にわたった大井村長は緊急村会を開いて善後策を講じ、出県学務課に陳情するとともに、村会議員・学務委員会議を開いて赤化教員更迭の最後的態度を協議した。岩田は検挙され証拠書類を押収された。県学務課では事件調査のため視学陣を総動員して県下に派遣した。岩田の前任地岩村田小学校にも捜査の手が伸び関係者を拘引した。」（『北佐久郡志』三五六頁）

佐久地域の検挙者は次のようであった。年齢は検挙時

氏　名	年齢	検挙日	釈放日	学校名	師範卒業年次
岩田健治	三十七歳	二月二十一日	六月六日	高瀬小	大正七年
両角　栄	三十二歳	同	三月七日	岩村田小	大正十三年
小林　元	二十七歳	同	三月八日	岩村田小	昭和二年
佐藤量男	三十七歳	三月一日	三月八日	平根小	大正十年
立岩　巌	三十歳	同	三月七日	岩村田小	大正十二年
輿石三郎	二十九歳	同	三月七日	岩村田小	大正十四年
小林　信	四十一歳	三月六日	三月八日	岩村田小	大正三年

その当時の様子を地元新聞記事と岩田の手記から追ってみる。

★八年二月一五日　三面　下段　『中信毎日新聞』

「赤化教員検挙

北佐へ飛び火か

某中等学校長を召致し　岩村田署密議

　岩村田警察署においても赤化教員方面に対する思想取締の目を光らして今十四日は某中等学校長の来署を求めて何事か極秘裡に打ち合はせるところあったが某中等学校教員に某村小学校教員に関する赤化思想問題に絡んでいるもの、如くである同署にても極力秘密裡に之が内偵の歩を進めている模様で近く検挙の手がのびるらしい」

★八年二月一六日　三面　上段　『中信毎日新聞』

「赤化教員の自決をまつ

高瀬村小学校当局の

態度慎重を極む

毎日新聞　（木曜日）　第四

赤化教員の自決をまつ

高瀬村小學校當局の

態度愼重を極む

旅に出て病む

廿一日の議長

（『抵抗の歴史』二二六頁）

教育県を以て誇る長野県下各地に亘ってその赤化教員事件の頻発には当局者はいづれも慎重の態度を持して遺憾の極みとしているが岩村田警察署管下における赤化教員事件は所管警察署にても事教育者に関する事件だけに慎重なる態度にて当事者の自決を待つもののごとくであるが岩村田町某中等学校長は昨十四日午前岩村田警察署に出頭し……一方北佐久郡高瀬村岩田校長は十五日高瀬村役場において同村長と懇談時余に亘った同村長は之が善後策に付き熟慮中であるが事此処に至っては何らか方策により具体的な……が近く行われる事であろうとみられている。」

★八年二月一七日　五面　下段　『信濃毎日新聞』

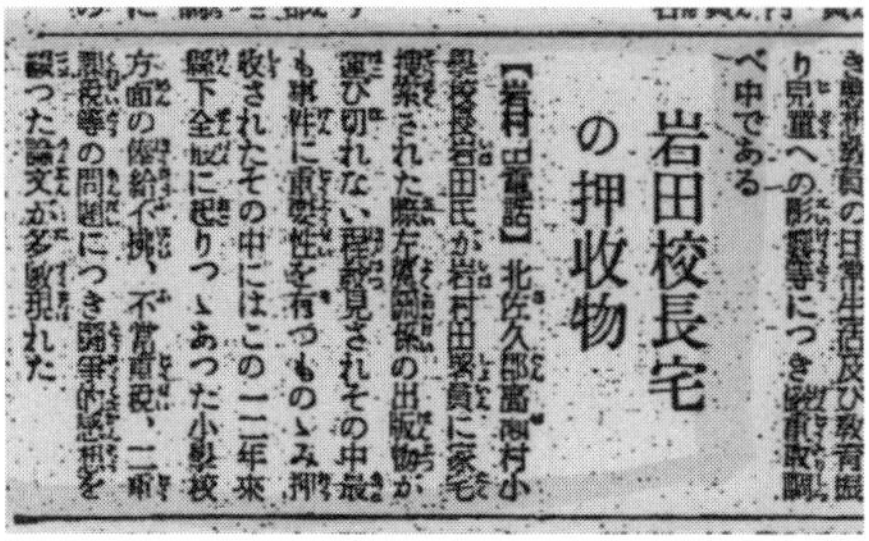
岩田校長宅の押収物

【岩村田電話】北佐久郡高瀬村小学校長岩田氏が岩村田署員に家宅捜索された際左翼関係の出版物が運び切れない程発見されその中最も事件に重要性を有つもののみ押収されたその中にはこの一二年来県下全般に起りつゝあった小学校方面の俸給不払、不当課税、二重課税等の問題につき闘争的思想を綴った論文が多数現れた

「岩田校長宅の押収物

北佐久郡高瀬村小学校長岩田氏が岩村田署員に家宅捜索された際左翼関係の出版物が運び切れない程発見されその中に最も事件に重要性を有つもののみ押収されたその中にはこの一二年来県下全般依起こりつつあった小学校方面の俸給不払、不当課税、二重課税等の問題につき闘争的思想を綴った論文が多数現れた。」

岩田は逮捕される前の二月十六日に家宅捜索を受けている。この記事はその捜索の様子と思われるが、警察当局は押収物の内容まで新聞記者に知らせているのには驚く。岩田の『二・四事件の思い出』の手記（以下、「手記」）

には次のように記されている。

一週間前の早朝もこんなことがあった。妻が「直ぐ起きて下さい」と私を呼び起こすので、しぶしぶと目を覚ました時にはすでに私の枕もとには二人の人影が立っていた。一人は河原田だ。黒ラシャの防寒帽をまくりあげてかぶり、紺の私服を着ていた。他の男は紺に藍色がかった縞の洋服を着た太った男。彼は部屋の中をあちこち見廻して「おやすみの処をすみません。少しおうちを見せて戴きたいと思ってきました」というのだ。「いますぐ起きていきますから下でやすんでいてください」と私は立上がった。太った男は「いやここでいいです」そういいながらも私の布団をたたむ手もとや敷布団の下などを注意深く見守っている。何か重要な書類でもかくしてはいないかとあやしむかのようである。

妻が私を起こしに来た直ぐ後をついて来て障子の陰に立聞きするかのように立っていたのも。何か伝言でもしはしないかとうたがっての行為だったなとあとで気がついた。

「顔を洗ってくるから」と私が階下に降りようとすると、太った男は河原田に目くばせをした。私の後をついて河原田も下に降りた。下の部屋にも一人の私服がいる。子供等は四人ともまだ何も知らずに眠っていた。「あなたに立合って戴きます」そう言って太った男は書棚の中をかきまわしだした。他の二人も彼と一緒に本を引出してばらばら頁をめくって中を一一あらためたりしている。太った男は私のふるい日記を取り出してあちこち読んだりした。

マルクスとかレーニンとか片仮名入りの書籍は特に頁を念入りにメクッて見ている。当時発禁の書籍も何冊かその中にはあったのだが、彼等はどれが発禁の書籍だかそんなことは少しも知らなかった。こうして小一時間もあれこれ引かき廻して後「これをあずかっていきます」といって太った男が持ち帰ろうとしたのは、教員給国庫負担論の根拠という私の講話の要項で原稿用紙二枚の草稿とこれをプリントした一枚の要項のみであった。

不意にガサがあったにしてもあの当時の極端な弾圧時代に、本棚や机の引出しから手がかりになるようなものを見つけ出されるなどというへまをする同志はまずないだろう。それにもう新聞で幾日もさわぎ立てたあとのことだ。太った男等も始めから大した期待をしてきたのでもないのだろう。それよりも最近手にした書類などで、まだ処理していないものでもありはせぬかと、その方を大事にしていたもののようで洋服のポケットや布団の下を特に気をつけていたことなどでうなずける。

SK同盟（新興教育同盟）の機関誌、教労（教育労働組合）の機関紙や「農闘」「赤旗」其他非合法のパンフレット、リーフレットの類は私はとうに全部焼いてしまっていた。

長野県に大検挙がはじまる以前に、前年には埼玉県、続いて富山県に弾圧があり、教労の組織はすでに各地でやられていた。十一月東信一市四郡の校長会が岩村田で開かれた時、学務部長（古河精一）は特に極秘の訓示として「赤化教員の運動が我が県下にもあるようであるから、校長は特に部下教員の監督に留意するよう」との注意があったので、私は同志等にこのことを伝えて、すでに長野県警察当局は弾圧の機会をねらっているものと考えねばならないと警告していた。そんなわけで私のところのガサをしても所謂証拠物なるものはおそらく何も出ないはずであった。ところが翌日の各新聞には私のところがガサを食ったことを北佐久郡某小学校長の家宅捜査、証拠書類リヤカーに一台などまことしやかに書きたてていた。（『二・四事件七十周年の集い報告集』七三頁）

★八年二月一八日『信濃毎日新聞』

「岩田校長問題に　各当局は云う

村民出県し処分陳情

北佐久郡高瀬村では同村小学校長岩田氏が赤化教員の嫌疑から家宅捜索を受けたのについて既報の如く十五日急遽村会を招集し善後処置を講じ学務委員は十六日出県学務課に対し岩田氏の処分を陳情した一方村内青年会其他各種団体は岩田氏排斥の火の手を挙げ県が更迭其他の適当の処置をとらねば児童を登校させず盟休を実行すると

……言って居るが岩村田署長は

『岩田氏が教労班メンバーであることは押収して来た文書に依って明らかで而も昨夏より数回教労班の会合であるアルプス山中会議に出席して居た確証さえ握っているたゞ検束等のことは県の方針であるから自決を待ってやることにして居るのみである』と語り、県特高課では『まだ検挙するほどまでの確証を握ってないから検挙しな

岩田校長問題に
各當局は云ふ
村民出縣し處分陳情

いばかりだ』と語っている」

この記事は、検挙直前の高瀬村臨時村議会の様子を伝えている。そして、家宅捜索の行われた二月十六日には大井村長と学務委員が県庁に出向き、県学務課に岩田の処分について陳情している。現職校長に対する容疑であり、慎重に対応していた様子がうかがわれる。この時の県学務部長は古賀精一であり、学務課長は事件直前まで特高課長も兼務していた坂田喜一郎であった。事件の仕掛け人に陳情に行ったのである。

八年二月二十一日　岩田校長は不当逮捕された。

★八年二月二二日　三面　上段　『中信毎日新聞』

「赤色教員更迭の

最後的態度協議

けふ高瀬村当局で

北佐久郡高瀬村当局では赤化教員問題に対する善処策を慎重なる態度を以って○究しつゝあったが県学務課に陳情出県せる代表者大井村長学務委員二名の陳情々況の報告会を今二十一日午後一時より村会議員並びに学務委員を招集して行った協議会を開き村当局の立場よりし

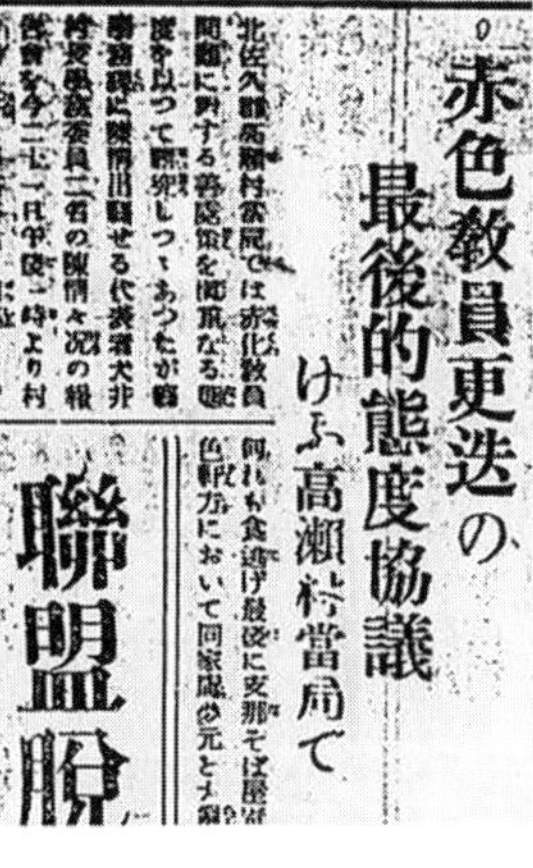

赤色教員更迭の
最後的態度協議
けふ高瀬村當局で

聯盟脱
經濟

て最後的の善処策を講じることになったが県学務課の方針如何に拘らず更迭を要望せる処の最後の腹を決める模様であると」

岩田の逮捕の同日、岩村田小学校の両角栄と小林元が逮捕された。岩村田町役場では対応に追われた。三月一日には岩村田小学校の立岩厳、輿石三郎、平根小学校の佐藤量男が逮捕された。岩村田小学校の小林信は三月六日に逮捕された。

また、同日、岩村田小学校の土屋武雄と高瀬小学校の新海安則は参考人聴取をされ、即日釈放された。

★八年二月二四日　三面　中段　『中信毎日新聞』

「学校職員問題で急遽町会召集

今日十時より岩村田町で

岩村田町では二十四日予算町会を前にして二十三日午前十時より急遽町会議員並びに学務委員を招集して学校職員問題に関する協議会を開き重要事項の協議をおこなうところであったが時局柄多大の注目をひいている」

二月二二日、二・四事件については報道禁止の措置が取られた。

岩田は逮捕後、岩村田警察署の留置所と長野署に拘留され、六月六日に嫌疑不十分で釈放された。

高瀬小学校では「休職」扱いとなっており、七月には懲戒免職処分とされた。翌一九三四（昭和九）年三月七日、長野地方検事局は岩田を治安維持法起訴猶予処分とした。

九月一五日、記事解禁後の岩田に関する報道は、次のようなものであった。

新教・教労への弾圧は「共産党事件」として報道された。『信濃毎日新聞』が事件直後に号外を出したのと違い、地元の『中信毎日新聞』は事件を三面で扱っていた。

★八年九月一六日　三面　上段　『中信毎日新聞』

「共産党事件続報

岩田高瀬校長宅で秘密会議を開く

教育界不祥事の上塗りで　遂に免官となる

身は校長の重責にありながら教労県支部北佐久地区キャップとして活躍し六名のメンバーを獲得した北佐久郡高瀬村小学校長岩田健治（三七）は南佐久郡田口村の出身で大正七年長師卒業、東筑摩、南佐久、小県などを経て昭和七年四月高瀬校長に栄転、大正八年頃よりマルクスの研究をはじめ遂にその思想に共鳴して左翼の仲間に入り昭和七年上小地区キャップ河村卓と会見、機関紙「教労ニュース」「新

共產黨事件續報

岩田高瀬校長宅で

秘密會議を開く

教育會不祥事の上塗りで

遂に免官となる

興教育」「指令」等の配布をうけその指導方針に基き先づ自校職員某々等を自宅に招いて働きかけ佐久地区を結成、機関紙を配布したり回覧させていたもので毎週木曜日に自宅に秘密会を開いていたが「北佐久地区の運動方針は微温的でありインテリの日和見である」とて別所温泉柏谷旅館や小県郡神科村大久保鉱泉、浅間温泉、小諸懐古園、山城館などの会合では常に他の同志から攻撃されていた。検挙されたが起訴されるまでにはいたらなかった。しかし小学校校長より関係者を出したことについては県教育界不祥事の上塗りであると文部省方面でも非常に問題視され遂に免官となったものである」

第三節　岩田健治「獄中日記」から

これは岩田健治が一九三三（昭和八）年二月二一日に岩村田警察署に検束されてから同年六月六日に釈放が決定されるまでの一〇五日間にわたる「獄中」の記録である。留置所に於ける拘留・取調べ中の身柄であるので、刑に服し下獄した訳ではなく、「獄中」という表現は正確でないが、本人の記録ノートに「獄中」とあるのでそれを尊重した。この史料は二〇一五年二月、上田小県近現代史研究会の小平千文氏が複写史料より清書したもので、公開はされていない。この日記は主に妻宛に綴られたものであることからして家族を思う様子などが記されている。ここでは拘束・取調べ中の様子等を主として記しておきたい。

検束と取調べ

二月二十一日　火曜日

朝就寝中駐在巡査河原田氏来宅　妻に起こされて起床　「岩村田署に来て戴き度い」とのことなり「任意出頭にして今日午後にしてもらい度い」ことをつげたるに帰りて電話で問ひ合わせた処、署長から「任意ではない強制的だ」と非常に叱られたとて「是非私もこまるから直ぐに行って戴き度い自動車がすぐ参りますので」為方がない朝食をいそいですまし仕度をして妻に安心せよと言い置いて立った　稲荷様下の四辻に自動車が来ていた　人目にたゝぬよう北の方の橋の直ぐ上の坂の処で河原田氏と共に乗車した

九時岩村田署着、宿直室に午前中待たされ河原田氏と昼食（天どん）とる　午後一時頃より二階の応接室で野平部長の取調を受く

五時半頃署の事務室にて身のまはりにつけた様々なものを皆取り上げられ第一房に入られる　中は非常に寒い　洋服だけで何も防寒具はない　西北の角の処に静座して腹に力を入れて寒さをこらえていた　間もなく夕食、小林（元）が引き出され醜く　テロを食って居るらしい気はい　九時半頃第三房に入れられた両角（栄）も呼び出されたやっぱりテロを食ったらしい　俺の所へも来るか来るかと思って居たがついに来なかった　両角が出される一寸前に布団を入れた薄団のひどいことと来たら全く話にならぬ　ボロボロに切れた綿がコロコロこごって居る真中に大穴がある　而も悪臭鼻をつくやつそれを三枚

二十二日　水

九時半頃より午後一時頃まで司法室で小平次席の取調を受く　昼食に帰って房内で筆答書を書くことをいひつかる（問題左記）

○四月下旬河村（卓）カラＳＫ一部を提示され加盟を促さる

五月　六月　ニュース

七月　上田市に於て同志と会合　北信ニュースの発行の協議

同　水間（大吉）よりニュースの紙包を受け取りたる件

八月上旬　教労加盟前後の様子

一　社会科学思想方面の書籍を購読するに至りたる動機

二　既成政党無産政党に対する批判

三　無産階級解放運動に対する意見

四　信州教育の情勢意見

五　農村青年農村問題

六　労働問題婦人問題

七　新教育並びに希望する方針

八　教労新教等に賛意連絡を為せる動機経過

九　教労新教等に対する現在の意見

二十三日　木

午前午後とも司法室にて小平次席の取調を受く　夜房を出されて事務室の電灯の下で筆答書を書く　茶など入れてもらい帰って寝たのは十時（今日は左の筆答書を書く）

一　青年訓練所　軍国主義
二　小学児童の軍事教練　小学児童に対する侵略行動教唆
三　戦争　惨禍　戦死者
四　機械工業の発達と失業者　共同管理　利潤の分配
五　農村の困憊　土地と自由、地主と小作　耕地の公有
六　俸給減額　恩給制度　税金賦課
七　生産財と消費材に対する希望　私有財産　世襲財産
八　帝政　議会政治　立憲政体
九　我が外交政策　国際連盟　委任統治　対支
一〇　共産党　極左　極右
一一　生存権の確立

二十四日　金

午後取調あり　午後房内で答書を書く

三月一日　水　曇後晴

起床洗面の時六房の鈴木が又四房廻されて三人になったが間もなく六房へ一人入った　直ぐにそれは立岩（巌）君であることを知った。「遂やられたな」と思った　輿石（三郎）も佐藤（量雄）もやっぱりやられたやうだ　新監に入れられたんだろう　何としても気の毒なことだ　大したことでもないのに取調を受けたとなれば将来の運命に大打撃を受けねばならぬだろうから

十時頃取調あり出房　聞取書の草稿が出来ていてそれを読み聞かされた

経歴　社会科学研究　動機　運動に関連を持つようになった経過　運動経過と心理的過程等々自分の筆答したものと口述したものを参考にして作られたもので自分の心持に反した書き方が所々にあったがずんずん読んで行ってしまった

三月二日

十時一寸過ぎ頃呼び出され二階の応接間でやっぱり調書の読み聞かせがあった。会同及び印刷物に関する調書だ　今日の調書には俺の不服の点だらけだった

運動に対しての俺の精神が少しも現はれていないことは何しても不快だった。けれども次席は「昨日読んだ方の調書にはそれは充分に表はれているではないか」と言ふ　色々言って見たが駄目だった　昨日来た三人は直ぐ帰すと言っていた　俺はまだその後に残されるのか、でももう近く帰しさうなものだ　何かも「調書が検事局に廻れば多分呼び出しがあるだろう　それまでは家に居ればいいのだが此処からずっと行った方が事が早くきまりがつく起訴にはなるまい　大丈夫だと思うが起

訴猶予と言う処ではないかと思う」などと言はれた事を思い出して何だか変な気になる「少なくとも俺一人は長野まで行くんだな」と「いま数日居てもらいたい」と次席が言った　数日か？俺は今日にも出してもらえそうなものだと思っていたのに　そして子供等に雛人形の一組も買って行ってやろうと考えて居たんだ

夕方小平次席が来て神津牧場行きの一行及大体の模様に付いて書いてくれとのことだ　あの遠足が事件と何の関係があると言ふのだろう

三月七日　火　曇

十時過ぎ呼び出されて次席の前で聞く　調書に署名捺印した　第一より第四回までの調書全部で何冊あったか随分沢山だった

三月十日　金

俺はもう取調の用はないのだから宅控えにしてくれてもよさそうなものだ　今日出られるかと毎日心待ちにしている　明日駄目となれば明後日は日曜日で駄目十三日になれば丁度三週間だ　此の日あたりに帰れぬとすると検事局で起訴不起訴が決定するまで出されぬと言ふものか。いづれにしても俺は起訴などされるものでないことを自信している　不起訴か起訴猶予だろうがとにかく一度は検事の取調べを受けるものと思われる

三月十七日　金　晴　風あり寒し
十一時頃小平次席が来て又筆答書を書いてくれと言ふ
一　会同協議研究事項詳細（各会同毎ニ）
二　印刷物の内容（帝政廃止労農独裁政権樹立私有財産制度否認等を内容する記事）
三　目的遂行に対する運動方針
四　当時将来の目的遂行計画
こんな項目で書けと言ふのだ　どこまでも俺を陥れようと言ふのだな　また調書を作りなおして重く書かうと言ふのか　どこまでこちらを疑ふのだ　今度の調書が出来るまでに又数日を要する　俺は今月中は勿論出られぬな　体がまいってしまう　俺もすっかり気を落としてしまった

三月二十八日　火　晴
午前十一時頃呼び出された、別所柏屋の会合の日が前の調書には七月九日としてあったが河村（卓）君の方の調べによれば五月の下旬となっているとのこと会合の相違を正された　入署の時あづけて置いたものゝ中にある教務手帳を出してもらって学校暦をくって考へて見るとどうやら五月二十九日の日曜のことのように考へられたので五月下旬と直した、
午後も出た、第五回調書の会合の所の訂正と柏屋会合の時の委細及び高倉輝氏との関係について新たに調書を作られた　今日は小林元君も呼び出しがあって八月松本会議の時の帰りに持って来た？テーゼについて調べたとの事（小平次席の言）俺はそんなテーゼのことに付いては何等の記憶

もない　小林から報告を受けた事も少しも今は記憶して居ない

「他の郡の調べ方が段々後れてこっちの方が一番早くかたづいた」と言ふ「まだ手間とれるんですか」と聞くと「もう僅かです」と言う　そのもう僅かがくせものだあてにならないがこんどこそは本当にもう僅かのような気がする　もう長くはあるまいと思うと今日は楽々した気持ちになれた

五時頃呼び出され今日作った調書をプリントにして五通に押印を捺した、

四月二日　日　晴

朝洗面に出た時監視に来た千野さんは「どうしてこんなに手間が取れるのか」を聞いてみた「未だ南信の方がさっぱりかたづいて来ないから」と言ふ「ではこっちだけ先にかたづけてもらえないものか」「関係ある問題だからさうはゆかぬ」と問う「県の方へ話して見よう」と言ふ

小林君ももう三度も呼び出しを受けて尋問されているやうだ　県では非常に重大視しているやうだが　佐久の者等の関するかぎり何も大した事はないはずだ、何とかしてこぢつけでも俺を結局起訴まで持って行こうと言ふのか馬鹿げている起訴されるほどの事実が何もないのに起訴されるなんて馬鹿げた犠牲だ

四月四日　火　雨

午後三時頃　千野さんが来て宮下孝造と言ふ者を知ってか、今何処に居るか、河村がこっちに尋ねて来た　手引きをしたのだろうか、今何処に居るか、河村がどうして自分を知ったかについては

調書に書いてはないが愈々そんなことまで出さなければならなくなったのかと思うと胸がどきっとした。五年以前岩村田の小学校で一年間一緒だったことがある　親しい間ではあったが其後今日迄何等通信もして居らない　今何処にいるかも知らない　河村に自分を紹介したのは井出君かも知れない旨を答へた

四月二十三日　日　晴

（注　この間二日ほど体調を崩して医者を呼んで見てもらった）

今朝はもう体はすっかりいゝ　朝小平次席が具合はどうだな　なんて来ての話に「佐久は一番後回しにされる　組織された順に調べているからどうも早くて五月の中旬だろう」との事だ　まだ一月もほったらかしにして置かれるのかと思うと癪にさわる

四月二十四日　月　曇

九時半頃呼び出されて司法室で小平次席の調べを受けた四月河村に初めて会った以前及び其れ以後に於ける運動に対する自己の意識を鮮明に呼び起しておいてもらいたいと言ふことであった、外には殆ど雑談に時を過ごして午後になって房に帰った

俺はどうも大物のやうに想像されているやうだ　次席の話向きでは起訴せられるもののやうだ、今検事は南信に出張し伊那から順に調べている地区の番号順だからこちらが一番まはしになる　すると五月中旬になりはしないかと

岩村田へ出張して調べるか上田へ東信のものを一緒にして調べるかわからないが　貴所だけは代表的に起訴されるだろうそんなことを言はれた

四月二十五日　火　曇

午後一時司法室に呼び出され昨日作った聞取書の草稿を読み聞かさる　小平次席は「軽く書いた」と口癖のように言ふが自分の方から見れば非常に重く書かれているのでいつも困惑する

四月二十七日　木　快晴

午前に第六回調書に押印する為に出されたついでに　日光浴を許されて宿直室の日向で三十分程肌脱ぎで日光浴をした　硝子越でないと南向きの部屋への直射光は強いものだった　皮膚がひりひりと痛む　そのあと南の庭を散歩して房に入る　桜花はまだ一二輪開いただけだ

五月二日　火　晴後曇

午後一時頃呼び出された　二階の応接間で内務省警保局から来たと言ふ高等係りの調べを受けた、六時頃までの長時間に渡ったので非常に疲労した

五月三日　水　雨　夕方天気良くなる

朝八時頃から昨日の取調の続きが始まった　午後も二時頃出て八時迄　夕食後又出されて夜十二

時頃まで引続いて調べを継続された　始めからの調書を総合的に調べ直して第七回の調書を作製するのだ、しまいには体はすっかり疲れて頭がぼかんとしてしまった、十二時頃になってもまだ調べは終わらなかった　先に書き上げたのから順に千野氏が来てそばに書いている　彼氏もすっかり疲れたようだ　取調官の精力的なのには驚いた

五月四日　木　晴

八時頃出された　二階で写真を撮られた、帰って間もなく又呼び出され指紋を取られ、昨日の調書の読み聞かせをあちこちしてもらった　九時の汽車で長野の検事局に送られる事を知った　あまり突然で驚いた、写真や指紋で時間はとられる大急ぎで仕度をして漸く駅に飛びつけた、小平次席は駅に見送りに出ていた千野高等係と内務省から来た取調官と二人の付き添で検事局に出頭した

検事局に休憩中辞表を書いて千野氏に頼んで岩村田から出してもらうことにした、印行を署に置いて来てしまったからだ

午後陪審廷の二階評議室で東京から此度の事件の応援に来た中村と言ふ思想検事の取調を受け夕方長野署にあづけられた、

長野署には検束されたものが多勢あるらしく道場に畳を敷いて一畳づつにしきりをして大勢入って居た、煙草をぼかぼかやって居る監視の巡査と親しそうに話す道場内を自由?に歩き廻る冗談話をする今夜はまるで団体で旅行に来て旅館の大広間にでも宿泊してるような気分だ　夜は十二時頃まで検事に言ひつかった筆答書を書いた

五月五日　金　晴

九時頃検事局に出頭　中村検事の調を受けた　大部分筆答書によるものそのまゝであり　口答によるものもよく自分の述べたことの真意をつかんで整理して書いてくれた　調書は二回分にまとめられた　夕刻調べがすんでから検事と私的談話をした　起訴されるかどうか未定だ　多分よさそうの口ぶりだった、「実刑を受けるやうなことはないと思ふ」と検事の言った言葉から押して最悪の場合を考えても執行猶予だ

五月六日　土　晴

午前に検事局の呼出しあり　九時頃出頭午後二時頃署に帰った「昨日で調べは済んでいるが今日は自分は暇だしも少し書いてもらい度いと思ふこともあるから」と検事は言った、今日は主に長野県教労支部活動に対する俺の認識と其の活動の批判（若しくは自分の運動方針）であった

六月六日　火

朝先日依頼して置いた小包を送ると言ふからどうせ俺も近い内に釈放なり別荘行きなりきまるんだろうと思って出さないで止めて置く事にしたが　虫の知らせとでも言ふか不思議に午後検事局に呼び出しがあって帰されることになった　三時頃だった泰然検事局に連れて行かれたので「さて愈々今日だな」と心が緊張したものだ「何とかなるだろう」陪審廷の下評議室で待っていると川上検事が来た　まるで取付き所もないようなつんとした調子で訊問を初める　俺は変だと思った　今日何

も尋問する必要はあるまいにどう言ふ訳だろうと不審でたまらぬ「なんしろ起訴するが懲役は長いを望むか短いがいゝか」なんぞと変なもの、言ひかただ「これは起訴する腹でいるんだな　こうなっちゃ何も余計なことを言ふことはあるまい」と思ったので黙っていた、何を言はれても黙っていた、それでもの別れ　だが控室は帰って間もなく警察へ又帰れと言ふ拘引状も拘留状も出ない署へ帰っても不思議でたまらなかった　間もなく応接室に県の特高小林警部に呼ばれた「君さっき検事と何を喧嘩して来た」と聞く「いや私は別に喧嘩も口論もしたわけぢゃないですが」「でも君さっき検事局から電話があって君を起訴するが、も一度警察調書を作って出せと言ふんで川上検事はとてもおこっていたぞ　一体どうしたんだ君」「いや私が何か言えば言葉尻をつかまえてるもんですから私は黙ってしまったんです、黙っていれば又何故だまっていると怒るだが返事のしようもないです　そのまま別れて来ただけです」「とにかく君検事を怒らせちゃ損だ　詫びに行く方がいゝ今日のうちにも一度行って詫びて来る方がいゝぞ」そんなわけで俺は二度検事局へ行った　行って見ると此度は川上検事は出て来なくて別の人（望月検事）が出てきて「君此れを書いてくれ」と紙を出す　見れば受書の下書きに白紙だ　何ださっきまでのことは一体どう言ふ芝居なんだ？まあこうして釈放ときまった

署に帰ったら引取人が要すると言ふので即ぐには帰れない　電話で田口の家に知らせ父を呼び出して明日帰すと言う　問答して見たが駄目だ今夜も一晩宿る事にきめた今夜の監視に吉池春樹が来た　坂井で教えた子だ　釈放になるのを喜んでくれた

岩田健治に対する取調べは次のように要約できる。陳述調書の項目は記されているが、調書内容が外部に漏れる事のないように一切書かれていない。当然、「検閲」を経ての日記の内容である。一方、検束された教員の同志の実名が書かれているのには驚く。署内では周知の事実であるので、あえて実名を伏せておくこともなかったのであろうか。

検挙翌日の取調べで、昭和七年四月下旬に河村卓から教労の加盟の誘いがあった事を問い正されているが、当局は既にそうした情報をつかんでいたことを伺うことができる。何人かの取調べは「テロを受けた」とあり、拷問を受けたことが窺われるが、岩田については司法室での小平次席の尋問が主で、拷問を受けた形跡は窺われない。校長という立場もあったのだろうか。

高倉テル（輝）氏との出会い

三月十九日　日曜　晴

寝つきがおそかったのに今朝眼を醒ましたのは早かった　今日は差入れの着物が間に合ふだろうと思ってすっかり下着をぬいで寝巻だけになっていた。

午後三時頃六房に誰か一人入った、が間もなくそれは高倉輝さんであることがわかった、二月二十三日に上田署に検束された由、上小は三、四十名やられたが今多分二十一名居るだろうと言ふ、全国的の一斉検挙らしいとのこと

今日小諸へ誰か一人あづけられ高倉氏は岩村田へあづけられたそうだ　此の房は三室の間に自由に話が出来て愉快だ　高倉さんも話の出来るのを非常に喜んで居た

三月二十日　月　晴

眼の醒めるのはいつも早いが七時半頃起しに来るまでは蒲団をかぶっていて起きやうとしないのだ　格子を開けて三房とも話し合ふ　高倉さん昨夕食だけ自食の二十銭弁当だったが朝から官弁だ　竹内さんは十五銭弁当で松崎も官弁だから俺だけが一番おごったべんとうだ　俺も官弁にしやうと思う　上田は差入が一切許されないさうだ　弁当は塩の握飯小さなのが二つだけ腹がへってしかたがないとのこと、こちらへ来て毛布布団、弁当、牛乳菓子等の差入許されることと話の自由に出来ることで「監房中の理想郷ですよ」と言って高倉さんひどくよろこんでいる

三月二十一日　火　晴

風が朝から強くごうごうと空が鳴り硝子戸ががさがさ音を立てている

高倉さん　今日は蒲団を二枚入れた毛布もあるから寒くはあるまい　「神津敏治さんの方で僕が来たことを知ったから署の方へ知らしてもらうように頼んで置いたから多分二十日は差入があるだろう」などといって心待ちにしていた

昨夜は出てからお互は東京に行って出版方面に仕事があるから一緒に働かうと言ってくれた　全集か何か出版計画があるやうだ　どうせ俺も文筆生活に入るつもりだからいづれ東京には出る　而ししばらくは田舎にいて沢山何か書いて見ようと思う　論文にしても創作にしても今日までのプランは一通り田舎に居る間に書き上げやうと思ふ

三月二十三日　木　朝雨

昨晩は夜半から雨になった　湯に入っていい気持でよく眠れた、四時頃は眼が醒めた　蒲団の中で小諸に移転してからのことを色々考えて見る

青柳盛雄弁護士は東筑の坂井村出身ださうである、年は三十七、八だと言ふから俺が坂井に居た頃生徒だったろうと思ふ　布施辰治氏の門下ださうだ（高倉さんに聞く）

三月二十五日　土曜日　曇

昨晩蒲団を入れたのは九時頃だった　それから高倉さんと語って十時過ぎに眠りについたが、今朝は五時頃に眼が醒めた　早く醒めるのが習慣になったやうだ

弁当の飯の少ないことを皆こぼす　高倉さんは腹をへらすやうだ　もっと量をまして来るやう高砂に交渉方を小浜にもたのみ　又竹内さんが今日診察に出た時丁度高砂屋の女中が来ていたので話したさうだ、官弁にしてから菜が悪るいが栄養上は差支えない繊維質の菜が多いことがかえって体の為にいゝと思ふ

三月二十六日　日曜日　朝曇

朝洗面に出た時には雪が少し飛んでいたが間もなくやんだ　雪どけの水が屋上からぽちぽち落ちる音がする

午後五時頃突然上田から又高倉さんの迎へに来た　とうとう行ってしまった

朝夕のよい話し相手高倉さんが来てから非常に心強く思っていたが行ってしまった「童話のプランが今日は五ツ六ツ出来ましたよ」など言って居られたが上田へ行って今頃どうしているだろう待遇がこっちに比べて随分ひどいと言ふからせっかくこっちでのんびりしていたものを又苦労されるだろう

昨日書いた妻宛の端書今日出した（馬場氏に頼む）

三月三十日　木　晴

（妻への手紙）

高倉さんと一週間同じ所で暮らしたことは何といっても不思議なことでした　日記には細かくは書きませんでしたが十九日から二十五日迄随分色々な話をしました　高倉さんは体が大きいのでお腹をすかせて困っていたが今は上田でどうしていることか　まだ長野には行くまい　高倉さんは早く長野へ行くやうになる事を待っていました。なにしろ大した元気でしたよ　私もそれ以来元気百倍の感があります

高倉輝との出会いはこの日記で初めて知ったことであり、一週間ほどの「同じ釜の飯」の親しい様子が述べられている。高倉は二月二三日の全農の一斉検挙で上田署に検束された。当日は上田小県地区だけでも二五人が一斉に検挙されたことから、長野署や岩村田署に振り分けられたのではと思われる。

家族への想いと未来への確信

二月二十八日　火　晴

朝の七時半の中信毎日社の始業の鈴　電気会社の正午のサイレン　夕方五時半の中信毎日社の終業の震鈴が房内の時計だ　小使室の時計の鳴るのは耳をすましていると聞き取れるが　よく注意をしていないと数を聞きちがえる　午後になると西の高窓―巾二尺五寸　高さ三尺五寸位―から日光が入る　それが北側のコンクリートの壁に斜に射して細長い稜型の窓影がうつる　そしてこれが段々移動するのだ　日影の端が南側のコンクリートの壁にちょっとかゝる頃が四時だ　すっかり窓の四角の影が南側にうつってしまうと五時だ　南側の高い所にも空気ぬけの窓が金網ばりになってあるが　日影が丁度それと向ひ合ふ頃になると間もなく日がかぎる　あたりは段々薄暗くなって来る　豆腐屋の鈴がチリンチリンと街を通る頃から空腹を感じ出す　夕食の差入れが待ち遠しくなる

夕食は大概六時半頃来る　明るいうちに来ないと真暗の中で手さぐりで食わねばならぬ　年とった方の小使は温和しく親切心があるが若い小使の小僧ときたら気に食わない　弁当や湯を持って来る時何時も「ホレー」とやらかしやがるんだ　留置所係りの馬場巡査は温和しくていゝ

夜は退職後の住所や仕事などについて色々な考えが脳裏を往来する

○吾がなせしこと今しらず吾が子等は後に至りて悟るなるべし

○世の毀誉に恐る〻ことなく一日の名誉を捨てゝ永久の名誉を追ふ

三月一日　水　曇後晴

世は春と言ふに此処は寒い　街には春駒（獅子舞）の太鼓の音が賑やかにはやしている　節句も近づいたに子供等にとっては今年は何と言ふ不幸の年だろう　而し妻も気丈夫に子供等の世話をしていてくれるだろう　妻は気がやさしすぎて俺はそれを思ふと可哀さうになる　だがこれから益々しっかりせねばならぬのだ　人生唯安易に夢の如く過すことが生きがいあると言ひ得るか？俺は今まで幸福過ぎたのだ　これからが本当に俺の試験される時が来たのだ

三月三日　金　薄曇り

十一時四十分頃　原君が学校の事務上のことで面会に来てくれた　事務室の署長の前で面会した支払原簿と請求書の事だけだった　その時原君から二十三日付けで休職の辞令が出て居ることを聞いた　万事窮す！

今日は三月三日だ　桃の節句だと言ふにうちの子供等は何とつまらない節句を迎へたことだろう俺が家に居たら節句らしい楽しさも充分味わへるだろうがな　餅位はそれでも搗いたろうか？

三月十二日　日曜　晴

次席が来て手紙を差し入れてくれた　妻から来たのだが外部のこととなれば風の音でもなつかしい監房の中で　家からの手紙が見れるんだ　こんな嬉しい事が又とあろうか！その嬉しさを表わす言葉を知らぬ

早速封を切って読む（不思議に封も切らずに入れてくれたのだ）

一行と読み進まぬうちに胸が込み上げるようになって眼が涙で暗んでしまう　暫らくして又読みつゞける　又涙の為に字が読めなくなる　おゝ妻よ　おゝ子供等よ―手紙を読み終はるまでにどの位時間がかゝったことか

入監以来二十日になるが少しも弱音などはいたこともなく気が張り切っていたのだが子供等や妻がむやみと懐かしくなってすっかり涙にむせんでしまった

子供等のことでは妻一人に苦労をかけてすまない　無邪気の子供等にこん度のことが及すであろう影響　親としての子供等にたいする変化など考へられて「すまぬなあ」など思はれて悲しくなる夫婦の情　親子の愛にはかくまで引かるゝものか

而しセンチメンタルの虜となる勿れ情に堕せず　意思に生きよ　温情よりも熱情に生きよ　小我を捨てて大我を生かす　身を殺して仁をなすと言ふ古語もある

（中略）

一体俺のしたことが何が悪るいと言ふんだ　全くわけがわからぬ調らべは来て三日程ですんでいる　もう用はないはづだ　ほんとに唯何もするでもなし　高い弁当を三度三度買って食はされてこんな所に押し込められているなんて　こんな馬鹿な話があるものか　文化運動　教育革新運動　それの何所が悪いのだ世の進歩と共に歩み　世の文化と共に進まんとする所に教育の意義がある　進歩のない所発展のない所に若き生命の教育が置かれるか

おほ時代は恐ろしい反動だ

小平次席は言った「先生の言ふ通りなら何も悪るいことはない　猶い丶事をしたに過ぎない　あれだけの本を読まれたあなたが唯それだけと言ふはづがない　まあ読書はしたっていいのだが　運動に入っちゃ何ともしかたがない」

だがその運動とは何の事だ　革命　共産党　俺は何等そんなことに関係ない　単なる文化運動がどうして治安維持法に引っかかるのだ　秘密運動だと言ふその秘密とは一体何だ　教育者仲間が教育上の論をする為に公全たる会合の外に三、五と個人的に会合する誰か世間に発表なり通知をして会合してるか　同志数人の会合　先輩宅に集まる数人の懇談会　それがどうして秘密運動か?

俺が社会科学の研究をしている者であるが故に其の者の所で会合しても　その者が会合に加わってもいけないなんて其んな馬鹿げたことが言へるのか　会合の性質　運動の性質をよく調べて見るがい丶　文化同盟　新教との関係があったことが何が悪るい　新教の背後に全協の力が働いていたからって　新教に関係したものが全協の運動をしたとどうして言へるのだ

なにしろ俺も早く出たい　他の諸君の復職について心配してやらなければなるまい多分休職になっているだろうから　自分の身のふり方だって同じだがなにしろ三月の内に高瀬を引き払はなければならない

三月十六日　木　雪

朝から外は雪のやうだ　招集日で高瀬の駐在河原田氏が来たついでに房をのぞき込む「何か伝言はありませんか」「体のことを奥様が心配しています」と言ふ　何か頼んでやりたいと思ったが　突

然だったので何も考へつかなかった「達者でいると言ってくれ」そんなことを言ふより外なかった

「小さな山村で僅かな一益を行ふにさへあらゆる迫害と誘惑とを覚悟しなければならない　況や全世界の前に天下の大事を行はんとするに於ておや　常住不断敵前にある時の緊張と勇気とが　すべての道徳の根底である」ジョージ・クレマンソー

三月二十七日　月　雪雨

今日迄俺は雑多な知識のみ多く得た　雑駁な知識は何の力にもならない意思の力、断行の力が必要だ　信ずる所に向かって邁進する、世と共に生きる者は世の大衆の苦しみを苦しむのだ　仕事をするのは意思の力だ　偉大なる意思の力こそ偉大なる仕事をするのだ

四月二日　日　晴

午前に田口の兄と妻から手紙が届いた　兄からは端書で三十日に中込の小林くまさんの家へ移転した簡単な知らせだ　妻のは封書でやはり移転した知らせだった　妻の手紙によると二十五日に引越しの相談が出来て三十日に愈々越したと言う　小林くまさんと言えば田圃の水車屋じゃないかしら十畳に八畳に小さな勝手があればまあ住める　荒れはてた家と言ふが高瀬のモダーンな家からそんな所ではあまりに急転直下の落ちやうに子供等も驚いたことだろう　静子が高瀬の方がい丶と言って家の中に入らず夜になっても寝付かなくて困ったとあった。子供等に気の毒な気がする　而しそれも又かへって子供等の修養になる

新居は学校に近いし母の実家に近いから何かにつけて便利であろう　何も気を急に落とすことはない　これから俺の運命は本格的に開けると言うものだ　行きつく処まで行けばこれから希望ある世界が展けて来るのだ　一時兄弟や親等に心配をかけるのは止むを得ない　又来るべき時の希望を以って恩に報ゆるまでだ

敏子やすみ江等は中込の学校へ出る！懐かしい中込だ　十年昔の古巣　俺も妻もあすこで教鞭を執ったものだ　そこで我が子供等が学ぶことになる運命のいたづら　不思議の感に堪えない

四月十四日　金　晴

田口の祭りは今日からだったやうな気がする　いつも二十三日の氏神八満様の祭りの頃は岩崎観音堂の上り口の老梅の花が開口なる　今頃まだ蕾はかたい丈だろう

自分の家族を持って妻子があるやうになって見れば親等の事を思ひ出す前にいつも妻子のことが先ず心に浮かぶ　而し少年時代の記憶を呼びさますと　両親や兄弟等の事が頭にうかんで　さぞ心配しているだろうなあ　すまないなあと思ふ　齢とった父や母が俺の身の上について　どんなに心を痛めているのかを思ふと　早く此処を出て健在な顔を見せて安心させてやりたい感じが胸一ぱいになる　警察へ検挙されたなど言へば一づに世間態が悪るいとか恥ずかしいとかの感じを持つのが普通かも知れないが　自分の此度のことについて肩身をせまくするなどのことがあってたまるものか　むしろ自重して時代の前衛たる苦難を甘受しなければならない　歴史の正しい担い手としてかた端に参加することをよろこぶべきだ

五月十八日　木　晴

休憩室の西窓から直ぐ街の大通を通る人等が見られる　道の向ふは付属小学校の雨天体操場だ　子供等の戯れ遊びのさはぎが毎日手に取るやうに聞こえる　たまには俺も学校のことが思ひ出される　もう俺は教員ぢゃないなど思ふと妙に淋しくなったりなどする　同室の連中も皆俺を先生先生と呼ぶが考えて見れば俺はもう先生ぢゃない　これから俺の職業―生活の基礎―はどんなものになるのか□はまださっぱり考へもつかぬ出てからゆっくり考へることだ

もうそろそろ躑躅や藤の花が咲き出すだろう　その花の散らぬうちに出されさうなものだ　何を土産に持って行かうか　子供等を皆喜ばせてやり度い

岩田の日記には、家族への深い思いやりと同時に自ら進めた文化運動、教育革新運動への強い信念がうかがえる。

第四節　信濃教育会の対応

岩田は、懲戒免職という最高の行政処分により職を失う中で、休職処分となった後輩たちの復職のために内務省にまで出向いて陳情活動をした。一方で青年教員の大量休職・免職に対する教育関係者の対応はどうであったのか。研究者の前田一男は「なぜ信濃教育会は検挙された教師たちを擁護できなかったのか、検挙された教師たちと信濃教育会への根本的な批判は何だったのか、たった

9年間の間に対立点がいかに生まれどのように先鋭化していったのかは、丁寧に分析されなければならない」と問題を提起している。（『長野県教員赤化事件「二・四事件」に関する研究（1）』七五頁）

この時期に日本の教育界、長野県では信濃教育会はどのような動きをしたのか見ておくことにする。一九三三（昭和八）年二月四日に始まる二・四事件から遡ること四年、一九二九（昭和四）年は金融恐慌に続く世界恐慌により国内経済は瀕死の状態となり、農村では繭価の暴落により「恰も革命前に於ける如き状態」となった。政府は共産党や社会主義団体に三・一五（昭和三年）、四・一六（昭和四年）と弾圧を加え、運動の沈静化を図った。

また、文部省は一九二九（昭和四）年八月、教化総動員運動を開始し、教化団体を組織しその奉仕活動により、精神主義で思想面・経済面の国難に対処しようとした。長野県ではこの教化運動を推進するにあたり、同年九月一一日「長野県教化事業協会」を設立した。目的は、文部省方針に則り「国体観念を明徴にし国民精神を作興し、経済生活の改善を図り国力を培養する」というものであった。信濃教育会はこの協議会に加わり、内務省、警察、学務部長が一体となり運動がすすめられた。信濃教育会が中心となっている信濃海外協会の活動写真巡回展など昭和恐慌期の思想教化運動がすすめられた。信濃教育会はその後、思想講習会を各地で開催し、思想対策を開始した。

一九三一（昭和六）年九月一八日の柳条湖事件に始まる中国侵略の開始により国家主義、軍国主義の勢力は「満蒙の危機」の宣伝を強め、戦争熱を煽った。

長野県内の国家主義団体は、国粋会、愛国勤労党、信州郷軍同志会、信州皇民同盟などが帝国在郷軍人会と共に「対満強硬」の空気を醸成していった。県内最大の国家主義団体の信州郷軍同志会の南佐久連合支会は四〇五人、北佐久連合支会は二六〇人で相応の影響力を持っていた。新聞論調は、対満州政策について満州事変前は冷淡なところがあったが、「中国軍による南満州鉄道の爆破」という「卑劣」な事態に直面して侵略戦争肯定論に突き進んで行った。

信濃教育会は、一九三二（昭和七）年六月に在満軍隊の慰問を兼ねて第一回満蒙視察団を派遣し、「満蒙が我が国の生命線たるの所以を確認」したとする侵略戦争肯定論を展開した。これがその後の満蒙開拓青少年義勇軍送出日本一に大きな役割を果たすことにつながっていく。

信濃教育会は第二章で述べたように、大正末期の川井訓導事件を契機として県当局と妥協が成立し、昭和初期の深刻化する恐慌下においても人格主義を会の思想的支柱としていた。「この信濃教育会の教育観にたいして、慢性的な不況と大恐慌に破壊された農村のなかで欠食児童（一九二九年の県下の欠食児童二千名）や身売りされていく少年少女を受持つ青年教師が、この信濃教育会にするどい批判を加えていくのも当然であった。彼らは、自分自身も給料不払や削減という生活上の困難に当面しながら、一方では政治の腐敗、頽廃的文化の瀰漫、ファシズムの台頭等を日々の新聞、雑誌によって見ており、大きな疑問を感じ、いかにすべきかを考えはじめていた。」（『長野県教育のあゆみ』一一三頁）

また、欠食児童、教員給未払いなど農村の窮乏化と地方財政の危機という困難のなか、信濃教育会は一九二九（昭和四）年、会館建設を強行した。こうした状況から長野県における新興教育運動は、信濃教育会に対する教育支配体制への闘争という位置づけであった。信濃教育会や郡市教育会の幹部は、中心校の校長が会長になるというような慣習があり、青年教師の意識との乖離があった。

教労・新教の信濃教育会に対する闘争方針は次のようなものであった。

「信濃教育会並びに郡市部会に対する斗争

教労長野支部のスローガンとして『支配階級と結託せるブル的教育会に反対』の一項を加えたるが如き信濃教育会を以って官製教育会なりとし県下教育層に於ける一切の不平不満を圧殺し新興教育の萌芽に対して重圧を加ふる完全なる反動団体とせり、而してその不満とせし事項を見るに、(1)機関紙『信濃教育』は徒に時勢に疎き論説を掲ぐるのみにして刻下に於いて最重要視せらるべき社会問題経済問題に無関心なり之新進教育者を指導するの資格なきものの致す所なり。(後略)」(『抵抗の歴史』一七〇頁)

また、新教諏訪支部書記局の発行した『信濃教育諏訪版』では、「教育会のなしている仕事と一般教員との要求との距りを明確にして以て会長のみならず幹部の選挙の必要を痛感せしめること」「信濃教育会民主化闘争をしよう」との方針を示している。このような信濃教育会に対する対決姿勢が、二・四事件以後の信濃教育会の事件対処方針に影響を与えないことはなかった。

信濃教育会が二・四事件についてどのように論評し、「事件に対応しているかを雑誌『信濃教育』で追って見る。

○昭和八年三月号の彙報で早くも、次のような論評を掲載している。

「本県教育界に於ける不祥事件

近く新聞紙上に伝へられた本県教育界に突発した某々事件は、実に我が信州教育界に於ける大不祥事であり、前古未曽有の重大事として何人も愕然として色を失ひ、戦慄をさへ禁じ得なかった。其の事の真相は未だ筆にすべく明らかにし得ないにしても、兎にあれ多年幾多の先人や偉材の力によって築き上げられて来た光輝ある本県教育の歴史伝統に黒々と一大汚点を印した事は、吾れ人共に慨嘆痛大息を禁じ得ないものがある。監督上その善後処置等については専ら当局の力に俟つべきであるが、教育界自体としては此の際一大猛省と徹底的覚悟とを以て之等汚点の洗滌と共に、斯る不祥事の再現を見ぬよう、挙県一致の力によって其の根絶を期さねばならない。」(『信濃教育　昭和八年三月号』一二七頁)

二・四事件は、労働者・農民・教員などが二月四日から一斉検挙された事件であり、事の大きさと広がりから二月二二日には事件報道差し止めの措置が取られた。報道が解禁になったのは七カ月後の九月一五日であった。『信濃教育』三月号の論評は、県民にもまだ事件の内容が判明しない時点でのあまりにも早い対応であった。内容も「大不祥事」、「色を失ふ」、「戦慄」、「一大汚点」など、信濃教育会は新教・教労の教師が治安維持法により不本意に検束されたにも拘わらず最大級の悪罵を浴びせている。そして挙県一致してその根絶を訴え、彼ら青年教師を切り捨てる考えを示した。

○昭和八年五月号で、信濃教育会が赤化の源流などと風評される中で、県当局と同会との同一歩調を取り始めた経過について、次のように振り返っている。つまり、大正期の自由教育が叫ばれる中、「梅谷知事の誠意に富まれたお考へから県学務部と教育界の代表者(各郡市三四名宛の)との間に懇談会が開かれ、その後福島学務部長、沼越学務課長等の公正な御指導によって以後斯かる忌はしい問題は何時となく忘れられていったのであります。」（『信濃教育』第五五九号六頁）同会が県当局と蜜月の関係であったことを示し、「赤化分子との関係は一切ない」との説明に苦慮している。

○昭和八年六月一七日、一八日信濃教育会は総集会を開き、参謀本部中佐武藤章、帝国教育会鎌田栄吉が「国際関係と日本」「国際連盟脱退後の日本と教育者の心得」と題して講演をした。そこで次のような「時局に関する宣言」を採択した。

「宣言

現下我が国内外の情勢は実に未曽有の世変を告げ重大なる局面を展開するに至れり　正に是れ挙国振張の秋特に教育に従う者の使命愈重きを加ふ　曩に国際連盟離脱に際し畏くも　大詔を渙発せられ国民の嚮ふ所を垂示せさせ給ふ　聖旨宏遠寔恐懼感激の至りに禁へず　然るに近時教育界に於て国民教育の根本を破壊せんとするが如き事変を現出するに至れるは誠に痛歎惜く能はざる所なり　（中略）　非常時日本の教育に渾身の努力を傾注すべく左の綱領を宣言し其の実現を期す

一、国体の大義を闡明し国民の信念を確立すること

一、一層敬神崇祖の念を喚起し日本精神の神髄を発揮すること

一、世界に於ける我が国の地位と使命とを自覚し興国的精神を発揚すること

一、本県教育の伝統的精神を砥礪し其の伸張に努ること」

昭和八年六月十六日

信濃教育会

（『信濃教育』昭和八年七月号巻頭頁）

この宣言により信濃教育会は、「非常時国民運動」の中に国体の大義を掲げ、政府の教育政策に全面的に協力する方向に転回していった。

○『信濃教育』昭和八年六月号の「編輯室にて」の編集委員の声として、「悪化教員の転向撲滅は是非やらねばならぬし、今後も絶対に出さぬ様、健全な空気をつくらねばならぬ。」としている。各編集委員の発言も「教員の悪化」「悪化教員など」と罵り合っている。当時、雑誌の編集に携わった信濃教育会の守屋喜七主事は、事件について「恐怖すべき教員思想事件を勃発し、信州教育の伝統に一大汚点を印すに至った」との評価を回想で述べている。

○記事解禁の九月一六日、信濃教育会は、次の声明を発表した。

「国民思想問題は国家の将来に関する教育上重要問題であるは言を俟たないが我が信濃教育会としても我国民精神の宣揚に関しては宣言などを行ひ加ふるに精神的理想主義に基調をおく全人格教育に重きを置くべく高唱し来つた上に更に当教育会館落成後は年々思想講習会を継続開催して教育者の修養に資すると共にひいてそれが地方青年の教化指導に貢献し得る様に其歩を進めつつ来つたのであったが何ぞ○らん今春本県教育界に於いて我が教育者中から不祥事に参加したものを出したことは本県教育界未曽有の出来事として驚かずには居られない許かりか本県教育の歴史を汚し国民教育の根本使命を無視した点のあるを思ふ時真に重大問題として痛大息を禁じ得ないものがある。（後略）」（『信濃毎日新聞』夕刊九月一六日付）

○昭和八年一一月号では臨時大会について掲載されている。大会は一〇月一四日、一五日の二日間にわたって松本中学校講堂で開かれ、両日共に千五百名余の参加者であった。臨時大会で会長の佐藤寅太郎が挨拶をしている。

「本年の最初に起きました所の我が教育界の思はしくないことは洵に千載の遺憾でありまして、私共は恐懼戒慎、唯慚愧に堪へない次第であります。此の失敗に対しては、これは失敗を致した人達の責任計りではなく全信州教育界の責任として、全信州を挙げて此の失敗を償ふというところの覚悟がなくてはならないと思います。」

佐藤会長は、事件を「思はしくないこと」「此の失敗」として取り上げ、信州教育の外部からの批判について遺憾を表明し、信州教育者の特質について述べている。最後に自身の道徳観について「日本では万世一系の国体が東洋道徳即ち中と結び付いて居る所に特異の点がある。」と述べ、信州教育を更生していく決意を表明している。大正期の自由教育運動は国体護持、教育勅語を頂点とする国家主義教育の掌中での改革であった。

前述の信濃教育会の臨時総集会式次第では「午前十時、振鈴の合図と共に一同着席、君ケ代の合唱、勅語奉読ののち、佐藤会長開会の辞を述べ……」と記述されているように、国体護持が「本県教育の伝統的精神」となっている。このことは、一九三三（昭和八）年三月、満州国承認を巡り日本は国際連盟を脱退したが、信濃教育会の基本姿勢は守屋喜七の「感想一篇」に端的に表現されている。つまり、「帝国が国際連盟を離脱するに際し、畏くも御詔書を渙発あらせられ、帝国の嚮べき方針並びに今後に処すべき国民の心得を昭示し給はれたことは、洵に恐懼感激の至りであります。」と、国際社会からの孤立化を大歓迎している。

信濃教育会のこのような権力への屈服の姿勢は、二・四事件が大正期の自由教育運動と全く性質が異なっており、「治安維持法違反事件」であったことによる。

治安維持法は、「特定の結社を取締る法律」として大正一四年に制定され、共産主義思想や無産主義思想に特化して結社規制をした。特定の政党名でなく、「国体を変革することを目的とした結社」を取締りの対象とした。その後昭和三年には最高刑が懲役刑から死刑を科せるように改悪された。同時に、「結社目的遂行行為の罪」が新たに規定された。

第五十五帝国議会における治安維持法改正案の提案理由説明の中で、原嘉道司法大臣は、次のように述べている。「殊に未だ結社に加入いたせぬでも、結社の目的を知って之が遂行の行為を為しまする者も、亦加入者と等しく処罰致しませぬければ、到底斯る不逞の企画を防止する事は出来ないのであります、是れ政府が治安維持法第一条の改正を必要とした理由であります。」(『治安維持法と長野県』三八頁) 原は、長野県須坂市の出身で、三・一五、四・一六事件で司法大臣として指揮を執り、治安維持法強化の功績などにより枢密院議員になった。

この規定が思想検事や検察官、特高警察の自由な意思による解釈を生み、「教労・新教の教師たちを弁護し擁護したならば、信濃教育会も同罪である」という恐れを感じさせた。したがって、信濃教育会のいずれの幹部の発言も事件の検挙者を「悪化教員」「異端分子」等として対立する立場に追いやってしまった。会としての声明も国体擁護を明確にして「目的遂行行為」の加担から逃れている。

信濃教育会の事件発生時からの一連の対応について、教育史研究者の伴野敬一氏は、次のように述べている。

「これらに特徴的なのは、マルクス主義に対抗しようとするあまり、きわめて意識過剰な精神主義の強調と、信州教育の伝統である理想主義や人格主義、教員の自主・自由尊重の姿勢までを、性急に排除しようとする清算主義的な反応である。」（『信州教育史再考』二三二頁）

信濃教育会のこれまでの存在は、大正期の自由教育の伝統である「教師の『教育する権利』を主張してゆずらず、教壇から追放されたり馘首されたりした教師の復職運動にも信濃教育会は尽力し、多くの成果を勝ち取ってきていた。この伝統の上に、長野における新興教育運動が展開されたのである。しかし、この運動の教師たちに対する大弾圧は、新興教育運動ばかりではなく、この自由教育の伝統さえも奪いとってしまったのである。」（『新興教育運動の研究』二一三頁）

信濃教育会の会長を長く務めた佐藤寅太郎と主事の守屋喜七は、事件の翌年の昭和九年四月にその職を辞している。

第五節　二・四事件が「教員赤化事件」へとフレームアップ

全国紙の戦争報道は満蒙政策の破綻とそれを回避しようとする満州事変を契機に「満蒙独立、満州事変容認」に舵を切った。

振り返ると、南満州鉄道（満鉄）は日露戦争後の一九〇六年に設立されて以来莫大な利益を上げ、二〇年余に渡り、満鉄コンツェルンとして成長し続けてきた。一九二八（昭和三）年七月、中華民国は国民党による国家統一がなされ、満州は蒋介石と張学良による国民政府の支配下におかれた。国民政府は日本や米英に不平等条約の無効を宣言した。一九三一（昭和六）年春、中国の国権回復運動は満州における日本の利権の回収を具体化して来た。「満蒙はわが帝国の生命線」とする軍部は断固たる対満政策を求め、右翼団体と結束を固めていった。

この頃『東京朝日新聞』は「満州問題が軍人の横車に引きずられて行くを許さぬ」（一九三一年八月五日付）と論じている。この記事が在郷軍人会や満州青年連盟の怒りを呼び起こし、不買運動が広がった。以後、『東京朝日新聞』は九月一八日、満州事変の発端である柳条湖事件が発生すると、わが生命線の満鉄線路を中国は不法・卑劣にも破壊した、この攻撃に対する関東軍の行動は正当防衛であるとの論陣を展開した。そして、一〇月の重役会議で満州事変を支持する決定を出し、以降は軍を批判する記事は一切掲載されなかった。

地方紙も同様に戦争を肯定し、在郷軍人会は各地域で住民を排外主義へと動員していった。それまでは軍部に批判的だった『信濃毎日新聞』（主筆は桐生悠々）も満州事変における関東軍の行動を支持した。そして、満州からの撤兵を求める国際世論を批判して国際連盟からの「脱退やむなし」の世論を作り上げていった。

『信濃毎日新聞』の過熱報道

二・四事件に関する『信濃毎日新聞』の報道を追ってみる。第一次検挙翌日の一九三三（昭和八）年二月五日付夕刊では、二面トップで「南信一帯へ検挙の手」「全農派の十数名今暁総検挙さる」「全協系繊維労働再建を狙ふ一味」の見出しで弾圧の状況を報道した。教師に関するものは中段に「目星を付けられる小学校教員二名」とあり、全農・全協の一斉摘発の中に「浮かんできた」程度であった。また、五面には一段見出しで「高嶋校の教員検挙」「これで教員三名」と報道した。

七日付では、「第二次検挙で教員六名引致」と教員名は仮名で掲載した。

ところが一〇日付になると五面、五段抜きで「赤色教員狩り愈よ急」「突如、北信各校に飛火」と検挙の状況を報道した。初めて「赤色」の見出しが現れた。

一三日付では五面トップで「赤色教員狩拡大」と囲み見出しで赤化教員狩りをセンセーショナルに報道した。以後、「教員の赤化事件検事正重視す」「赤化教員の取調埒あかず」「教員赤化事件検挙つづく」「女教員の赤化」など連日の紙面で「赤化」を報道し続けた。

そして記事掲載禁止の前日の二二日では「赤化教員事件底知れぬ拡大ぶり」と大きく報道した。

このような報道が国際連盟脱退を支持する記事や中国の熱河省侵攻攻勢の記事と共に掲載され、「戦争支持」の世論が形成されていった。

また、『信濃毎日新聞』の社説である「評論」欄では検挙の状況が未解明である二月一四日付で「マルクシスト教育者」と題した論説を掲載した。マルクシズム思想や左翼思想が「燎原の火の如く蔓炎している」との批判に続き、

「教育者が、特に義務教育の任に当たる小学校教員が、現今に我長野県に於て見つゝあるが如く、しかく少なからず、これに走っているのは、捨て置き難き現象といわねばならない。我国体から見て、その伝統的道徳の宣伝が、仁義忠孝のそれであらねばならないのに、全然これを無視して、

階級闘争の宣伝たらしむるが如きは、特にこれを以て、児童の白板を汚すに至っては、言語道断である。自我肯定と服従との二要素こそ、国家、社会の存在を保障する本能であるのに、そして児童は最も美しく、この二要素を発揮して、おのづからその小さい社会を組織しているに拘らず、これに抵抗の、進んでは、叛逆の心理を注ぎ込まんとする教育者は、厳罰に処すると共に、その一切を挙げて、これを教育界から除草すべきである。」

この「評論」では、教労・新教の教師たちをマルクシストと名づけて国体を無視しているとしている。教師たちの教育が「児童の白板を汚す」とののしり、これらの教師を厳罰に処して教育界から「除草すべき」と声を荒らげている。教師たちのどのような教授法や行動が問題なのかの指摘は一切なく、問答無用の論評で児童の父母や県民を不安に陥れている。

二月四日からの左翼団体の一斉検挙は、県特高課と内務省等との打合わせの上での検挙であった。当局の資料では、四日の共産党・全農などの検挙者が六三名、教労・新教関係者が二四名となっている。四日以降、この「評論」の掲載された前日・一三日までの九日間の教労関係の検挙者は一一名であり、全農等の検挙者に比べても少数であった。検挙者の内訳については「教労関係検挙者約二三〇人のうち県特高課自体が『参考呼出し』としている者が三九人、即日釈放者四八名で全体の約四割が容疑がはっきりせず、或は容疑が殆どなくても検挙されたことになる。」(『治安維持法と長野県』一七五頁)

しかし、『信濃毎日新聞』による連日の報道は、二・四事件が「長野県教員赤化事件」として全国的な事件に仕立てられていく先導役を担っていた。

県民の反応では、事件報道の過熱ぶりに諏訪町村長会では「児童への影響を考慮して」軽挙妄動を行わず、慎重に行うことを申し合わせている

反マルクス主義に貫かれた『評論』子は事件の本質や狙いを掴むことができず、二月一六日の「評論」では「ゼキール博士とハイド型の教育者」と題し最大の悪罵を並べ立てている。その一部を掲載する。

特に社会の複雑にして、微妙なる関係や、事情を知らず、そして、感受性、被示唆性の最も強き時代の青少年を指導する教育者にして、思想を弄び、自家の不平そのものを青少年に投射して、純白なる彼等の感情を冒涜せんとするに至っては、言語道断と言はねばならない。特に況んや、義務教育、初等教育の任に当るものが、これを敢てして顧ないに於てをや。純潔殆ど神の如き児童の心理に、現の世の穢はしい階級的思想などが、芽生えやうはずがない。にも拘わらず、強ひてこれを植えつけやうとする彼等の暴行は、少女を凌辱して、これに黴毒を感染せしむるよりも更に憎むべき行為といはなければならない。しかも、教育国を以て誇っていた本県に、これを誇としていたればこそ、私たちが、人間に有り勝ちな一切の弱点を□想していた本県の教育者に、この種の暴行者を、しかもかく多数に発見するに至っては、文字通りに、開いた口が塞がらない。

彼等はいふところの二重人格者である。変態心理学者である彼等は教壇に立ちつゝある間は、ゼキール博士であるけれども、一度これを下れば獰猛なる悪漢ハイドとなる。否、教壇に立ちつゝある間に於てすらも、彼等の或者は児童をして革命歌を習はしむるのみならず、甚しきに至って

は、我にユニークなる支配者を征服者なりと公言して憚らなかったといふに至っては、それはもはや治安維持法を以て律すべきものではなくて、まさに刑法第二編第一章の罪に該当する。私たちは、固よりさうした不敬の事実あったことを信ずるものではない。そしてこれを一片の風説に過ぎずと確信するものであるけれども、近時本県の教育界に於て、御真影紛失事件が、しかく頻々として起こりつゝあったことに想到するとき、そこに多少の疑を挿まざるを得ない。

だが、それは極端の場合に過ぎない。従って、私たちは、これについて、多くを言はないであろうけれども、本県の教育界に於て、他府県の追随を許さないことを以て誇りとしていた本県の教育界に於て、ゼキール博士とハイドとを使い分けるものゝ、しかく多数を発見したことに、兎にも角にも、一驚を喫せざるを得ない。しかも、これを敢えてした教員が、児童の面前に於て、拘引し去られたことは、如何に教育者に対する児童の信任を失墜せしめたであらうか。一たび思ひをここに走するとき、私たちは驚愕するよりも、寧ろ戦慄を禁じ得ないものである。児童は、平生、彼等をゼキール博士として尊敬していた。然るに、何ぞ知らん、それは悪漢ハイドであったことを経験するとき、公私共に、ゼキール博士たる良教員も、またこれが為に疑われはしないかと思ふとき、この事件が児童の心理に及ぼした影響は、実際戦慄に堪へないものがある。

マルクシスト教育者の次は二重人格の「ジキルとハイド」を持ちだして教労・新教の教師たちに悪罵を浴びせている。稿を重ねるうちに自ら酔ってきたのかついに「もはや治安維持法を以って律すべきものではなくて、まさに刑法第二編第一章の罪に該当する。」と主張している。同法同編第一章第七十三条は天皇に対する大逆罪で刑罰は死刑である。「文字通り開いた口が塞がらない」のは「評論」を目にした長野県民ではなかろうか。検察当局も唖然としたであろう。

さらに、一九日より「本縣教員赤化の原因」という評論を四回にわたり掲載している。その冒頭で、次のように述べている。

不祥なる本縣小学校教員の赤化事件―それは無邪気なる児童を、無批判的にして、成人を、特に「おのれの先生」を絶対に信用し、父兄よりも一層これを信用する児童を、教育の対象として持つ教育に関する事件なるが故に、普通人の赤化と同様に軽視すべからざるは、論を俟たない。特に彼等ゼキール博士型の人格と、ハイド型の人格とを使ひ分けるものを、依然として教育界に存在せしめ置くことは、累をゼキール博士型の教員に及ぼし、其の児童に與うる悪影響の極めて恐るべきものゝあるが故に、私たちはこれを発見次第、即刻これを教育界より除草して、以て残されたるものゝ、即ち全体としての本県教育界の神聖を保障しなければならないのである。

これに反して荏苒、その除草を怠るときは、これが為に、全体としての本県教育界の神聖を涜すのみならず、児童をして、今教壇に立って、真にゼキール型の人格を発揮しつゝあるものすらも、尚ハイド型の人格者として、これを疑ひはじめ、その弊害の及ぶところ、実に測り知るべからざるところのものがある。

（中略）

罪の明なるを、又定まるを待って、徐に処分すべき性質のものではなくて、疑はしきも、尚忍んでこれを処分すべき性質の問題である。言ひかへれば、それは個人の権利よりも、社会の権利を、ヨリ重んずべき性質の問題である。これが為に、冤罪を被った個人は、災難として諦めさせられねばならない。

『信濃毎日新聞』の社説である「評論」は、いずれも赤化教師の除草を強力に推し進め、厳罰に処するべきだと提言している。「冤罪を被った個人は災難」だなどと極端な主張にまで及んでいる。検挙者の容疑が治安維持法違反か治安警察法違反か司法当局も逡巡している中で、大逆罪を持ち出すまでして教育界から「除草」して抹殺するという主張は、戦争遂行を最大の国是とする天皇制政府の意図に従ったもので、戦意高揚を煽るなにものでもない。

信濃教育会は事件発生直後、事件の全容や本質が不明の時期、『信濃教育』誌三月号において前述したように「此の際一大猛省と徹底的覚悟とを以て之等汚点の洗滌と共に、斯る不祥事の再現を見ぬよう、挙県一致の力によって其の根絶を期さねばならない。」と思想当局への同調を強めている。信州を代表する『信濃毎日新聞』と信濃教育会が共に「除草」「汚点の洗滌」「根絶」を主張し、急速に戦争協力体制に傾斜を強めて行った。そして後に述べるように『信濃毎日新聞』は右翼勢力の戦争推進の圧力により筆を折る事態に直面して行った。

全国紙の報道を見ると『東京朝日新聞』二月二二日付で、「宛ら赤化第三期」「長野県の小学校」「童心惑乱・教壇から連行」「中に六名の女子教員」の見出しをつけ事件を報道している。また小見出しでは「長野県下において最近大問題となっている赤化小学校教員検挙事件は検挙の進むと共に全県下の小学校に波及し、召喚を受けた教員は二十一日までに約百名にのぼり、事件は今や全国教育界の重大問題化するに至っている。」としている。ここでは共青、全協、全農の活動家の逮捕の報道は無く、教員の不祥事として報じ、文部省の対応策を掲載している。以降「教員赤化事件」としてフレームアップされていく。（尚、同紙の同じ面に特高により築地署で虐殺された小林多喜二の遺骸が病院を出る場面と母せきさんの写真が掲載されている。）

『信濃毎日新聞』のいわゆる筆禍事件は、二・四事件の報道が「記事掲載禁止措置」中に起こった。

一九三三（昭和八）年八月一一日、信濃毎日新聞社を大きく揺り動かす「評論」が掲載された。同紙の桐生悠々主筆による「関東防空大演習を嗤う」という一文である。陸軍の計画した防空大演習を「滑稽である」などとたしなめたのである。即日、「御沙汰書があるにもかゝわらず軍の作戦を非難する事

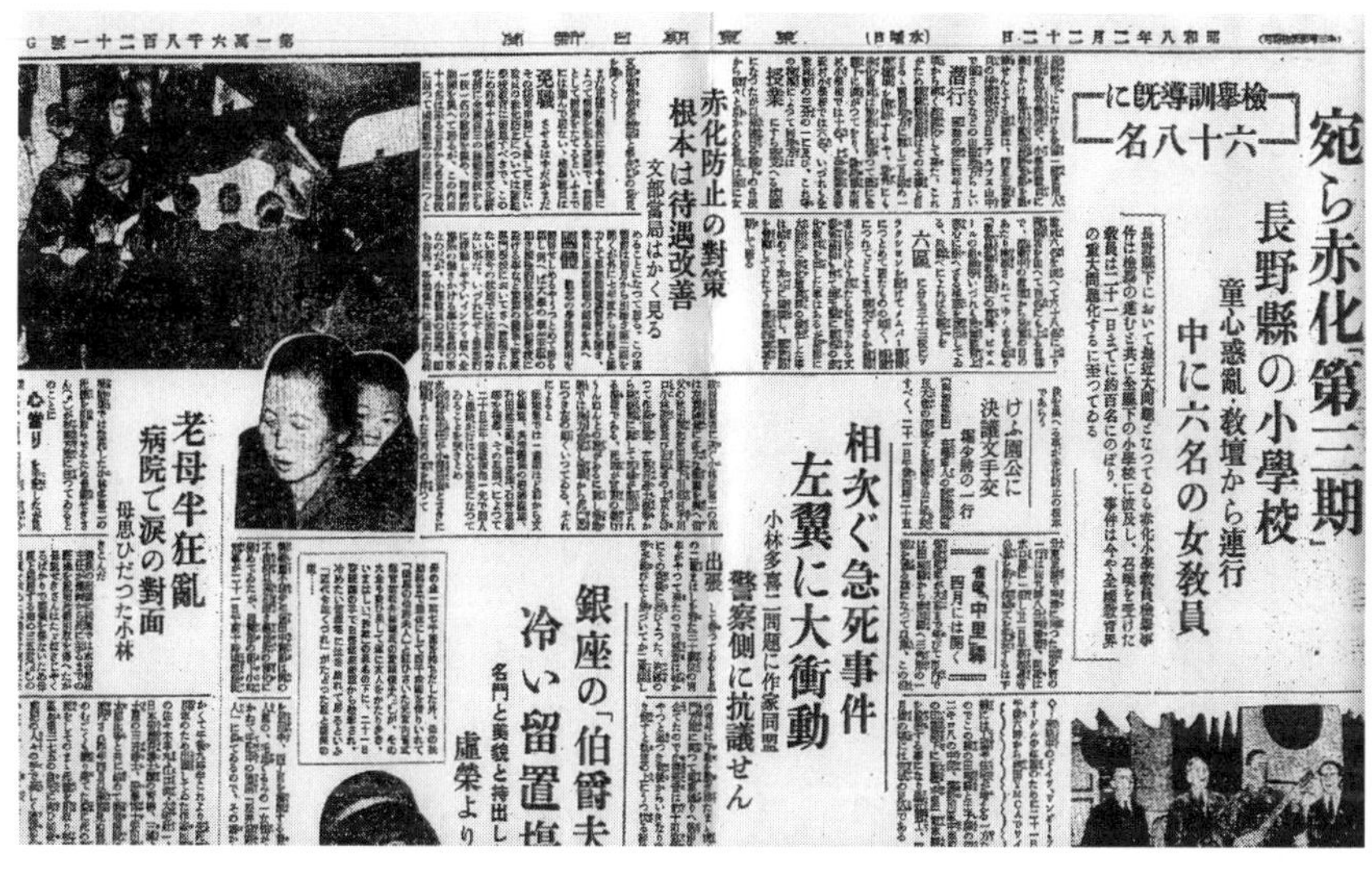

昭和八年二月二十二日（水曜日）　東京朝日新聞　第一萬六千八百二十一號

宛ら赤化「第二期」
長野縣の小學校
童心惑亂・教壇から連行
中に六名の女教員

檢擧訓導既に
六十八名

長野縣下において最近大問題となつてゐる赤化小學教員檢擧事件は檢擧の進むと共に全縣下の小學校に波及し、召喚を受けた教員は二十一日までに約百名にのぼり、事件は今や全國教育界の重大問題化するに至つてゐる

赤化防止の對策
根本は待遇改善
文部當局はかく見る

相次ぐ急死事件
左翼に大衝動
小林多喜二問題に作家同盟
警察側に抗議せん

老母半狂亂
病院で涙の對面

銀座の「伯爵夫
冷い留置
名門と美貌と持出し
虚榮より

は不敬に当る」と信州郷軍同志会幹事長らが信濃毎日新聞社本社に乗り込み、不買運動を示唆、桐生は即刻謹慎、『信濃毎日新聞』は、九月二〇日付で「謹告」として謝罪文を掲載した。それは二面中段に他の記事に交じり、次のように述べられている。「八月十一日本紙朝刊に掲載せる関東防空演習に関する論説は不注意に出づとは乍申結果於て不謹慎に陥り恐懼に不堪依って筆者桐生政次は自から退職し編集長三沢精英は編輯上の責を負ひて一週間謹慎し常務取締役小坂武雄亦監督不行届の責を負ひ謹慎して以て恐懼の意を表す　信濃毎日新聞社」。

桐生は赤化教員を教育界から除草せよとまで主張し、国策推進の立場をとりながら一方で軍部批判の筆を執り、信濃毎日新聞社から追放された。信濃毎日新聞社長小坂順造氏は貴族院議員であり、「自然累を及ぼすべし」と威嚇されれば従わざるを得ず、以降『信濃毎日新聞』はさらなる国策遂行へと舵を切っていった。

一九三三（昭和八）年九月一五日、二・四事件の記事が解禁された。この日の新聞の論調は、全国紙の『東京朝日新聞』は「教員赤化をめぐる二・四事件、学童に伸びる魔手」また『読売報知』は「〝教育界の王座〟信州ただ一朝にして陥没、全国未曽有の大不祥事」などと喧伝した。見出しに二・四事件が使われるようになった。

新体制の『信濃毎日新聞』は四ページ建ての号外を出し「戦慄！教育赤化の全貌」「教科書を巧みに逆用し教壇の神聖を汚辱す」などセンセーショナルな見出しで県民に衝撃を与えた。起訴された教師らの顔写真と経歴が紙面を覆っているのを見ると捜査当局から充分情報を得て、顔写真も入手したことが伺われる。二・四事件を「教員赤化事件」としてフレームアップされていった。

「民政党の小坂一族の新聞社が、これからは軍部の言うことを聞きますと、詫証文を出したのではないかと、私は考えています。桐生悠々は退社し、信濃毎日新聞はいわば『転向』したといってもよいでしょう。全国的にも著名な長野県の地方紙を屈服に追い込んだのは、二・四事件のインパクトだったのではないでしょうか。」（神戸大学名誉教授須崎愼一氏『二・四事件八十周年記念集会記録集』）

二・四事件を契機に言論界は軍部・検察と一体となり、国家主義団体とともに長野県の教育界を巻き込み戦争への途を突き進んで行った。

昭和五八年九月に刊行された『北佐久郡志第三巻社会編』では、高瀬小学校長岩田健治の活動や検挙の様子、二・四事件について、次のようにまとめている。

「この事件は当時非常な不祥事として天下に喧伝され、全国教育界の重大問題となって信州教育といえば共産主義の本拠であるかの如く誤伝されたが、この検挙事件は実際には真実をゆがめて事実以上に誇張した作為が多分に加わっており（たとえば、雑誌新興教育を借覧しただけで検挙され、検挙されてみてはじめて当人は新教や教労の性格を知ったというような例もある）、これを機会に徹底的に社会主義的分子を処断しようという政治的意図に基づいて強行されたものであることは、今日すでに明らかになっている事実である。」（三五六頁）

第六節　二・四事件後の信濃教育会と満蒙開拓青少年義勇軍

長野県は満蒙開拓青少年義勇軍の送出が全国一位であった。その大きな要因として信濃教育会が大きな役割を果した。また、それは「長野県教員赤化事件」つまり二・四事件による教育労働者の弾圧が関係しているとの見解がある。この弾圧によって長野県の教育労働者の運動は壊滅的打撃を受けた。事件後、教育現場では思想改造のための超国家主義・軍国主義教育が推し進められた。そこでは、新興教育運動は信州教育の「汚点」とされ、「汚名返上」のため満蒙青少年義勇軍送出という国策に信濃教育会が協力させせられ、全国一の実績を上げた。つまり、「信濃教育会は、中央政府および地方官庁の権力に抗しきれずに腰くだけとなり、以後『敗戦』に至るまで、きわめて反動的な役割を担わされてしまったのであった。」（『新興教育運動の研究』二一三頁）

一方、「『二・四事件』は、教員赤化事件として喧伝され、その名誉挽回のために『義勇軍送出』全国一へと信濃教育会がとりくんだかのような主張があるが、むしろ信濃教育会創立当初から『海外発展』思想に基づき、国策を先取りして積極的に推し進めるうえで、送出に拍車がかかったことが明らかになった」（『満蒙開拓青少年義勇軍と信濃教育会』二八二頁）との見解もある。

信濃教育会と満州移民との関連についてふれてみる。信濃教育会の草創期である一八八〇年代の明治政府の対外膨張主義はとどまるところを知らず、朝鮮半島から中国大陸、満州へと広がっていった。帝政ロシアも満州を独占的に支配しようとしていた。満州は二つの帝国主義の抗争の主戦場となった。一九〇四年の日露戦争は東アジアの覇権をかけた帝国主義戦争だった。翌年の講和条約（ポーツマス条約）によって満州の主要都市の行政権や鉄道の経営権、南満州での駐兵権などが認められ、関東都督府が設置された。一九一九年には関東軍が創設された。

信濃教育会で「満州が日本の着目すべき土地であることを最初に説いた人」は名誉会員の伊沢修

二であった。伊沢は日清戦争後台湾に渡り、植民地台湾の日本化教育を企画し日本の植民地教育の創始者となった人である。彼の主張が信濃教育会幹部に思想的影響を与えた。信濃教育会は日露戦争を前後して教師に満州旅行を奨励し、生徒の修学旅行は「満韓」を推奨した。

一九二二（大正一一）年、全国七番目の海外協力会として「信濃海外協力会」が設立され、信濃教育会長の佐藤寅太郎が副総裁に就任した。同時期に海外にも支部結成の動きが起こり「満州信濃協会」が結成された。しかし満州移民は本間総裁（県知事）に邦人の行き得るのは南米一つだと一蹴されてしまった。信濃海外協会が満州移民を進める計画を始めたのはもう少し先であった。

昭和恐慌期、中国では蒋介石が北伐を完了し、南京に国民政府を樹立した。中国は不平等条約撤廃を求める国権回収運動が高まっていった。一九三一（昭和六）年九月、民族運動が満州にまで及ぶことを恐れた関東軍は柳条湖事件を引き起こし、事件を契機に満州全域を一気に軍事制圧した。満州の主要地域を占領した関東軍は、翌一九三二（昭和七）年三月清朝最後の皇帝・溥儀を執政として「満州国の建国」を宣言させた。

満州事変についての信濃教育会の見解を代表するものに長野市教育会の「満蒙擁護宣言」（昭和六年一一月）がある。宣言では、次のように述べている。

「宣言

一、満蒙は帝国の生命線なり　吾人は断乎外敵を一掃し以て我が正当なる権益と同胞の安全を擁護せんことを期す

一、正義を世界に布き東洋永遠の平和を確保するは吾が立国の大義なり　吾人は政府当局を激励

し挙国一致万難を排し以て帝国の世界的使命を遂行せむことを期す
一、大命を奉し満蒙凶徒排撃の任にある精忠決死の皇軍に対し吾人は全力を尽し以て之れを後援せむことを期す
一、内憂外患国歩艱難の時に際し吾人は誓て人心を正し志気を作興し純忠至誠以て天業を恢弘し国威を宣揚せむことを期す」(『長野県教育史　第一四巻史料編八』九五六頁)

信濃教育会の指導部の満蒙に対する意識は「満蒙は帝国の生命線なり」に象徴されている。児童はこうした指導理念と教育勅語で教育され、軍事訓練を受け、数年後には鍬と銃剣を担いだ「鍬の戦士」となって大陸に送り出された。

このころ新興教育運動や教労運動をしていた教師たちがどのように満州に対する教育をしていたかの資料がある。二・四事件後に長野県が事件の概要報告書を作成している。「第三編　教労長野支部の活動、第三　児童に対する左翼的教育の項目の中に児童の意識調査」の項目がある。そこでは調査の趣旨を、こう述べている。「事件関係者の検挙開始の直後に於て、県学務部は視学を急派し主要メンバーと目せられたる者の受持学級に対し、思想的影響の調査をなしたりし」そこには「満州と上海とに於ける戦争につき感想をかけ」という項目がある。児童の回答には「満州や上海には日本の兵隊が支那人と戦って居る」「今兵隊をつれて満州にいって戦争をやっているが戦争はやめた方がいい」「満州の戦争が起こったには三つい三つびしなどの大財産家を守る為なのだ」「三つ井とかいふ財産家が兵隊をだして、あのまんもうの土地にいきいく人かの兵隊の命を失いさせて、おやたち

がうちのむすこがなくなったといってかなしがっている」等、満州事変や上海事変について教師が解説している様子がうかがえる。学級ごとの統計を見ても反戦意識が高いことが伺える。(『長野県教育史第十四巻史料編八』一〇八五～一〇九四頁)

満州事変をきっかけにナショナリズムの高揚と国家主義団体の台頭が支配的となって来た。社会主義政党・無産政党は国家の弾圧で活動を停止していった。

信濃海外協会は創立十周年の一九三二(昭和七)年五月、「満州愛国信濃村建設委員会趣意書」を発表した。趣意書では、満州が日本国民生存の上に最も重要な所であり、日露戦争で「幾十億の金と幾万の生霊とを以て、血潮にかけて擁護保持し」、さらに満州事変以来「数千の死傷を出し、本県出身の将士も為に身を捧げて得たもの」と意味づけている。信濃教育会からは正副会長と専任幹事が建設委員に加わった。信濃教育会が全国に先駆けて満州開拓に意欲を示していたことがうかがえる。趣意書は、先の長野市教育会の『満蒙擁護宣言』を引き継いでいる。この計画は長野県独自の計画で資金面や関東軍からのクレームもあり実現に至らなかった。しかし、その後満州移民が国策となった昭和一〇年代に満州黒台信濃村として実現することになる。

信濃教育会は一九三二(昭和七)年六月、満蒙研究調査委員会を立ち上げた。委員には北安曇教育部会長の高田吉人、上伊那教育部会長の林八十司、信濃教育誌編集委員の伝田精爾がいた。伝田は川井訓導事件当時の松本師範付属小学校の首席訓導で引責退職しその後復職していた。彼等はのちに二・四事件対策委員会委員となっている。同年九月には信濃教育会として初めての満州視察を計画した。視察の目的について、次のように会員に伝えている。「単に満蒙の見学が主ではなく、主として今後我国の生命線とも唱へらるる満蒙の広野に転出し此地方の文化開拓に従事すべき我国民の覚悟と態度は如何にあるべきか。（中略）東洋永遠の平和の新天地を築くべき我が国青少年の教養はいかなる諸点に重点を置くべきか之を実際の土地環境に接した上から強固なる確信を作る端緒を得んが為めである」（『信濃教育』昭和七年八月号）と述べている。

信濃教育会は日本の傀儡国家「満州国」に「東洋永遠の平和の新天地」を求めて視察団を送った。第一回の視察団は、五名で構成され、信濃海外協会幹事の永田稠の指導を得るなどして準備をし、一九三二（昭和七）年九月から一〇月にかけて約一カ月間満州各地を視察した。視察派遣員の高田吉人は、翌一九三三（昭和八）年六月の信濃教育会総集会で視察報告をしている。満州国政府への祝慶と皇軍への感謝は達成できたが地方視察はできなかった。それは「到る処匪賊の跳梁抜鈎甚だしく、或る地方の如きは鉄道交通さえ杜絶の状況にあったため遺憾ながら予定の行動を遂行し得なかった点も少くない」（『信濃教育』昭和八年七月）と述べている。つまり、満州事変直後の満州は至る処で反日・反満運動が展開されており、侵略者である日本人への報復が強まっていた。

一九三二（昭和七）年八月、拓務省提出の満州移民案が帝国議会を通過した。この第一次満蒙開拓計画は武装移民・試験移民計画で、開拓地は武力で現地農民を追い出し、あるいは法外に安い値段で買収・接収した土地であった。この結果、当時日本が「匪賊」と称していた地元住民の反日・反満軍と移民団を戦わせながら農業を行うというものだった。一九三三（昭和八）年二月の第一次弥栄村移民団に続き、第二次千振村、第三次瑞穂村、第四次哈達河（アタホ）村と一九三五（昭和一〇）年まで試験移民団が送り続けられた。第一次試験移民団は全国で四九三人で長野県からは三九人が入植した。

一九三二年一〇月、国際連盟は「満州国承認」の可否を判断するためにイギリスのリットンを団長とする調査団を満州に派遣した。調査報告書は、満州事変の日本の軍事行動は合法的な自営措置ではなく、満州国は自発的な民族独立運動によりつくられた国家ではないとした。一九三三（昭和八）年二月、国連総会は「満州国は日本による傀儡国家である」と認定し、日本が満州国の承認を撤回することを求める勧告案を採択した。松岡洋右ら日本全権団は総会の会場から退場し、翌三月、日本は国際連盟からの脱退を通告した。国連脱退演説をした松岡ら全権団の行動は帰国後熱烈な歓迎を受けた。国際的には孤立化を深めていったが、国内での満州熱は最高潮に達した。

この間信濃教育会は一九三四（昭和九）年一月、信濃教育会実業教育部内に「移植民教育に関する研究委員会」を設置し、今後の満州移植民教育の方向を探る調査活動を開始した。翌年には学習テキスト「満州読本」が刊行された。信濃教育会満蒙研究室と移植民研究委員は、移植民教育訓練を目的とする県立拓殖学校設立に関する陳情を繰返した。一九三六（昭和一一）年四月県立更級農学校を更級農業拓殖学校と名称を変更し、拓殖科が新設された。第五次黒台信濃村の幹部はここで養成された。この年、広田内閣は「満州農業移民百万戸移住計画」を打ち出し、満州移民政策は「国策」となった。以後敗戦の年まで移民団が送出された。

「満蒙開拓青少年義勇軍制度」は一九三七（昭和一二）年一一月近衛内閣により創設された。一六歳から一九歳の青年を集める青年農業移民が国策となった。

この年七月には日中戦争が始まった。一九三八（昭和一三）年一月、長野県は「満州青年移民（青少年義勇軍）募集要項」を作成して各方面に配布した。

信濃教育会は直ちに各郡市教育部会長宛に「各市町村とも奮って応募できるよう、いっそうの尽力を」と応募への協力を呼びかけた。また、信濃教育会は満蒙研究室を東亜研究会と名称を変え、東亜に関する資料収集や支那視察などもその事業とした。こうして信濃教育会は会を挙げて国策追従に取り組み、日中戦争が泥沼化するなか「敵国」中国領土内に農業開拓移民と青少年を送出する先導役となった。太平洋戦争直前の一九四一（昭和一六）年一一月、信濃教育会は「興亜教育大会」（臨時総集会）を開いた。満州移住協会理事長の小磯陸軍大将、長野県知事らが来賓として列席した。そこでは拓務省から出された「満州開拓青少年義勇軍の一層堅実ナル進展ヲ図ル」具対策が提案された。『信濃毎日新聞』は「興亜教育に邁進せん、烈烈挺身奉公を誓ふ」など大々的に報道した。信濃教育会のこれ等の取り組みは満蒙開拓団・青少年義勇軍の送出に一層の拍車をかけた。

満蒙開拓移民の送出は、全国で一般開拓団二二万二五五人、義勇軍など一〇万一六二七人、合計三二万一八八二人となった。長野県からは一般開拓団三万一二六四人、義勇軍など六五九五人で送出数はいずれも全国一位だった。（満蒙開拓平和記念館作成資料）

第七節　教壇を追われ、広がる戦争禍の中で

一九三三（昭和八）年七月、岩田健治は懲戒免職となった。

佐久市立高瀬小学校開校百年記念誌の職員録には、昭和七年度の職員欄に校長岩田健治とあり、

昭和八年度は休職岩田健治と記されている。

教壇を去ったあと一時実家のある田口村で妻と四人の娘と共に生活していた。同じ村で全農の活動家であった羽毛田正直は、「定職のようなものは無かったようだ。経済的には厳しかったと思う」と語っていた。岩田はその年の秋に友人のつてを頼って上京した。

当時の岩田について、『六十年史』の出版社の北原龍雄は、その序文の中で、次のように記している。

「其の時、岩田氏は十余年間親しんだ小学校教員―当時はもう校長であった―の職を奪はれて間もない時であった。長野県に起こった或る不祥事件の、犠牲者―本当の意味での犠牲者である―の一人であった。不祥事件といふのは、少数の教員が或る運動に参加した為めに、其の友人、一寸本を借りて読んだ程度の人々が兎も角も一度官憲に呼ばれた。呼ばれた人達は村の理事者などに睨まれてそのまゝ職を失つてしまつた。つまり、百余人の若い教員たちが、一度取り調べを受けたと言ふこと。これが誇大に伝へられた事件の真相である。

岩田氏は其の一人であった。氏の東京に来たのは、百余名の優秀な青年教員が、罪に問はれるといふ程でもないのに、路頭に迷ふ状態に置かれる事の不合理と、当事者の気の毒な身の上とに痛心し、一応内務省の当局者に事情を具申して、復職の機会を早めやうといふのであった。誰に頼まれたと言ふのでもなく、自分が若干の年長者でもある立場上、進んで骨を折って見やうという、特志を振るひ起こした訳であった。初めて私が岩田氏に会ふたのは此の時である。

岩田氏は言ふ。仮に、失職の諸君全部が復職することが出来ても、自分はもう帰りたくない。

新しい進路を求めたい。何をすればいい、だらふか。と」(『六十年史』三頁)

岩田は、職を探しに四人の娘と夫婦六人で上京し、神田神保町に住んでいた。この頃は必ず特高の監視を受けた。当時各地にできた青年学校の臨時教師に雇われたものの、前歴が問題にされると直ぐに職を失った。

長女は二・四事件後の岩田についてこう語っている。

「二・四事件のあった時は、小学生でしたし、妹たちも小学校に入学したばかり、あるいは、四、五歳でした。事件についてはあまり覚えがありません。『村の經濟六十年史』をかきあげて、単身上京しますが、その間、いつも特高が様子をみにきて、碁の相手をしていました。父のそのころの生活で印象にのこるのは、いつも本を読んでいたこととか、上京してからは知人の画家の日本画を売ったり、仕事をしたりした。『村の經濟六十年史』を出版する労をとってくれた北原さんの紹介で出版社につとめたり、大東文化学院に通勤したりしましたが、仕事にはなかなかなじめなかったようです。その後、東京の地下鉄に勤めましたが、気がすすまないようでした。」(『治安維持法とたたかった人びと』三七頁)

国民運動研究会

国民運動研究会は、信濃毎日新聞社の記者であった林広吉などを中心に既成政党の新党運動とは別に「政党が政治から完全に見離された中で」政治的主体を作り出そうとする新たな動きだった。

同研究会は一九三八（昭和一三）年一二月に信濃毎日新聞社退社後の林広吉や長野県議の羽生三七などによって結成された。小林勝太郎は『社会運動回想記』の中で「林は三・一五事件以前から党の支持者で、信毎の記者として信毎紙上で、大分共産主義思想の啓蒙に筆を揮ったし、われわれの同志に対して、物質的な援助もしたようだし、救援運動にも陰ながら助力してくれたようだ。」（三一七頁。また、林は近衛や風見章（昭和一二年・近衛内閣書記官長）とも関係を持っていると言われていた、と記している。

この会は『国民運動研究会会報』第一号（一四年二月一日）によると、最初の出発は様々な経歴をもつ時局を深慮する少数のグループの「如何にして正しく国に奉仕せんとする必死の念願から」、支那事変の始まる前から思想、学説、時局について意見を交換していた同志が結集した。そして「他の団体に所属すると否とを問わず、比較的自由に加入出来て、そこに於いて革新の原則、綱領、実践的諸問題、時局研究等について忌憚なく意見を交換し、一致した意見を実行に移し、且亦それを通じて相互の間の人間的信頼を高めるというような組織」「研究会的組織」をめざすとしている。一九三〇年代後半から四〇年代のファシズム進行のなかでの新たな動きであった。国民運動研究会規約の第二条では「本会は革新日本の基本原理並びに具体的実践方策について研究討議し会員相互の親睦鍛錬を期するを以て目的とす」と謳っている。

「資本主義体制の行き詰まり感、時代閉塞感の風潮にあって、そのための社会変革の思想は『革新』といわれたが、革新官僚グループの大衆政策、社会政策と旧左翼グループの社会認識とが共有する側面があった。」（『帝国の昭和』）

長野県内では早いうちに組織づくりが行われ、昭和一四年一月一七日長野市で長野県各地区連絡会議が開かれた。長野県準支部の中心人物は、羽生三七と全農全会派県連幹部だった町田惣一郎であった。小林喜治『転形期の文化運動』（六一頁）には特高関係者の記録から次の様な組織図がかかげられている。

県内の中心人物の羽生、町田のほか岩田健治、鷲見京一、窪田袈裟重の名前があげられている。また、他の組織図には南佐久準備会として羽毛田正直、岩下真砂の名前もある。県特高課史料では「現在までの会員中には左翼転向者尠なからず、従って純真なる農村青年の獲得意の如くならず、イデオロギー的にも相当の懸隔あり」とある。東條内閣が成立しアジア・太平洋戦争に突入するようにな

国民運動研究会
創立昭和一三、一一、二
事務所東京市神田区
小川町一ノ六山王ビル
機関紙国研会報
会員　五九二名

国民運動研究会
長野県準支部
創立昭和一四、二、一九
事務所　長野市
会員一九四名
中心人物　羽生　三七
町田惣一郎

下伊那支部
創立昭和一四、七、一六　鷲見　京一
事務所　下伊那郡鼎村　山上　孝一
会員一〇〇名

地区	中心人物	会員
飯田市	林　武雄	会員　五名
上伊那郡	上山　実也	会員　三名
西筑摩郡	武井　武	会員一五名
上高井郡	町田惣一郎	会員一〇名
埴科郡	窪田袈裟重	
松本市	降旗　由雄	
長野市	山崎亥三男	
南佐久郡	岩田　健治	
東筑摩郡	百瀬　嘉郎	

ると国民運動研究会にも圧力が加わり、一九四〇（昭和一五）年一二月、大政翼賛会の発足直後に解散となった。

岩田がこの時期どのような活動をしていたかは不明である。しかし、町田、羽毛田ら全農全会派の農民運動家らと名前を連ね、何等かのつながりがあったことが、岩田が戦後の農民運動の第一線に立った伏線ではないかと思われる

第八節　休職・退職後の教師たち

事件で拘引、検挙された教師の多くは、休職若しくは退職の処分を受けた。

昭和八年七月二三日付『中信毎日新聞』は、事件関係教員の復職について「某事件関係　教員五十余名復職　文部当局と懇談諒解を得たので」の見出しで、古賀学務部長の次のような談話を掲載した。

「いつまでも休職にして置くことは本人のため甚だ気の毒なので取敢えず同僚のまきぞへを食って単に取調べを受けた程度のものは復職せしめることゝし文部省へ認可を申請してあったが裁可が非常に手間取れたので樋口学務課長に上京してもらった訳だが本省方面でもこの案には諒解しているのでいよいよ近日中に発令することになった。勿論思想調査その他について万全を期したつもりである、なほ休職教員中に今後復職せしめるものも相当ある見込みだが情況ならびに思想傾向等を目下調査中で逐次復職可能なものから採用して行く方針であるまた解雇すべきものもこの際速急に処

断したき考へである。」

また、信濃教育会の「教員思想事件対策案」が七月二八日の同紙一面に掲載されている。この頃さかんに教化団体による時局教化講習会が開催され、思想犯釈放者救済対策が行われた。

二・四事件で検挙された牛山吉太の手記「八・二四事件」の中から復職に向けての当時の状況を知ることができる。

「昭和八年三月上田小学校の校長は当時二・四の退職部下水間大吉を連れて杉崎瑢先生宅を訪れ、預かって貰い度いとお願いした。先生は『僕は思想問題は勉強していないから預かっても無駄だ』と断った。丁度そこに杉崎先生に教えを乞うて来合わせた剣持和雄が『先生の名を指して来たんですから、正否は問わず預かりましょう』と。水間は杉崎先生の下で先生の研究物の処理をして過ごした。

昭和一〇年夏、国民精神講習会に出席できるよう杉崎先生の推せんで出席、これは夏季であったので、翌昭和一一年三月の定時移動期に自らの母校平賀小学校に復職した。

この二月末日、牛山の許に杉崎先生から葉書、水間君が居なくなって忙しいから来て手伝ってくれとのこと、牛山は生憎風邪で寝ていたが嬉しくて三月三一日、ドテラ程も綿を入れた羽織を着て杉崎先生の許に来た。（中略）牛山は杉崎先生の推せんで、六～七月の国民精神講習会に出して頂いた。もう改悛の情明きらかなものは復職してしまい、牛山のように裁判所の点数のわるい者や各県の委員長等が集められた。」。九月一日から山王小学校に復職した。（『二・四事件七十周年記念の集い記録集』二二三頁）

「事件後の長野県教育界は、歴史的一大汚点であるとして、大いに恐したものであった。当時の社会が「赤」なるものへの忌避感、漠然と社会を覆えし国を亡ぼす危険思想として知らされていた一般は、検挙されたということが悪いことであると思っていた。

教育界としても、異端をおさめることは儒教的に見て邪道であり、正道の勉強でさえ日もなお足らずやっている中で、とんでもない研究をしてくれたものだというのが一般の見方のようであった。しかし、ただ研究をしただけというのは、別にわるいことをしたわけではないので、いわゆる影響下と称せられた大部分の人たちは引き続いて在職することができた。そして、「教労」組合員たちも多くは一年の休職でまた復職した。そして「教労」中、活動をしていたものは、その後改悛の情ありと認められるものから、ぼつぼつと復職したが、他に職を転ぜざるを得なかった者も多い。

県教育界としては、検挙の内部事情と、離職者の苦しい生活を知るに及び、その救済策を講じなければならないことを知り、直接には先輩、同輩たちがあっせんして復職させたが、中には当時信州教育界の中心人物とされた長野師範の杉崎先生にあづけて後復職させるなどの手を打ったのであり、この中に流れる善意には敬服を惜しまない。」（『二・四事件七十周年記念の集い記録集』八一頁）

第三部

風雪に耐え
新しい日本をめざして

最終章

第一節　新しい日本をめざして農民とともに

日本政府はポツダム宣言を受諾し、国家権力は連合国に従属させられた。すべての植民地・占領地は解放され、軍事力が壊滅、日本帝国主義は崩壊した。

「しかし日本では沖縄などの例外を除いては国土を直接戦場とする前に、ポツダム宣言を降伏の条件として受諾するという敗戦の仕方をとることによって、その人民支配体制を戦後に残存させたのである。敗戦の前後を通じて支配者層によって叫ばれる『国体護持』とは、この人民支配の体制を維持するという内容を持つものであった。」（『講座日本史7』三二五頁）

一〇月三日、東久邇内閣の内相や法相による治安維持法による共産党員の逮捕、投獄を続行する旨の言明に対し、日本に進駐した連合軍は翌一〇月四日、ポツダム宣言にもとづいて「政治的、市民的及び宗教的自由に対する制限の撤廃」という覚書を日本政府に発した。そして治安維持法の撤廃と政治警察の廃止、総ての政治犯の一〇月一〇日までの釈放を日本政府に命令した。この一〇月四日の指令にもとづいて獄中で不屈にたたかっていた日本共産党の指導的幹部が相次いで出獄した。

連合軍の日本民主化のための占領政策は、自由制限の撤廃、治安立法の廃止、政治犯の釈放、特高警察の廃止、天皇の神格否定宣言などで絶対主義的勢力の残存物は次第に消滅していった。中央では日本自由党、日本社会党、日本進歩党等が再生され、日本共産党も獄中にいた幹部が一〇月に釈放されると公然と活動を開始した。

一九四五年九月、連合国軍総司令部（ＧＨＱ）は日本政治の五大改革方針を指令した。その五項目目に財閥解体などの経済構造の民主化があげられ、農業部門での主な柱として「農地改革に関する覚書」を発した。これは寄生地主制と小作制度の解体をめざすもので、日本政府はこれに抵抗し「農地調整法改正」として第一次農地改革をおし進めた。この改革案は、地主保有面積が五町歩をこえるものは解放する、土地の譲渡は地主小作の相対売買にゆだねるなど、地主本位の改革案であった。ＧＨＱは改革が不十分として翌年一〇月、自作農創設特別措置法を公布し、第二次農地改革を実施した。この改革では、在村地主の土地保有限度を五町歩から一町歩に引下げ、一町歩をこえる部分及び不在地主の全小作地を国が強制的に買い上げ、小作人に優先的に安く売り渡すというものだった。

戦前から「土地を農民へ」と闘い続けてきた農民組合は、自ら土地管理委員会を作り土地・小作料の共同管理を行い、農地改革を民主的な方法で進めていった。岩田が書記長を務める日農長野県連合会は、農地改革にあたり土地改革委員会を設け、小作地の国有化、山林原野の全面的解放、小作料の金納化と引下げ、耕作権の確立などの要求をかかげ運動を進めていった。一九四七（昭和二二）年二月の県農地委員選挙では委員二五人のうち一五人を日農系委員が占めた。

農地改革の結果、岩田の住む田口村における自作地は改革前の二七四・八町歩から四二二・四町歩へと一五三・七％増加した。また小作地は二二一・一町歩から六四・七町歩へと減少した。しかし、念願の自作農地を手にしたものの零細農家の実態は改善されず、経営・生活とも大幅に向上することはなかった。

南佐久郡下各地に農民組合が

一九四五（昭和二〇）年一〇月初旬、南佐久郡下の戦前の活動家が集まり、二・四事件で県外追放をされた後、戻ってきた高倉輝（テル）の指導の下に農民組合作りの方針を練った。高倉が農民組合結成を呼びかけるビラを作り全村に配布した。

「(前略）まず、農民は農村を守るために、今すぐ農民の組織がいる。小作料の問題、土地取り上げ、供出の問題、村における戦争協力者の追窮、役場や農業会のくさり切った不正事件、およそどの村にも町にも問題は山ほどある。それらの問題を役場その他の機関が解決してくれないことは知れわたっている。それを解決する者は、農民自身のほかにはぜったいにいない。農民大会を開き、農民ぜんたいが正しく討議し、組織の力で解決することによって、これらの問題は初めて片づく、また、かりにあす食料暴動が起きて村をおそったとする。その時に、村はどうして守れるか?役場も警察も全くそういう力を持っていないことは、今は誰にも分っている。農民の組織である農民委員会が村にあり、その代表者がこれら暴動の代表者と交渉することによってのみ、そんな暴動の被害から村を救うことができる。

だが、村にも、町にも、市にも、農民いがいの労働者や勤労者が食料の問題に苦しみぬいている。

農民が只だ村を守っただけでは、食糧問題は解決しはしない。労働者や勤労者は、自分の生活を守るために、また、すぐそれぞれの組織を作らなければならない。そして、がっちりと農民の組織と手をにぎる。（後略）」（『南佐久農民運動史　戦後編』七頁）

高倉の呼びかけに応え、南佐久郡各町村で農民組合が相次いで結成された。

岩田の住む田口村では、一九四六（昭和二一）年一月二〇日、南佐久郡下で最初の農民組合結成大会を開いた。結成大会の様子は次の様であった。

「農村民主化の聖火

田口村の農民組合生まる

全村農民を網羅して

去る一月二十日午後一時半より田口村では農民組合結成式を華々しく挙行した。開会直前聴衆は既に会場を埋め、場内整理の後開会を宣言する程の盛況であった。

日程により佐藤憲弘氏立ち、先づ開会の辞を述べ座長に加藤唯一氏を推薦、加藤氏謙虚なる態度で挨拶の後議事に入る。経過報告に羽毛田正直氏立ち、旧臘十二月二十六日最初の準備会を有志により催してより、各部落に此この運動を展開すれば、勤労農民の絶大な支持を得て、全村に漲る共鳴の与論は運動を急テンポに進展させて、こゝに結成大会を挙げるに至りし経過を詳細に報告する、次に規約決定に移り、井出新一郎氏立って、十九条の規約草案を一通朗読説明をなし、続いて逐条審議に移る。本規約の骨子とも云ふべき、

第九条　組合員の土地は総べて組合の共同管理とす。
第十条　組合員の小作地に関する交渉一切は組合の執行部に於いてす。
第十一条　組合員の小作料の取集め及び支払いは一括して組合に於てなすものとす。

と云ふ団体交渉権確立の項に至ると、場内一段緊張加はり大広間の後方より「高声に願ひます！」と叫ぶ声あり、この頃聴衆は会場に溢れて、再び場内整理の必要を感じ、一先づ中止して係が整理にあたる。

幾分波乱を予想されていた右三規約も二、三の質疑応答はあったがよく理解されて画期的農民解放の重大規約もなんなく可決を見た。（中略）

決議終了に近づく頃別室の銓衡委員会終り、委員を代表して中條吉之助氏より報告される。

組合長　岩田健治氏
副　　加藤唯一氏
同　　佐藤憲弘氏

続いて岩田氏の就任の挨拶あり、大会日程ほゞ終れば、最後に加藤唯一氏起ち村当局並びに農業会に対する大会決議文作製を提案、（後略）」（『南佐久農民運動史　戦後編』七〜九頁）

結成大会終了後、同じ会場（田口国民学校大広間）において、記念講演会が行われ、日本農民組合南佐久連合会委員長の岩田と評論家高倉テル氏が講演した。

岩田が衆議院議員選挙に出馬

一九四五年一二月選挙法が改正され、婦人参政権が実現した。政府は選挙法の改正にあたり「女子につきましても、今日におきましては一般に教養も進み、ことに近時は男子に伍し、あるいは男子に代わり、あるいは男子なき後を守って活動致しました実情に徴しまするとき、選挙権行使に支障なき段階に達している」との見解をしめした。また、二〇歳以上の選挙権、被選挙権の拡張、大選挙区制、制限連記投票制の採用があり、画期的な選挙法の改正であった。

日本共産党長野地方委員会は一九四五年一二月一六・七両日、浅間温泉尾上(おのえ)の湯で結成大会を開いた。参加者は約三〇名で「農民・工場・失業の各委員会を結成し、人民解放連盟の名のもとに、政府・県の態度を具体的に監視する」運動方針を決めた。(『解放をもとめて　日本共産党長野県党のあゆみ』六三頁)

「長野県は、一九四六(昭和二一)年三月二六日、県内務部長名で地方事務所長・市町村長にあて、勅令第百一号にもとづき、政党・協会その他の団体は、本部・支部ともにその主たる事務所の所在地の市町村に届出るよう通牒し、結社は一月四日にさかのぼって届出を義務づけられることとなった。」(『長野県政史第三巻』三一頁)。それによると日本共産党は県内に一〇地区委員会があり、岩田健治は佐久地区委員会の責任者となっている。また、「県下の政治結社一覧」表(昭和二一年一月二九日現在)によると同地区委員会の構成員は一六名となっている。

一九四六(昭和二一)年四月一〇日投票で戦後初の第二十二回衆議院議員選挙が行われた。選挙運動も自由・公正な民主選挙を標榜し取り締まりも簡素化された。日本共産党も合法政党となり「天皇制の廃止と人民共和政府の樹立、人民の生活の安定と向上、民主戦線の即時結成を中心スローガンとしてこの選挙をたたかった」（『解放をもとめて』六六頁）

選挙の結果、自由党一四一人、進歩党九四人、社会党九二人、協同党一四人、共産党五人、諸派三八人、無所属八一人であった。日本共産党は、得票率三・八％で二一三万五〇〇〇票を獲得し、創立以来初めて公然と議会に進出し、議会闘争を国民の運動と結びつけて闘い道を開いた。婦人代議士も長野県区の安藤はつ（日本平和党）を始め三九人が誕生した。幣原喜重郎内閣は与党である進歩党が第二党に転落し、居座りを策したが総辞職に追い込まれた。

開票後の四月一三日付『信濃毎日新聞』一面に、日本共産党の野坂参三の次の談話が掲載されている。

「今度の選挙にすべての政党が封建的専制的政治制度としての天皇制の支持を表明してをり、共産党だけが軍閥、官僚、警察、天皇制に反対した。共産党に対する人民の予想以上に大きな支持は、即ち天皇制の弔鐘を意味する。遠からず全国の勤労人民が必ず共産党こそ彼らの真実の利益を代表し、そのための献身的にたゝかふことを理解するだらう。議会ではなほ少数だが、新しいものを注入するだらう」

選挙制度は都道府県一区制で、投票方法は有権者一人が三名の連記制であった。長野県選挙区は定数一四人に対し七六名が立候補した。長野県選挙区の当選者は社会党三人、自由党二人、進歩党・協同党・共産党・諸派が各一人、無所属五人であった。三四歳の安藤はつが一三万三九四五票でトップ当選だった。

岩田（四九歳）は日本共産党公認で出馬し、一万二六九六票を獲得したが当選には至らなかった。日本共産党長野地方委員会では七人が立候補し、選挙戦の後半で一議席獲得に主力を注ぎ、高倉テルが五万三三七九票で議席を獲得した。『信濃毎日新聞』（二一年四月一三日付）は次のように論評している。

「共産党は七名の候補者中一名当選させたのみだが、落選組を混ぜての総得票数からいへば、これまた予期以上の成績であり、殊に後半戦一名必勝主義の下に高倉候補に主力を注ぎ、その目的を達成し得たのは正に成功であり、一面全県的からすれば或る程度将来性を約されたものといへる。」

また、社共両党の得票数の合計が四六万六〇〇〇余票で有効投票数の四分の一を占めたことが、後の林民主県政樹立への展望を切りひらいた。

日本農民組合長野県連合会の再建へ

日本の農村においては半封建的土地所有が、農業生産力の発展にとって大きな制約となっていた。一九四五（昭和二〇）年九月連合国軍総司令部は、日本の民主的改革に関する政策を発表した。その指示に基づいて農林省が第一次の農地改革案を発表し、一二月には連合国軍最高司令官が「農地改革に関する覚書」を発した。

第一次農地改革は、地主的土地所有制度を廃絶するのではなく、逆にこれを維持する寄生的地主の救済策を盛り込むものとなった。地主は、食糧難とインフレによる米のヤミ値の暴騰、小作料の金納化にともなって小作農民からの土地取上げに狂奔した。このため地主と小作農民との間の土地闘争が全県的に激しくたたかわれた。

一九四六（昭和二一）年五月一日、戦後初のメーデーが開催された。メーデーは佐久地区労農協議会の主催で行われ、呼びかけ文では、次のように述べられている。「佐久地区の労働組合と農民組合が主体となって全勤労者、文化人の大衆参加を求めること」。また、メーデー集会の要綱は次のようなものであった。

メーデーに参加する各労農団体は、左記に依り行動すべし

一、集合時間　五月一日午前九時三十分（別記利用交通機関参照）

一、集合場所　臼田町稲荷山公園（三反田駅下車）

一、行進　臼田町を出発、野沢町を経て中込町に至る

一、解散場所　中込駅前（別記交通機関利用を参照のこと）

一、解散時刻　午後一時

このメーデーの様子を伝えた『人民の友』第四号では、次のようにしるされている。

「参加団体は中込機関区、佐久農民組合連合会（田口農民組合外団体）、駅連区、車掌区、津上工場、佐久病院、岩村田合同労農代表、吉池工場、共産党、日本発送電、川西労組代表、昭和電工、大日向鉱山、河野機材、佐久日通、南佐久逓信従組、平賀木工、富士フイルム、一般勤労者、青年共産同盟等二十数団体に及び総員三千余名、（中略）行列は巨大なる赤旗、ブラスバンドを先頭に蜿々数町、トラック三台を加へメーデー歌、赤旗の歌高らかに二里余の道を民衆歓呼の声に

迎へられて行進、十二時十五分中込着、直ちに大会が開かれた。

吉池（三浦氏）開会の辞に次いで副会長岩田健治氏のメッセーヂ代読、即ちメーデーに参加せる大衆の力こそ平和日本建設をなし得るもので、『大衆は自らの力でのみ自らを救い得る』ことを強調、次いで各参加団体代表の演説に移った。」参加団体である佐久病院を代表して若月俊一も決意表明演説をしている。（『南佐久農民運動史　戦後編』二四頁）

岩田は四月の衆議院選挙後、長野県労農協議会の副会長として県中央メーデーの成功に向けて準備に奔走していた。

一九四六（昭和二一）年五月六日、日本農民組合長野県連合会の結成大会が約五〇〇人を集めて長野市の菊田寮で開催された。委員長には野溝勝が、書記長には南佐久連合会の岩田健治が就任した。「上小農民団体協議会ニュース」（一九四六年五月二〇日号）には、当時の模様が、次のように伝えられている。

「働く農民のみなさんが大資本家大地主本位の經濟政治の世の中から自分自身の解放を戦いとって、真に勤勉に働く者本位の民主的な日本を作るために、働くみなさんの団結によって、本年五月六日長野市菊田寮に於いて〝日本農民組合長野県連合会〟が作られました。これには県下の一三八組合が結集され、その代表たちの手によって規約、行動綱領、当面すぐ実行しなければならぬ緊急問題等が協議決定されました。」（『長野県上小地方農民運動史』三五六頁）

大会では、土地取上げ反対、農地改革の徹底、天下り供出割当反対等の闘争目標を決め、農民の民主的な統一組織として政党支持の自由を明確にした。組合員数は準備会も含めて三万人を超えた。

これに先立つ一九四六（昭和二一）年二月二七日、全県七二組合が参加し長野県労働組合協議会（県労協）が結成された。組織人員は三万六五八四人と発表された。県労協は、食料危機突破、大幅賃上げを中心に活動し、同年九月には長野県産業別労働組合会議（県産別会議）を結成した。会議は当時の県下組織労働者の七七％にあたる九四単産、五万九〇〇〇人を結集し、階級的民主的労働組合の全県的拠点となった。そして翌年結成された長野県民主団体共闘協議会（県民協）の中心的勢力として県政民主化に向け積極的役割を果たした。

第二節　民主長野県政の誕生へ

民主戦線の統一と生産配給人民委員会

一九四五年八月一五日敗戦。戦争によって国民の生活は破壊され、空襲によって焼け出された人々はバラック小屋で雨露をしのいでいた。将兵の復員や引揚げで人口は膨れ上がり、失業者が急増した。敗戦時海外にいた日本軍隊は約三一〇万人、その他約三二〇万人の一般居留民が国内に引揚げてきた。この年は記録的な凶作で食料不足が深刻となり、米の配給も不足し、サツマイモやトウモロコシなどの代用食も不足し、人々は地方への買出しや闇買いなどで飢えをしのいでいた。

一九四六年二月、「食糧緊急措置令」によって、政府とアメリカ占領軍が実施した強権的供出は農民の飯米まで収奪するものであった。占領軍がジープで農家の庭先まで乗り付けたところから当時これを「ジープ供出」と呼んだ。同じく二月、食糧飢餓突破県民大会が長野駅前で開催された。

五月一日の第十七回復活メーデーは、中央の参加者五〇万人、長野県では一一カ所で四万人が参加した。県中央メーデーには一万二〇〇〇人が参加し、城山公園で県民大会が開かれた。大会では社共両党の共同提案による「民主人民戦線の結成」の提案が決議された。この決議はその後の民主勢力の前進に大きな意義を持つものとなった。

メーデーに続き五月一九日、食糧危機を背景に皇居前広場で行われた「食糧メーデー」に約二五万人が参加した。メーデーは飯米獲得人民大会の通称で呼ばれ、「民主戦線即時結成の決議」を採択するなど、民主戦線とその政府をめざす闘争に発展し、食糧難解決を求めての国民要求と結びついて大きなうねりとなった。

長野県において民主戦線の確立をめざしていたメーデー県民大会の構成団体、県労協・日農県連・社会党・共産党の四団体は、県民大会で決議された県の生産計画、配給計画、供出割当について五月二〇日に代表者会議を開いた。そこでは民主戦線の確立をめざしながら「当面県の生産配給に関する夫々の委員会に参画し、勤労大衆の要望を強く反映せしめると共に、官僚性を廃して民主的に運用するように努め、次第に人民管理に移行するよう努力する」方向を確認し、名称を「生産配給長野県人民委員会」とした。

岩田は日農県連の代表として生産配給人民委員会に参加し書記長に選出された。なお、委員長には県労協の北沢貞一議長が就任した。

物部知事は県の生産配給計画や供出計画に労働者・農民の代表を参加させる方針を承認していたので、人民委員会は、次のような要望書を提出した。

一、県当局並びに供出委員会、運営委員会、その他官製委員会と人民委員会との第一回会合を早急に開き、今後の方針を決定すること
二、知事より各地方事務所並びに市町村役場等下部機関に趣旨を徹底せしめ積極的に協力する様取計らうこと
三、四月二十六日行われた昭和二十一年人口調査の結果により県人口総数二、〇二八、二三五人の内訳を市町村別、年齢別、性別、職業別に発表すること
四、厚生課所管の医薬品の配給数字を公表すること

五月二八日県庁知事応接室に於いて県庁側物部知事その他関係係官と、人民委員会代表北沢委員長、岩田書記長らが会談をした。会談では、供出関係、保有・摘発関係、配給関係について県側から具体的数字が提示され、県の委員会への人民委員会代表の参加態勢について協議された。六月一〇日県庁知事応接室にて物部知事、経済部長と人民委員会の北沢委員長、岩田書記長以下四名が会談し、委員会の構成人員、委員会規定について意見を交わした。七月一日、食料対策委員会が開かれ人民委員会からは民主的に供出割当てを行うこと、強権発動反対、保有量は農家の再生産に必要な量として残余を自主的に供出させること等を決めた。以後、細部にわたり県との折衝が行われ、それぞれの委員会に人民委員会から委員が参加し、官僚的な生産・配給方式を漸次民主的に改革していった。

食糧危機の回避が進む中で、早急に民主人民戦線を結成することが決められ、「長野県民主人民戦

線運動方針（草案）」を北沢委員長と岩田健治書記長が起草することが決定された。この運動方針が県民協（県民主団体共同闘争協議会）と、県産別（県産業別労働組合会議）の結成に大きく寄与した。

長野県民主人民戦線運動方針（草案）

（1）はしがき

民主々義日本の建設は救国と人民解放の大道である。しかしいまだ封建的ブルジョア的反動保守勢力はその特権的地位を維持し、支配と搾取を永続化せんとし陰に陽に日本の民主々義化を妨げている。真に国を憂い人民の生活の安定と向上を計るために、民主々義の確立を期し封建主義と戦っている者はわれわれ勤労人民大衆である。今更言う迄もなく現在の反動政府のもとに於てはその天下り的官僚統制は破産し、その腐敗は極みに達している。食料の危機はじめインフレ、失業、その外幾多の難問題は山積している。その為めわれわれ人民大衆はまさに餓死線上を彷徨することを余儀なくされている。反動政府はその解決策を示さぬのみか、ますますわれわれを窮乏と破滅に導いている。その危局を切り抜け、救国と人民解放の大業を完遂する為めには、われわれ民主々義勢力は政党政派を越え、大同団結し速かに反動政府を打倒せねばならぬ。そして民主人民政府を樹立せねばならぬ、民主人民戦線の結成こそこの大衆の要望に応えるものである。長野県においても事態は正に同じ反動官僚物部知事以下、県当局のその外資本家地主勢力の「反動勢力を打破して民主主義県政を確立し」勤労県民の当面する食糧危機突破をはじめその生活の安定と向上を計る為めには、われわれ長野県下の民主的政党、労働組合、農民組合、その他民主的文化青年婦人団体など、民主々義勢力は共同の目的をもってその統一戦線をつくらねばならぬ。そして友愛と信義の精神に徹して共同の敵をやぶる為めに勇敢に戦わねばならぬ。われわれは茲に長野県における民主人民戦線の結成をはかり、その運動方針を協議決定し、わが民主人民戦線の指標とするが、われわれ県下の民主々義を代表する参加団体は、この方針にもとづき、相互に友誼と親愛の精神をもって共同闘争を戦う事を誓うものである。

名称　長野県民主々義人民聯盟（以下単に聯盟と略称す）

目的　本聯盟は左に掲げるスローガンを基礎とする当面の政治的要求を貫徹し民主主義の確立の為に共同闘争を行う事を以って目的とす。

（2）共同スローガン

一、保守反動政府打倒、民主人民政府樹立
一、長野県政県会徹底民主化
一、県下の戦争犯罪人、軍国主義者、人権蹂躙者を根こそぎ追放せよ
一、食糧の人民管理、働けるだけ食糧を農民に残せ、都市の勤労人民に働けるだけの食糧を配れ
一、ギマン的官僚「民主管理」反対、自主供出、自主管理
一、長野県下の地主農業会の隠匿食糧を根こそぎ供出して都市へおくれ
一、長野県下の隠匿物資摘発大邸宅を開放しろ
一、土地取上反対耕作権の確立、土地を働く農民へ
一、肥料農具をすぐ農民に与えよ

一、生産管理弾圧絶対反対
一、生活費を基準とする最低賃金制の確立
一、罷業権団体交渉権の確立
一、労働関係調整法絶対反対
一、生産サボ反対、生産を即時再開して失業者に職を与えよ
一、首切り反対、工場閉鎖反対
一、失業手当法、失業保険法の制定
一、七時間労働週休制を確立せよ
一、働く母性を保護せよ
一、同一労働同一賃銀
一、勤労所得税を撤廃しろ
一、長野県の戦災者、海外引揚者に仕事と住宅を与えろ
一、長野県における民主的文化芸術の普及確立
一、長野県の御料林を解放しろ
一、産業別単一労働組合結成、労働戦線統一
一、農民戦線の統一
一、民主人民戦線結成
一、世界労働組合聯盟への参加

一、人民の手に依り人民の憲法
一、民主的平和日本の建設

（3）構成団体

日本社会党長野県支部連合会
日本共産党長野地方委員会
日本農民組合長野県支部聯合会
その他全県的性格を有する民主主義的文化団体、青年団体、婦人団体等

（4）組織

本聯盟は長野県における民主主議政党組織、労働組合、農民組合、文化団体、その他の民主的青年婦人団体をもって組織する政治的共同闘争の組織である。しかしそれ自体としては独自の綱領規約政策組織を有するものではない。換言すれば政党ではないのである。あくまで当面する政治的要求にもとづき共同の敵にあたる統一戦線の組織である。したがって中央集権体制を採用するものではない。

（5）権限と責任

本聯盟参加の政党並びに大衆団体は対等の権利を有す、聯盟の決定事項はそれぞれの団体の綱領規約政策に抵触せぬ限り責任をもって実行するものとす。

実行については団体独自の活動にまつ

（6）国鉄十三万人（長管二千人）首切り反対闘争と共闘（前掲書一一一頁）

生産配給人民委員会は当初の方針どおり「県民主団体共同闘争協議会（民協）」発足に合わせ発展的に解消することになっていた。

一九四六（昭和二六）年九月三〇日付の生産配給人民委員会の改組についての経過報告の要旨は、次のようなものだった。

「日農県連結成大会、並びに第二回県労協大会に於いて夫々決議された民主戦線確立を志向し、民主人民戦線運動の一分野として活動を始終すると言う性格を規定づけ、各団体から選出された人民委員をそのまま、民主戦線結成準備委員として活動を続けてきた。その後各地区、各郡市町村においても続々とこの線に沿って組織が確立され、歴史的な使命を果たしつつある。一方民主戦線結成準備会も回を重ねること三回、七月七日の会議には中間に結成大会を挙げる運びにまでなったが、社会党県連合会に於ける内部事情のため遂に無期延期の余儀なきに至った。然るに此の度県民主協議会として、同じ構成団体によって実質的に民主戦線が結成されたので審議の結果、ここに生産配給県人民委員会は一応歴史的使命を完遂して、県民主協議会に吸収さるべきであるとの結論に達した。」（前掲書一〇五頁）

林民主県政の誕生を支えた「県下の民主戦線の成立は、労働攻勢がようやく活発しようとする二一年九月五日、県労働組合協議会が県産業別労働組合会議に発展するとともに、社会・共産両党と日本農民組合県連を加えて、九月一三日、長野県民主団体共同闘争協議会（民協）を結成した時

であった。」(『長野県政史第三巻』三三一頁)

民協は一〇月一二日には県労農大会を開き、物部官僚県政即時退陣を要求し、翌年四月の統一地方選挙に弾みをつけた。民協は一月には地方選挙に望む方針を確認した。

(1) 地方選挙候補者は民協の共同候補として擁立する

(2) 各構成団体それぞれの大衆討議によって推せんされた候補者は、民協としてさらに慎重検討の上公認を決定する

(3) 知事と県議の候補者は県民協が公認する

(4) 市町村長・市町村議の候補者は、地区民協と県民協の共同公認とする

岩田が書記長を務める日農県連は、三月六日、知事選挙問題については民協線に沿って進むことを再確認、知事候補問題につき声明を出した。声明は、

①勤労大衆のために闘う民主戦線の人物たること

②長野県における闘争経歴のあるもの

③社共両党の候補であり、民協の推すものであり、民協に人を得ない場合は日農として知事候補を擁立する

というものであった。

これにより協民党と県民協との間で揺れた社会党の知事候補問題に「林虎雄一本」とする態度が固まった。

一九四七(昭和二二)年四月五日に実施された公選による初の長野県知事選挙は、前知事物部薫

郎と社会党の林虎雄の事実上の一騎打ちとなった（その他に諸派二名、無所属二名の計六名の選挙戦）。林虎雄の選挙母体は民協で「保守か民主か」「地方政治から戦犯・官僚・ボスを閉出して地方政治を県民衆の手に奪還する」などのスローガンを掲げた。県民協では社共両党、産別会議、日農が一丸として地方選挙を同一歩調でのぞむことで一致した。選挙結果は林四二万三二七九票、物部三二万三四九七票で一〇万票の大差をつけて林が当選した。

林氏勝利の要因について『信濃毎日新聞』は、次のように分析した。一、林候補が県民の関心と魅力の最も強い社会党であったこと。二、産別、日農、社共両党を中心とする県民協の勢力が昨年の総選挙当時より二倍ないし三倍程度に伸長していたこと。三、国民協同党が県民協に同調したこと。そして、岩田が書記長を務めていた日農が県民協の中心的役割を果たして奮闘したことを、次のように評価している。

「選挙民の動向を最終的に支配したものは何といっても『民主選挙共闘委員会』に結集された日農、産別の民主戦線の細胞戦によるものだった。殊に日農の動きは国協党の同調による農購連、農業会従組との提携と相まって、従来保守地盤として温存された上下伊那をはじめ下高井、東筑、その他農村の浮動票を完全に把握し、全県的勝利の最大の原因となっている。これらは日頃の日常闘争をそのまま延長し、勤労者の無料奉仕による大衆の手によるメガホン一つで獲得されたものだった。」（『長野県の選挙』一九八頁）

戦後初の全国一斉選挙で四道県に革新知事が誕生した。

岩田が参議院議員選挙に出馬

一九四七（昭和二二）年四月二〇日投票で第一回参議院選挙が行われた。新憲法により貴族院から民選による参議院となった最初の選挙だった。定員は全国区一〇〇人、地方区一五〇人であった。開票の結果、地方区・全国区ともに無所属当選者が四割を占めた。当選者は社会党四七人、自由党三九人、民主党二九人、国協党一〇人、共産党四人、諸派一三人、無所属一〇八人だった。

岩田（五一歳）は日農長野県連書記長の職にあり、民協（民主団体共同闘争協議会）と同県連との推薦を受けて立候補した。左記に示すのは日農県連が発した選挙通達である。

選挙通達第五号（一九四七・四・八）

日本農民組合長野県連合会　印

各地区支部御中

長野県区参議院候補支持の件

長野県区参議院議員候補としてわが日農の長野県連書記長　岩田（いわた）健治（けんじ）が民協推薦決定候補として立候補いたしています

日農長野県連では第二回選挙対策委員会の決定により日農関係の候補者で民協の推薦決定候補に対しては全面的に支持することになりました。よって各地区支部では岩田候補当選のため、直ちに対策をたて積極的に活動して下さい（『南佐久農民運動史　戦後編』二〇頁）

日本農民組合長野県連合会は当時約八万人の組合員を擁していたが、社会党系や協同党系の勢力に食い込まれ、岩田候補は四万一五四二票（得票率六・五五％）を獲得したが次点であった。

第四節　岩田健治からまなぶもの

二・四事件を記録した『抵抗の歴史（戦時下長野県における教育労働者の闘い）』が刊行されたのは一九六九（昭和四四）年一〇月であった。その序文に寄せて同時代を生きた哲学者の古在由重氏は、次のように述べている。

「長野県でのこの運動についていえば、わたしはすこしもその存在を知らなかった。（中略）満州侵略戦争がはじめられて二年。このきびしい状勢のさなかに、日本の教員たちにはまだこれほどの良心、勇気、エネルギーがいきつづけていたのか！わたしは心の底からこれら多数の人びとのたのもしさを感じ、そこからの衝撃に自分自身をはげまされたことを、わすれることはできない。（中略）このような戦前・戦中の運動が—たとえ暗黒下の非合法形態にせよ—各種の方面に存在していたと、そしてそれらがなんらかの意味においてどこかに潜在し沈殿していたこと、このことなしには敗戦による外圧はあったにしても、戦後日本の民主主義への転回およびその発展はありえなかったにちがいない。」（『抵抗の歴史』iv～v頁）と述べている。

古在氏の感じた若い教師たちの「良心、勇気、エネルギー」を育んだものは何か、岩田のどん欲なまでの読書、教育実践そして地域の青年たちとの合宿・討論の中でどのように思想形成されていったかをあらためてみていきたい。

岩田は一九一八（大正七）年三月に長野師範学校を卒業した。翌年、雑誌『改造』や『解放』が刊行され、これ等を購読するなかで社会問題に関心を深めていった。また、佐久地域は農民運動や青年運動が盛んで、中込小学校在職中の夏には松原湖で夏季大学を開催し、岩田自身が主催して中込小学校を会場に秋田雨雀の文化講演会を開催するなど、校内での若い教員の行動も束縛されず、自由教育の伝統が息づいていた。

二〇代のこの頃の岩田の日記によると実に多彩な書籍を愛読している。昭和の時期には「マルクス伝」「レーニン伝」「資本論」「第二貧乏物語」などプロレタリア作家叢書など科学的社会主義思想、階級闘争などの書籍が増えている。この時代は教育の世界では大正自由教育への弾圧、社会生活では昭和恐慌による資本主義の危機による労働争議、小作争議の頻発など社会問題が表面化してきている。また、国内のそうした危機を国外に向ける軍国主義化の傾向が強まり、戦争反対勢力の取り締まりが一層強化されてきた。大正期以来の自由教育の伝統、白樺派の人生観、西田哲学などでは満足できないという青年教師たちは哲学・文学研究、等のサークルをつくり、マルクス主義研究へと傾倒していった。また、岩田が中心となり校内で唯物論の勉強会を週一回堂々と開いていた。

岩田の教師生活の一大転機となったのは、一九三〇（昭和五）年八月の新興教育研究所の創立であった。世界恐慌・農業恐慌による農民の貧窮化と農村の悲況の中で、欠食児童、教員の減俸・寄付強要などの現実の前に政治に目を向けざるを得なかった。研究所の発刊した『新興教育』は田舎の書店の店頭にも並び購読者を増やしていった。岩田の感覚の優れていたのは、一人で読み耽るのではなく仲間を集めて勉強会・研究会を組織し、読み合わせをしたり議論を交わすところにあった。岩田の自宅には教師仲間のほか、農民活動家や青年が出入りして社会主義理論の研究や農村問題を真剣に論じていた。彼らは岩田の深い学殖と人格にひかれて集まって来ていた。

そして、ついに決断の時が来た。昭和七年四月に岩田が北佐久郡高瀬小学校の校長に昇任して間もなく、上田小学校の河村卓が新興教育・教労運動への誘いに訪れた。河村との話の中で「私は、自分の経験からきている教育観と、現実の農民生活・農民運動からくる児童教育への期待や要求を話した。そして、たがいの意見が完全に一致するのをみて、組織へ参加することにした。」と、教労運動への参加の経過を述べている。岩田の十数年間の教育実践と現実の農民の実態にきちんと向き合っての決断であろう。

岩田は妻と娘四人の温かい愛情あふれる家庭に恵まれ、少壮校長として栄誉な職について将来を嘱望されていた。岩田自身もまた、自分の仕事に誇りを持ち校長としての抱負を持っていた。しかし、全力をあげて教師として生きるためには教育労働者として生きる道を選んだ。当時、治安維持法の改悪による「結社の目的遂行罪」は、『新興教育』を購読していたことが法に抵触すると検察が判断すれば、いつでも検挙することができた。実際、昭和六年八月には教労・新教の拠点である東京・神奈川・埼玉で大弾圧があり、全国の新聞紙は「東京地方の赤化小学校教員検挙」と報じていた。教労・新教への参加は検挙・休職・免職により生活権を奪われる、俸給は断たれ校長官舎からは立ち退く事態が容易に予測できた。勇気とか度胸とかを超える「覚悟」が求められた。しかし、岩田は自ら教労・新教の活動に身を投じた。岩田のこの気高い人間性の発揮が世代をこえて多くの人に共感をあたえた。

二・四事件で検挙・起訴された下伊那の活動家の一人である今村治郎は、岩田が現職の校長でありながら、教労・新教の活動に加わるようになったことについて次のように回想している。「岩田先生は現に校長をやっていて、相当年輩でもあったし、左翼運動は退潮期で、弾圧を目の前にしていることを承知の上でとびこんできたということに、私は非常に感激しました。」。岩田の心情を深く理解した「同志」の言葉である。

『抵抗の歴史』が刊行された翌一九七〇年一〇月、信濃毎日新聞社は「信州の教師像—新しい理念を求めて」を出版した。ここには「信州教育をささえた代表的な教育者」として二七人が選ばれ、その中で岩田が紹介されている。そして、企画の意義について東北大学教育学部教授の竹内利美氏による結びが掲載されている。そこで二・四事件及び岩田健治について、次のように述べている。

「いわゆる『二・四事件』は信州教育の地層を食いやぶって突如噴出した爆裂火口に似ていた。この事件の評価は今日なおまちまちだが、連座した唯一の校長だった岩田健治の足どりは、それを解く一つの鍵であろう。自由主義教育の洗礼をうけつつも、彼は農村恐慌の渦中にあって社会への目をひらき、マルキシズム理論のままに農民大衆との提携を説き、教育実践にもそれをいかそうとした。(中略)戦後も農民運動の指導者として活躍した岩田だけは、本筋の途を歩く。昭和九年刊行の『村の經濟六十年史』は、その秘密を物語っているようだ。」(『信州の教師像』二二九頁)

岩田の戦前、戦後の活動に光をあてる励ましのことばではなかろうか。長野市で生まれた(「二・四事件」の時は二四歳であった)教育学者竹内利美は、岩田健治に注目したのは信念をもって生涯を賭けた人生に同時代人としての共感と魅力を感じたのではないだろうか。

岩田は、戦前・戦中の苦難を乗り越え、戦後の民主化運動の先頭に立って胸を張って進んで来た道を振り返り「長野の自由教育の想い出」の中で、次のように回想している。

「この時代に育った青少年の間に後年農民運動の指導者がぞくぞく現われ、県民一般の教養も革新的で第二次世界大戦後には、引き続いて革新陣営から知事を選出しているのも、自由教育時代に充分に社会に根を下ろしていた教育と無関係ではないはずである。自由教育が、一部からは気分教育と攻撃され、放漫教育と非難されつつも、確実になにものかを残しつつあったというべきだろう。」（『日本教育運動史』第一巻一四四頁）

八月一五日を田口村で迎えた岩田は、「農村に魂を吸い寄せるように」自らのめざす道をまっすぐにつき進んでいった。一〇月には政治犯が釈放され、獄中でたたかっていた日本共産党の指導部とともに高倉テルも出獄した。岩田は高倉の指導のもとに南佐久郡下の農民運動の指導者を集め農民組合づくりに奔走した。また、再建された日本共産党に入党し佐久地区委員会の責任者となって平和的・民主的日本の建設のために先頭に立って活動を始めた。

「長野県教員赤化事件」で唯一検挙された校長は、信念をまげず、戦後、労働者・農民の民主戦線の第一線で政治革新をめざし生涯たたかいつづけた。

岩田は、昭和九年に著した『村の經濟六十年史』で「かくして村会も農会も村を守る農民によって下より建設し直す時、其処に真実の農村の姿が現はれる。」（三一九頁）とむすんでいた。

おわりに

私の学生時代の一九六九（昭和四四）年一〇月に『抵抗の歴史・戦時下長野県における教育労働者の闘い』が発刊されました。長野県教員赤化事件、二・四事件を初めて知る機会でした。当時全国教育系学生のゼミナール活動や歴史教育者協議会に参加していた私は夢中になって読んだものでした。その中で、「岩田健治」は私を深くとらえるものがありました。岩田健治は、旧田口村（現・佐久市、平成の大合併前の臼田町田口）の生まれであり、臼田町生まれの私と同郷の先輩です。また、長野師範学校、現在の信州大学教育学部の卒業生としても私の大先輩でもあります。

信濃毎日新聞社が編纂した『信州の教師像』の巻末に「長野県近代教育史年表」が掲載されています。年表の最後尾となる一九七〇（昭和四五）年五月の「事項」欄には次の記述があります。「五月　信大教育学部で教育実習に関し学生スト、六月には学部の執行部総辞職、学部と付属の交渉難航対立つづく　信大大学問題研究委員会が改革の討議資料配布　県教委で県教育に対する意見を聞く会を開く　六月　県教委が教育長期計画の策定要領発表」とあります。昭和四三年に信州大学教育学部に入学した私はその教育実習民主化闘争の渦中にいました。長野県教育委員会（県教委）、長野県教職員組合（県教組）、信濃教育会（信教）は三位一体と言われ管理教育の牙城でした。信大教育学部の付属小中学校の教師は長野県教育界のエリートで幹部候補生でした。教育学部生の教育実習は付属小中学校に限られ、八週間連続で実習が続いていました。その担当教師たちの指導に異論を挟み、ストライキで臨んだのですから大変な事態でした。長野県教育が大きな曲がり角に来ていた時期でした。県教組の中で学生自治会を支援したのは唯一県教組佐久支部でした。当時の執行委員長は坂口光邦先生（佐久市・故人）でした。氏が長い間二・四事件記念・研究集会の責任者であったことは長野県教育民主化への熱い思いを抱いていたからだと思います。

「二・四事件」について事件の歴史的意義や真相の究明について研究する集会が初めて持たれたのは、記録誌によると、一九八三（昭和五八）年二月に長野市で開催された「二・四事件五十周年記念県民の集い」でした。主催は県教組、県評、高教組等三七団体で構成された実行委員会でした。その後は一〇年後の一九九三年二月に「六十周年記念集会」が開かれ、以後五年の節目の年に集会がもたれてきました。この頃の集会では、事件で弾圧された本人や教え子が健在で当時の体験を証言してくれました。しかし、以後は関係者の高齢化もあり、どう継承するかが課題となっています。二〇〇五年以降は県下各地を回り、その開催地での歴史を掘り起こそうとする努力が続けられてきました。毎回の集会記録集が作成され、参加者は勿論、現場の教師、研究者などへ普及されました。

私が初めて集会に参加したのは二〇一七年九月の「二・四事件」八十五周年記念プレ集会でした。九州大学名誉教授の内田博文先生の「治安維持法と共謀罪」という講演をお聞きしました。二〇一三年に特定機密保護法が制定され、翌年には集団的自衛権を認める閣議決定、さらに二〇一七年には共謀罪が制定されました。安倍政権による戦争をするための準備が着々と進められつつある時でした。治安維持法の歴史、法制度と運用などについて学習し、戦前と現在が非常によく似ていることがわかりました。今行われている自民党の改憲案をもとにした「憲法改正」論議が良く理解できました。

翌二〇一八年の記念集会は信濃毎日新聞の現役の論説主幹である丸山貢一氏の講演でした。主催者の講師紹介で、ジャーナリストとして心がけていることを尋ねられた丸山氏は「一つは、今、社会で起きている出来事が歴史的にどう位置付けられるか、そして二つは、地域に寄り添いつつもグローバルな視点を忘れずに」と答えたそうです。当日は「教育・言論の自由にために!」というテーマで戦時下のファシズムの成立を教育の国家主義化や情報統制、弾圧立法など多面的に解説されました。戦時中の新聞が満州事変を機に大手、地方紙を問わず戦争協力の先兵として権力に利用されました。『信濃毎日新聞』は、「二・四事件」の報道では、弾圧された教師を「戦慄教員赤化の全貌」「教壇の神聖を汚辱す」などと非難し、長野県民に大きな恐怖を抱かせました。

敗戦後の一九四五年八月二五日『信毎』は社説で「言論人の罪たるや容易ならぬものがある」と述べ、この反省から再出発したとのことでした。丸山氏は講演の最後に言論や表現の自由にふれ次のように結んでいました。「新聞の役割は、再び戦争の惨禍を招かないことに尽きます。国策には常に懐疑的な視点を持ちたい。そして危うい芽があれば警鐘を鳴らし、摘み取っていくことを愚直に繰り返すしかありません。それは二・四事件から私たちがくみ取るべき重い教訓です。」

同時に考える必要のあることは新聞に対しいわゆる「不買運動」による恐喝をはねのける読者・住民の力のなさです。真実を知るために新聞を支援・援護するような地域住民側の意識形成が必要だったのではないでしょうか。

戦争そして敗戦という甚大な犠牲のもとに日本国憲法が制定されました。憲法第九十七条は基本的人権が人類の多年にわたる自由獲得の努力の成果であると謳っています。過去の歴史において封建領主制や絶対的天皇制の下で「天賦の自然権」といえる基本的人権が蹂躙され続けてきました。

「戦いの相手は、権力の強力な場合が多く、自由のための闘争は、決して担々たる道をたどったのではなかった。この憲法の実現した、強い保障を持つ基本的人権を唱っている各条文は、その闘いのために斃れた幾多の戦士の流血に彩られている。このような自由獲得のため、絶ゆることのない努力を通じてのみ、その基本的人権の真の意義が理解できるのであり、この憲法の予想する自由の花園には、国民自身のあらゆる試練を克服するだけの自覚にまってはじめて花咲くのである。」（『憲法を読む』）

二〇〇六年、第一次安倍政権は戦後初めて教育基本法に手を付けました。国や郷土を愛するという態度を養うという、いわゆる愛国条項が盛り込まれました。そして、教育は「国民全体に対し直接に責任を負って行われるべきものである。」（旧教育基本法第十条）規定が消え、改正基本法では、「この法律及び他の法律の定めるところによりおこなわれるべきもの」とされました。つまり「時の政府が多数決で決めた法律」により教育が行われるという修正が行われました。二〇一六年、今や死語となっている教育勅語を子どもたちの教材として使うことは否定しないという閣議決定がされました。その後、教科書検定に対する介入がつづき、二〇二〇年一〇月、安倍政権の官房長官であった菅義偉氏が政権につくと学術会議会員六名に対する「任命拒否」という前代未聞の事件が起きました。拒否する理由は公表せず、政治的な意図があると言われています。教育だけでなく学問研究の自由が脅かされてきています。

自由民主党は二〇一二年に自民党憲法草案を決定しました。そこでは国防軍を憲法九条の中に明記することや基本的人権の制限を盛り込むことを主な柱としています。そして安倍氏のめざす改憲に向けて次々と法整備がされていきます。二〇二二年一二月、岸田政権は、専守防衛という平和憲法の大原則を投げ捨て、集団的自衛権の行使としての敵基地攻撃の力の保有を閣議決定しました。空前の大軍拡計画により「戦争国家づくり」への暴走が始まりました。

日本国憲法第十二条は、「この憲法が国民に保障する自由及び権利は、国民の不断の努力によってこれを保持しなければならない。」と謳っています。自由や民主主義、国民の権利は絶えず主張しなければ失われてしまいます。「国民は持っている権利を行使する義務を負う」と言われています。今年は「三・四事件」発生から九〇年の節目の年です。事件の歴史に学び、その時代に青春を生きた人々の情熱を感じ取り、「再び戦を起こすまい」という決意が今日ほど求められている時はありません。

本書の執筆にあたり素人のわたしに丁寧にご指導くださった小平千文先生に感謝を申し上げます。また、出版をお引き受け頂いたウインかもがわの斉藤治様に御礼申し上げます。

最後になりますが、岩田健治の三女、英子さんに語って頂いた父・岩田健治の思い出を掲載させていただきます。

私が生まれたのは昭和二年ですので父が逮捕された時はまだ小学校に上がる前でした。その

金井英子さんと筆者

頃住んでいたのは小学校の校門の前の教員住宅でした。前の年に父が高瀬小学校の校長になり、その時住宅が新築されました。佐藤さんという方の隣で二階建ての広い住宅でした。当時の住宅はお風呂がなく、たいていのうちにお風呂はなかったと思いますが……岸野の銭湯まで行った記憶があります。父が逮捕された後、私と二歳年下の妹を母が連れて岩村田の警察署に面会に行ったことをわずかながら覚えています。父に行き会ったかは記憶がありません。その後、教員住宅を出ることになり、中込の母の実家の離れで二カ月ほど暮らしていました。その後は、臼田の稲荷山の下あたりに祖母の従弟の空き家があり、そこを借りて住んでいました。父は東京でいろんな仕事をしていたようで、皆で東京に住むことになりました。どんな仕事をしていたのか知りませんが、運動の仲間の人たちと仕事をしていたようです。私は四人姉妹の三番目ですが、上の姉二人は東京の女学校を卒業しました。私は終戦の少し前に寄宿舎生活をしながら女学校、今の野沢南校に通っていました。記憶に残っているのは同級生に「お前の親は天皇陛下の顔に泥を塗った」などと言われたことです。子ども心に悲しいことでした。その子は女学校卒業後師範に進学し、お詫びの手紙をくれましたが許せませんでした。

終戦後は田口の父の実家の近くに住んで農業をしていました。食料不足の時代で湯原新田の親戚の畑を借りてジャガイモやトウモロコシを作っていました。

その頃、高倉テルさんが泊まりにきたことを覚えています。戦後も警察の人が家の周りで様子を伺っていました。佐久病院の若月先生もよく家に来ていました。

筆者が聞取りしたのは二〇二二年三月です。九三歳の英子さんは耳も良く語り口もはっきりしておられました。ご協力ありがとうございました。

史料編

関連史料（一）

「岩田健治日記」（抄）

大正一〇（一九二一）年より昭和六（一九三一）年

この史料は坂口光邦氏（故人）が岩田氏の遺族からお借りし、作成されたもので、個人情報も多く含まれるため「抄」として紹介するものです。

中込尋常高等小学校　岩田健治　二四歳

大正十年

十月十五日

『マルクス伝　附エンゲルス伝』　読了

十月二十一日

本県教育会の研究諮問として「教育の本質は如何　及教育に悪影響を及ぼす現代思想と現代社会思想は如何なるものか。劃一主義の不可なるものとすれば、その根拠如何」。其の他野球競技の得失可否等数項の問題が出された。劃一教育及び劃一主義については今日職員間に大部議論があったが、いずれも根本にふれない感情的の議論や枝葉の議論に終ってしまった。劃一教育ということと教授の劃一とは少しく切りはなさなければ論ぜられない問題である。こんなことの区別の出来ない者が議論したってはじまらない。

現今いずれの文明国でも義務教育制度を採用し、劃一教育を行なっていない所はない。これがそ

もそも問題なのだ。即ちこの教育法によっては

一、全国同一な教科書（同一の国語　同一の教科）

二、或る年限（六ケ年）の教育の義務を負わする。

三、年齢によって学級編成する。

四、行政区劃（市町村）内に各学校を造り、其の区劃内の児童を教授する。

五、全体を同一の場所（校舎　教室）に於いて

六、同一の教材で。

七、同一の時間に教授する。

これが得失は種々有るであろう。だから終には可否論にまで至るのだ。

義務教育制反対論とか劃一的教育打破とか言う論の起こるにも理由のあることであり、根拠のあることでもあるのだ。

ここではこの可否論について考えることはやめることにして、教授上の劃一主義について考究してみたい。（この意味は劃一ということは、現在の劃一的教育制度を打破し、義務教育を廃しても同様に問題となることだ。）

教授の上に劃一主義云々ということは、主として訓練上の問題と関連したことである。即ち如何に教授する（前の問題）かでなく、如何に導くのかの問題である。それを劃一的に導こうとするのが劃一主義である。例えば体操の時、同一号令の下に全児童を左右する様に。今可否の論は後にして、ここで一寸考えなければならないことは、導かるべき（被教育者）児童の集団についてである。児

童は一人ではない集団である。其の中には

一、個性を異にした

二、能力の差のある

三、体力の不平均な

四、家庭の生活を異にした

種々様々な子供等が沢山集まっている。教育者はこれをみんな導いて行かねばならない。全体を最もよく導いて行かねばならないのだ。

右に挙げた様に、色々の差異の不平均のある沢山の児童を一人の教師が指導して行くと言うことに既に無理がある。然るになお一歩進めて考えて見れば、教うべき教師にも別個な能力、個性、体力等がある。而して彼は神でもなく聖人でもなく君子でもない。ただ教師の人格と能力と体力とが勝れて居れば居るほどこの無理が少なくなる。教育の効果は大となるわけである。かく考える時には、もう劃一主義がいいとか、悪いとか言うことは問題ではなくなる。多くの児童を一人で指導して行くからには、多数の為めに少数の不自由を顧みない場合もあるはずである（無意味な形式的劃一では勿論ない）。

善悪の判断の力の教師よりずっと幼稚な、真理や正義を意識していない子供が、ややともすれば悪にそみ、不都合な方向に進んで行こうとすることをふせぎ、みな一様に善良なものとなさんとする努力が、などか不可ならん　だ。（この努力の内に、善良なものの邪魔をさせまいとすることと、も一つ善良にしてやりたいと努力することとある）

十月二十三日（日曜）

拾時の汽車で長野に行った。武者小路実篤氏が長商同窓会館で講演をするので聞くために。氏の話は四時頃から約二時間ばかりつづいた。日が短いので室内が暗くなった。氏に対する第一印象は、自分が予想していたものよりよかった。背の高い、病み上がりの病人の様な青い顔をして、風邪でもしたのか首には白布を巻いていた。ふち無しの眼鏡の奥には大きなパッチリとした、何か夢想にでもふけっている様な眼が光っていた。彼の演説調子はボンボラ声で高く、よくもとらない大きな口は、時々どもった（訥）。せき込んで息を吸いながら訥る彼の話調はあまり聞きよくはなかった。やっぱり彼は筆のほうがいいのだ。彼の思想は手によって流れ出た方がいい。

講演がすんでから下で氏に面会することが出来た。話し疲れて喉が痛いとみえて、うがいをしていた。こんど自分が九州の「新しい村」を尋ねるについて其の意を語ると、親切に話してくれた。来月の十日か十一日には村へ帰る予定だそうだ。丁度其の頃自分は尋ねるつもりだったので非常にうれしかった。下関あたりから二名の青年がやっぱり尋ねて来て、何か話しそうだったから、用談だけすまして辞した。

今日の氏の演題は別になかったが、要するに、自分の生を愛する様に他人の生をも愛せ　と言った様なことであった。別にめずらしい説でもなく、変った説でもない。正義、真理、絶対の下に立つ現在の新しい思想は、氏の説くところと同様な考え方で進んでいるのだ。現代の創作家、作劇家、詩人等に下らない連中の多い中に、氏の様に偉大な人の現れたと言うことは、自分等にとって非常なよろこびとするところである。氏の「新しい村」が成功するかしないかは別問題である。ただ自分は劇作家にして未来国家を予想し、未来文明人の建設すべき新しい社会組織を作って行こうとする実際努力が彼の偉大さで、他人のなし得ないことである。氏の計画が、よし失敗しようとも、氏の理想はきっと何ものかをそこに生み出すであろう。

岩田健治　二五歳

大正十一年

四月二十七日

今クロポトキンの自叙伝『革命の巷より』を読みつゝある。

自分は此の書によって又新しい力を得た様な気がする。而し近頃の俺は荒んでいる。時候のせいかしら、それとも友達のせいかしら。けれども俺は以前よりずっと清々した気持ちになれたことを嬉しく思う。もしかしたら二、三年前の自分の気持ちに立ちかえれる気がする。

だが俺は淋しい。去年自分は何を心のうちに誓ったか。この身は貧しい者の為にさゝぐべきではなかったか。俺の今の修養はそれがために準備されねばならない。そうだ、俺はけっして浮々してはいられない。俺に運命づけられた道は唯一つだ。俺は道を発見したのだ。貧しき人々の為に俺の一生は捧げられるべきだ。

あゝ、先日海瀬の学校で佐々木や其の他の連中と議論したことを思い出すと、腹立たしくてしかたがない。議論の結果は何であんなつまらないものになってしまったのだ。

（略）

俺はついにたまりかねて明言した。俺は無政府共産主義者だ、俺は革命を夢見ている。理想社会を夢みている。而し俺は革命運動家ではない。急激な社会改造はおびただしい犠牲者を生む。犠牲者を出すと言うことはしのびないことである。（暴力の論理を少し論じて行けば、も少し自分にも議論のあることであるが）。それならば如何にして自分の理想は実現するか。それは教育にある。教育によってあらゆる暴力をさけて、人生を早く理想社会に導かねばならないと、俺は言ってやった。（以下略）

五月七日

新社会の秩序とは、人に使役されることを余儀なくされて、自己の腕と頭脳を売ることなく、自己の智識と才能とを極力世のために用い、個人個人の努力を結合して、全人類の最大幸福を計り、そして個人の完全な自由意思を妨げない平等の社会を造ることである。

六月七日

夕方柳沢君が遊びに来た。丁度『生存より生活へ』を読んでいる時だった。九時四十分迄語った。近頃友達と自分の考えている事について語ったのは今日が始めてだ。友達と思想上の問題や人生、社会等の問題について語ることは好きだ。けれども俺は機会を強いて求めることや、自分から友達に話しかけることを好まない。人の求めているものと自分の求めているものが一致した時に、始めて楽しい語らいが出来る。人々は誰もが自分の心のままに歩まねばならない。

仰向きて　文読む我を訪れし
親しき友の去りて淋しも

久しく快晴の日が続いたが、今日は午後から雨降りとなった。随分心持よく降る。樫の葉バラバラと音たてている。何と今日の雨は気持ちのいい雨だろう。

農夫等の　まちあぐみたる今日の雨

　　我も彼等と共にうれしや

六月十九日（月）

夜、安川先生を訪ね、おそくまで語った。（注：安川源司校長のこと）

六月二十一日（水）

学校教育についての自分の所見を語った（職員会）。今日まであまり多く他人と語らなかったが、最近自分の考えている様なことを皆に話してみたい様な気がしてたまらなかった。やっと気が晴れた。言うべき時が熟したのだ。まだ言い足りないことが沢山ある。わずか一時間許かりの間に自分は何事を言い得たであろう。

七月八日

暫らく無為の日が続いた。家の手伝いもろくろくしないで、そうかと言って本もあまり読めないで過ごした。予定の半分の仕事しか出来なかった。

休み中にエンゲルスの著『家族、私有財産及び国家の起源』を読んだ。非常にいい本だ。家族制度の発達については此の書によって始めて明確な知識を得る事が出来た。彼の唯物史観によって、私有財産の発達と家族制度の発達に於ける関係、及び国家の発達との関係を詳述している。

福田博士の『社会政策と階級闘争』を読みつつある。

七月十日

十七日間の休業が終わって今日始めて子供たちと会うことが出来た。子供たちの顔を見る事がどんなにうれしかったかは、言い表せない程だ。

子供に対する愛と教育と言うものに対して持つ希望とをおいて、自分はとても生きていられると考えられない。

七月二十二日

婦人解放　（社会組織に変化の来ないうちは、真に婦人の解放は望めない。女子の自由はどうしても取りもどせない。）

女よ、君等は何故に人間としての自らの姿を見ないのか。何故に君等は男子より、又社会よりの解放をさけばないのか。いつまでも女は台所以外に出られないのか。君等は今精神的にも肉体的にも、あまりに力が乏しい。而し力の差を以て権力と服従とを生む社会をなくせよ。そこには能力のありったけを出す社会が出現する。女も男も優者も劣者も各々自分の能力の全体を現すことによって満足する。能力のありったけを発揮したとき、この上ない歓喜に酔う。

女等よ、君等は女を女として考えることをやめて、まず人間として解放される為に新人の叫びを上げよ。解放は奪われた人格の回収だ。労働者、プロレタリア階級が人格の回収に努力している如く、社会より、又男より、人間としての自らの人格を取りもどせ。

弱者の人格は常に奪われている。弱きものよ、団結して叫べ、覚醒めたる者よ生命を賭して叫べ、女よ君等は先ず家族制度より解放されよ。

七月二十五日

何についても考えの深いものは相当に苦労しているに違いない。悩みや苦しみを持っている人、或は経験した人は軽々しくしゃべらない。そういう試練のないものは、真面目でもその生き方には強みがない。強い生き方、それは苦労した人でなければ出来ない。単に元気とか勇気とか言うものが湧くものではあるまい。もし湧いたと考えられる場合があったら、それは一時的の感情の高調に過ぎないのだ。真の勇気、真の元気は、どっしりと落ち着いた心、考え深い心が湧く、即ち強く生きている人から湧くのだ。もし人、勇気を説くならば、まず沈静を説け。沈静とはおちついて静かであることだ。単に静かでいることではない。落ち着きのある静かさだ。静かに落ちついているときが一番力の漲っている時で、その力は将になさんとする所に向かって自由に流れる。この時流れ出る力に勇気と言う精神力があるのだ。強い生き方は勇者の生き方だ。勇者は試練を経ねばならない。

七月二十八日

今日は第三時に生徒に特別に注意した。「物欲より創造欲へ」と言う様なことに主眼をおいて三十分ばかり話した。物欲が如何に人類の理想に矛盾したものであるかを語ったのだ。生徒の主なる者等は非常に何かを感じたところがあったらしかった。

七月三十一日

明日から一週間、早稲田の講習に出席する予定。（以下略）

八月一日

今日の講義は矢口達氏の「文芸と性欲」と杉本幸次郎氏の「社会の新観念と現代生活批判」の二つだっ

た。(中略)

会場に田島君が来た事は意外だった。講演後二人で品川の方まで遊びに行って来た。森泉壮吉さんも居た。上田の等々力君も来ていた。

八月二日

今日の講師は平林初之輔と矢口達氏

平林氏は「資本主義文化の解剖」の題で二時間語られた。(以下略)

八月三日

平林初之輔氏の講演の続きはトーマスモーアのユートピアやサンシモン、フーリエの空想的社会主義、ロバートオーエンの理想郷建設(共産村落)の試み等の如き唯心的社会主義の非なるを論じ、マルクスの科学的社会主義に及ぶ。而して現代資本主義社会は歴史的必然性により遠からず崩壊すべく、即ち階級闘争の勝利者としてプロレタリアはブルジョワをたおす事から、共産主義の解説に及び、プロレタリアの社会運動発達の階梯と、最後に共産主義実行の場合の社会状態について説く。

新明正道氏「軍人階級の社会的考察」

氏は関西学院の教授、まだ二十八、九の若い人だ。能弁な新人だ。(以下略)

八月四日

今日は新明氏の講義のつづきと佐野袈裟美氏(小泉鉄氏の代わり)の「ボルシェヴズムとアナーキズムの論争」と題する講演(佐野氏はまだ二十七、八歳の青年だ)

八月五日

小泉　鉄氏「社会組織に対する唯物史観的考察」

佐野袈裟美氏「階級闘争と文芸」

麻生　久氏「ロシアのインテリゲンチィアと革命運動」

麻生氏は労働運動者だけあって、たしかに氏の言葉には人を動かす力を有している。（以下略）

八月六日

長谷川如是閑氏「生活価値の概念形成に付いて」

赤松克磨氏「日本労働運動について」

八月七日

木村久一氏「人間の愛欲生活と人生の心理的現象」

布施勝（辰　か）治氏「赤露を顧みて」

後者は一昨年の八月迄ロシアにあり、前後七カ年の生活を革命前後のロシアに於て送られ、レニンとは親しく其の談を交し、ロシアのボルシェビキーの首脳者連と友好せられ、一九一七年の革命当時は、よくその実況を視られた方である。背の低い温和の人であるが、其の心の奥に正義に突進せずんばやまない熱のこもっている人の様である。（以下略）

正午から大学正門前の高田牧舎で、建設者同盟諸君と聴講者有志との懇談会を行った。出席者の五分間演説はみな熱烈なものであった。

夕は森泉壮吉さんのところに厄介になり、十一時二十分上野発の汽車で帰省の途に付く。

松原講習

八月十六日

朝下り一番で今日から始まる松原の講習会に出かけた。小海駅から一里半の道を、郡山と二人で上がった。八時に始まった。

ひのやの別館に北沢先生と同志等と泊まる。今日の講義は経済学概論

放課後の議論の一番花の咲いたのは、一燈園を始めとした宗教的団体を先生が攻撃されたことから起こった問題である。

この議論に関する自分の考えは全く先生と同一であった。

八月十八日

今日の講義　○人類経済生活の発達段階　○人口問題と経済生活

本論に入って　○生産の問題

八月十九日

○分配論　所得収入の問題より賃金問題、地代純益（利子）の問題

○価値論

○労働組合論

八月二十日

○失業問題　失業の原因　失業の解決策

八月二十一日

今日から経済の変遷の史論的考察

○古代の経済学説及び経済状態　○中世の同右　○近世の同右

重商主義及び重農主義より個人主義経済学に発達せる近世の経済学をアダム・スミスを中心として、それ前、及び後、リカード、マルサス、ミルに至る経済思想に付いて。

八月二十二日

マルクスを中心として、産業革命以後現代に至る社会経済思想に付いて

○ハプレー・カーライルの温情主義

○労働協調主義（社会政策主義）

○ロバートオーエン、サンシモン、キングスレー、モリス等の空想的社会主義

○カールマルクスを中心とする科学的社会主義

○ボルシェビズム

○アナーキズム

○サンヂカリズム

○ギルドソシアリズム

夜　ひの屋の三階にて懇親会

八月二十三日

知識階級とその使命

午後一時十九分、小海発の汽車で先生達とともに帰る。

十二月十日

自分は今年の夜学に特に学科を受持たずに、話をすることになった。一週一回、土曜日に本科生全部一所にして、社会思想上の問題について語ることにしている。

先週の土曜日（二日）に話した話は割合にわかりやすい話であったせいか、生徒はみんな本気で聞いてくれた。思想問題をあれ以上わかり易く話すことは自分には出来ないだろうと思う位、平易に話したわけだ。而し昨日（九日）の講義の時は小さい生徒たちは、すっかりわからなかったと見え、中途であきてしまった様であった。一体昨日話したことはむずかしくもあり、又興味もない（生徒たちには）ことだったろう。而し大きな生徒たちは益々熱心に耳を傾けてくれた。眼のひかりさえ違って来た。自分はそれがうれしかった。小さい者たちがそわそわするのは気にもさわり、又自分の方ですまなく思ったが、一心に聞いていてくれる大きな生徒たちの為には、本気で熱を上げて講義をした。時間が過ぎてもまだ話をつづけた。

授業がすんでから大きな生徒等六、七人は火鉢の所にやって来て、本気で話された問題について議論した。そして彼等は言った。「どうか先生、三月迄熱心にこう言う問題について話してください。私どもは指導してくれる人がなければ全く無為に過ぎてしまう。大切な問題だ。人間として大切な問題だ……」又言う「授業がすんでから今日の様に話し合いをして下さい」と。僕は心から嬉しかった。ほんとにわかってくれるものが、たとい二人でも三人でもいい。否々、一人でもかまわない。いいかげんに聞き流したり、熱の無い人間が聞いたりするなら、百人あっても千人聞いてくれても何の喜びがあろう。自分の話をするのは、話すこと其のことが目的ではない。判ってくれる人を一人でも多く作りたいのだ。一人でも多く醒めてほしいのだ。(以下略)

十二月(日付け不祥)

女子補習にも一週二時間出ることになった。家族制度について通して話すつもりである。生徒の頭が幼稚であるから、思想上の話は中々むずかしい。実際問題などを話の内にまじえて出来るだけ平易に話すつもりで一回話してみた。大体わかってくれた様な顔つきだった。(個性の発達と解放運動　家族制度は人格を無視するものであること　祖先崇拝について　孝行の道徳について)

男子補習に講義しつつある問題はまとめて「改造と教育」とでも名づけて一冊の書とするつもり。女子補習に講義しつつある問題、「婦人解放論」とでも題して一書をなすつもりである。来四月頃迄に両方ともまとめてしまいたいと思っている。

一月九日

嗚呼　今日は何だか頭がさえて寝られない。もう二時十分だ。明日も一日だ。気を落としてはいけない。責任の位置にあって仕事をすると言うことの苦しさをつくづく感じた。多くの人たちが同情し、力を合わせてくれるなら、どんなに心嬉しく気安に出来るか知れないことでも、何か自分に手落ちや至らないことがあったら、ああ　おれは自分の悪い所は心の内どんなに皆にわびて居るか知れない。ああ考えまい。安価な涙など出す時ではない。誤解されて居るならいつか晴れる時があるはずだ。

こんなことをおそれている時に、進歩も改革も革命もあるものか。強く生きる者は弁解や躓きは

ないはずだ。俺はどこまでもしっかりせねばならない。（夜二時二十分）

一月二十八日

夜　近所の娘等が遊びに来られた。遅くまで婦人問題について語り合った。婦人は心が弱い。社会の罪、家庭の罪もあるだろうが、一つは婦人それ自身が弱い、心が弱い。もっともっと強く生きねばならない。目覚めた者は目覚めたなりに革新の苦をなめるのは当然だ。目覚めた者が先ず強く生きなくていつになったらよくなるのだ。

世の婦人達よ、正しいことの為には何物をも恐れはゞかるな。常に正しいものは、最後の勝利を得るものではないか。非難と冷罵と軽蔑とは、強く生きようとするものにきっとある、わからない者の誤解だ。

二月二十五日

俺はもう教員は止めだ。教員生活なんて真っ平だ。罪悪に満ち、自堕落に流れ、而かも自分勝手な、ひねくれた人間の集まり、それが小学校教員だ。何たることだ。

俺は止めだ。小学校教員なんぞ、止めだ。のたれ死にするともかまわない。俺は労働者の中に飛び込もう。ほんとに血と涙の生活の中に入ろう。

三月七日

予習の子供達の為に毎日暗くなるまで学校にいる。九人も受験者のある中で、望みのあるのは先ず三人だ。何となく淋しい。而し努力次第では六人は入れるだろう。試験を受けると言うのに、まるでまだひと事の様にぼんやりしているのがあるんだから、やりきれない。

三月十日

陸軍記念日と言う日がまだ相変わらず戦勝記念日として全国民の祝日となっているとは何たる非常識なことだ。而かも小学校の授業をさまたげても軍人分会の祝宴会の為に室を貸さねばならないのか。非常識さ加減も程がある。

十七、八年も昔の戦勝の日が一体何だと言うのだ。今日小学校の生徒は誰もそんな頃生まれてはいなかった。歴史の話を聞かされて彼等は始めて奉天の会戦などと云う大仕掛けな殺しあい、凄惨な有様を想像して、昔の人間はなぜそんな殺し合いなどせねばならなかったのだろうと不思議を抱く位の話だ。今日本当に記念日として祝した様な気持ちになれる者は、おそらく一部階級の人達と、実際に奉天の戦いに出征して運よく生き残って帰って来た軍人達位のものだろう。勝ったと言うことが何の嬉しさもありがたさをも感じない。いや戦争其のものが甚だ迷惑千万なものだと考える。プロレタリア階級、戦争を神の愛にそむくものとする宗教家、人道にそむく野蛮極まるものとする学者、戦争のために愛児を失い兄弟を死なし、父を失ったあわれな者達、それ等の人達に何が嬉しく、記念日だなどとお祝い出来よう。

かりに一歩ゆずって考えて見よう。どうせ戦争するからには負けたではたまらない。勝った方がましに相違ない。その一時の嬉しさまぎれにお祝いする気にもなろう。而し、一年や二年は忘れ難くお祝いすると言うこともうなづけるが、もう二十年近くもなる今日、相変わらず、全国でこれを祝するとは何たる事だ。負けた国の身になって考えて見るがいい。自分の慾、自分のチッポケな嬉しさに有頂天になってしまう様な、なさけない小人どもの集まりだから、他国の人に嫌われるんだ。

やれ、好戦国民だ、商業道徳をわきまえぬ、欲張根性が強い、など言われても返す言葉はあるまい。ロシア人は気のいい人間達だから、コセコセした日本なんかが戦勝記念日だなどとさわいでいても別に気にもとがめはしないが、馬鹿な奴共だ位に思っていることだろう。青島を占領して日本は狂気の様に喜んでいる時に、支那は二十一ケ条をブッケられた恨み忘れ難く、国恥記念日として日本を憎む心強く。朝鮮を併合して領土の広くなったことを嬉しがっている時に、朝鮮人は日本の処置、施政に恨重なって死を賭して独立運動に熱中している。シベリアの利権を獲得し様として五億円の国費と二千有余人の人命を犠牲にして、ロシアの憎悪と世界の軽蔑とを受けて空しく手を引き、何一つ日本の軍閥や資本家のすることにいゝこととてはないではないか。

彼等の為したこと、またなすことを、日本人の総てだと思われては甚だ迷惑である。而しあまりに彼等の勢力は日本に於ては強い。

東筑摩郡塩尻尋常高等小学校　岩田健治　一六歳

大正十二年度

六月六日

東京の社会主義者達は大部検挙された様だ。

新聞に伝う所はさっぱり要領を得ないので、何の理由で大々的の検挙を為すのやら判断するに苦しむ。堺利彦氏を首領として共産党の秘密結社を作った、治刑何条かにふれると言う理由で警視庁の自動車二十余台が一斉の活動で捜索され、学問の自由を蹂躙するに至るとは。佐野学は姿をくらました様だ。警視庁は懸賞で捜索している様である。

今度の事件がはたして秘密結社を作ったというだけであったなら、大山鳴動して鼠一匹と言う所であろう。罪名を探すに苦しむ位の話である。

社会の発達に論究して資本主義の必然的運命、社会主義の出現すべきを論じたとも、或いは同様な思想を有するものが結社したとて、それが何の悪いことがあろうか。(秘密に結社する事が悪いと言う法文、それはいったいどの程度まで適用するのであるか知らないが、とにかく当局の忌避にふれるものは一年以下の禁固であるそうだ。)もしも陰謀を企て、或は社会の公安を害し、平和を乱し、社会の円満なる発達を阻害するものならば、当局は黙許しないだろうが、何故に正しかるべき思想家が秘密結社を作るに至ったか、それは恐らく民衆の大部分が正当に判断し得る事であろうと思う。

自分は社会主義思想の円満なる発達と社会の革新さるることを望み、冷酷なる圧迫と迫害とを加えるものに対して、強い反抗心を禁じ得ない。

岩村田尋常高等小学校　岩田健治　三一歳

昭和三年

三月十日　土曜日　雨

陸軍記念日というので第三時、記念日のいわれを話して忠魂碑に参拝して子供を帰す。戦後二十四年の今日なお日本人は戦勝記念日などとさわぎたてる。あまり感心出来ないことだ。もうそんな事は国民から忘れられるほうがいい。

三月十一日　日曜日　曇

九時近くになって起きた。昨夜寝たのは一時四十分頃だった。よく寝付かれなかった。そして、夜っぴて夢を見ていた。

昨日無産党四派協同委員会が開かれ「無産党議会対策協同委員会」を設けることになり、議会では完全に一致行動を取る相談が出来上がったようだ。

北信労農党支部主催の倒閣演説会が昨日須坂町で行なわれ、聴衆一千余名満員締切りの盛況だったらしい。労農党の発展を祈る。

弁士　町田惣一郎　宮崎萬一郎　原山猛雄　若林忠一　小林杜人諸氏

三月十二日　月曜日　晴

信毎　論評の一部

「政府にして依然として我等の言論を圧迫し、そして我等をして国家の立法権に参与せしめないならば、我等はやむを得ず当初の決心に立ち戻り、直接行動の取るの外はない」という議会政治否定の時代を実現しはしないかという虞である。かくては国家を危機に陥らしめるものは、いう所の無産政党ではなく、かえって之を抑圧しつつある政府それ自らであらねばならぬ。

三月十四日　水曜日　半晴

午後職員会議あり。学籍簿に成績記入の件について校長と意見合わずして論をなす。

東筑摩郡県議補欠選挙に労農、社民の二党同志打ちをはじめる形勢。

下伊那郡飯田町では三無産党連合で、四月一日、倒閣演説会の計画。

三月十五日　木曜日　晴　暖気あり

第四時の女子の「書方」の時間に生徒と裏山の枯芝の上で遊ぶ。風まだ寒し。

十三日に東筑塩尻に発会式を挙げた社民支部は、下旬に池田大町豊科等に於て倒閣演説会を催し、中信一帯に戦線の拡張をはかり、西筑にも支部設置の運動を準備中。

三月十七日　土曜日　晴

屋代町の農民組合県連合大会は無事に終了のよう。而し予定の示威行列や松代、篠ノ井の演説会は、弁士として来るべき本部の連中の出発前の検束でお流れ。

三月廿日　火曜日　晴

学科も全部完了した。これで授業も終わりだ。第三時、男、「読方」の時間、裏山に登って遊んだ。麗らかな日だ。久しぶりに校外に解放された気持ちで出る。子供等の嬉々と遊び戯れる様春の小鳥のようだ。枯芝の上でいつまでも昼寝でもしていたくなった。

子供はもう二、三日で卒業だ。それぞれの道を見つけて貧の奴隷となって働かねばならない。暗黒な社会が目の先にぶら下がってきているのだ。八年間の学校生活、その間の子供はそれでもとにかく幸福だった。けれどもこれからは彼等の目前に展開して来るものは皆暗黒だ。嬉々として戯れ遊ぶ無邪気な子供達を見るにつけ、可憐な気持がしてならぬ。

十八、十九の両日にわたって長野中学講堂に開かれた県連合青年大会は、昨年のような開会中の当局の圧迫もなく、各郡市代表の存分の意見の発表討議の出来たらしい事を喜ぶ。新聞の伝える所を見るに、かなり進歩的の意気ある代表が多くなったらしく思われる。総選挙後、無産党の進出が地方青年を刺激した事はかなり大きなものがあっただろう。

三月三十一日　土曜日　曇

四月よりの予定（学校生活に関する）

一、教授に関して

イ、教材の研究を充分なすこと。

ロ、教案は細密なるものを立てること。

二、訓練に関して

イ、児童には総て同様な温かみを以て接すること。

ロ、小言、小世話等は勿論叱ることは殆どせざるよう常に適切なる訓話等にて過ちなき様指導する。

ハ、児童個々によく親しみ接すること、休み時間の遊戯、時間中の散歩、遠足等、機会を失わず又作ること大事なり。

ニ、児童の父兄に接するの機会を考え居ること。

ホ、児童の長所をみとめ。その助長につとめ、短所、学科の不出来等に関して児童のひがみ、萎縮等の感を抱かしめぬよう常に心すべし。

三、学校の勤務に関して

イ、事務の整理をキチキチとなし置くべし。

ロ、学校に関する仕事は一切学校にてなすべし。

ハ、余談、雑談に時を過ごすことなきよう注意すべし。

ニ、放課後は必ずあすの準備の教材のしらべ、教案の立案をなし、其の他調ぶべきこと、なすべき仕事のかたつきたる時は帰宅すべし。

ホ、運動はなるべくせぬようにすべし。もし為すことあるも、三十分以上にわたらぬようすべし。

岩村田尋常高等小学校　岩田健治　三一歳

昭和三年度

四月一日　日曜日　曇　気温寒し

六、七年前に読んだ『レーニン伝』を引き出して読んだ。今更のような新しい感じでもって読むことが出来た。何度読んでもあきない。も一度近い内に繰り返し読んでみよう。世界の産み出した最も偉大なるものレーニンの人格は、俺の心を吸いとる。

四月十二日　木曜日　晴

またしても共産党事件で新聞は大々的に書き出した。秘密結社、ロシヤとの関係、曰く何々と、大げさの騒ぎをして百数十名の収監。

労農党は共産党と血の通った党であるという理由で解散

無産青年同盟及労働組合評議会も同時に解散

其の上に新労農党代議士の議員除名問題など、馬鹿げ切った問題が問題にされ、学生の社会科学研究会解散の問題、社会科学研究会の官立大学教授の所決（特に河上博士）等が問題にされつつあるよう。

何たる反動、何たる暴状。

田中反動内閣のこの暴虐陰惨たる無謀極まる暴状は全民衆に如何なるショックを与えしか。社会進化の道程、歴史的必然性の内に流転しつつある人類社会の正義は長く反動的勢力の暴虐をゆるさぬであろう。

四月十三日　金曜日　晴

大山郁夫氏は十一日東京駅頭で反動団壮士十余名におそわれた。

新党樹立準備会も又解散

六月十九日　火曜日　曇　時々雨

張作霖の死去確実、陽宇廷、張相昌等の今後の態度如何、我国の満蒙対策、支那外交は今後如何に進展を見るか。

六月三十日　土曜日　雨、曇

午前も午後も学校に行った。手工室に入って下駄箱の製作。今日は棚がすっかり出来上がった。夜に入って大いに雨降る。

治維法改正案、枢府を通過、明一日より実施の勅令として出るらしい。

八月四日　土曜日曇り・小雨

午前『資本論』を読みさした。午後『家なき子』を読む。

九月二十一日　金曜日　晴

今月の俸給を受け取った。学校会計は少なかったが、本屋其の他の商店からの掛けを支払うと案外手もとに残らない。何時も二十一日と言えば掛取りが山のように小使室に集まって居るんだからたまらない。懐が温まることは何時だってありはしない。右から左へ文字通りお足だ。止まっている暇なんぞありゃしない。鷹野君から借りていた拾円も今月思い切って返済してしまった。それでも今月は割合にまだ財布が重い。あまりボロ靴ばかり穿いているので、生徒まで「先生はどの靴も穴があいているね」などと気にされることを思うと、一つ新調の黒光りする靴をおごり度なる。今日は学校の帰りに遂に靴屋に飛び込んだ。注文はずれで丁度俺の足にしっくりと言うのがあった。注文品でないんだから先方も思い切って勉強すると、結局八円で買った。「山崎」のことだから一体値が安い。これが他の靴屋なら注文で十二円、注文外れ品で見切って拾円以下では売るまい。など独りよろこんで帰った。

九月二十五日　火曜日　雨

正午近い頃から雨が降りだしたが、家に帰る頃になって中々大降りだった。雨具を持たないので帰るわけには行かず、宿直室で土屋君と碁を三席と打った。二敗一勝だ。どうも俺は大事な所で考えが足りない為に十二分に勝利のある場面をやりそこなっていけない。未だ心の修練が足りない。俺は碁を娯楽としてするよりも、精神修養の一つの方法として考えているんだが、いかさまよく自分の欠点が碁に現れるので、ほとほと自分の未熟な人間であることに愛想をつかす。

夜食後宮下君が来た。歴史研究会の問題について、さし向き一日の研究会の討議方法について相談に来たわけだ。種々歴史問題についての雑談に耽り、共に現在の国史教科書に付いて攻撃した。結局一日の研究会に、宮下君の提唱すべき大綱に付いて考え合って、後は自然に今一番頭の中にわだかまっている学校内の職員の、だれ気分に対する不満に付いて談話に陥った。夜を更かし、十二時十分前宮下君帰らる。

十月一日　月曜日　晴　曇

放課後歴史研究会（第一回）二時より裁縫室

歴史研究の総論的な問題についての論議をなす。柳沢君の山田氏の歴史研究に対する一般的概論についての要約を印刷して、その説の紹介あり、宮下君の主として古代史の研究より国史の虚像に対する反対論あり、其の後国史編纂に対する主義、思想の反撃の立場にある宮下君や僕等と、反動思想に影響せられていて、それより一歩も出ない偏狭論者等との間に種々の議論が起こった。

十月二日　火曜日　晴、曇

放課後、女先生方四名の茶話会に呼ばれて宮下君と共に、昨日歴史研究会の席で話題に上った問題で、腑に落ちない点についての質問に答え、種々の雑談に時間をつぶした。勉強の足りない人等に物を理解してもらうことはむつかしい。

十月七日　日曜日　雨

午前十一時三十二分の汽車で南北佐久の各学校に分配する両陛下の真影が、岩村田農学校に送られた。農学校・中学校・女学校の諸生徒・小学校は尋六以上の生徒及職員一同、其の他附近町村の名誉職員等多数、沿道の奉迎。

昼食後又学校に行った。理科室でラジオを聞いて二時過ぎ職員室に来た。宿直室には数人の者が飲んでいる様だ。職員室には、宮下、大池、柳沢猛君等が話していた。

話が何時しか歴史問題や国体問題にうつった。安川先生（注：校長）も出かけて来て、色々の議論が始まった。宿直室から土屋武君も出て来て話の仲間入り。校長に柳沢君、それに僕等三人、二人と三人との新旧思想の衝突だ。お互いの考えの根拠がちがうんだから、何時まで話し合って見た所で議論の埒はあかない。

どんなひょうしからだったか？いつか小学校の教師とか、教育会の空気とかの問題にうつり、現在の岩村田の職員組織や現在学校内の空気などのことについて、宮下君や土屋君の見方や考えが語り出された。俺は二人の考えの大部分に同感である。にもかかわらず、二人の考えのどこかに説明したりないか、或は考えたりない部分があるように思われる。

共に仕事をして行く上は、其の誰もが自分の身に責任を持つという事が大切だ。責任を感ずるという事は、事の結果に対してばかり言うことではなくて、其の日々の、乃至は時々刻々の仕事の行程、即ち日常の歩みにも充分に含まれなければならないことである。だから結局責任を感ずるということは、自分の精一杯を尽くすことでなければならない。自分を精一杯に生かすということと、責任感というものが一致してこなければならない筈だ。だから自分勝手の自分を生かすことではない仕事を通しての自分を、即ち社会的の自分を生かすという意味でなければならない。

俺等のように教職にあるものの責任は、教師として生徒に対する指導という方面の直接の任務と、教育に直接又間接に関係ある様々な仕事の上に、そうして此れ等の仕事をなして行く上に必要な修養の上に、自分の精力をぶち込まねばならない。

十月十八日　木曜日　曇　雨

二時三時は続けざまに読方をした。巻の二に今日初めてうつった。第一課農業という課だ。

農業はあらゆる職業の中最も身体の健康に適した職業であり、勤勉実直なる健全なる精神を養うものであり、家庭の和楽を起こさしむるとか、最も趣味に富んだ職業であるとか、農業があらゆる職業の中で最もいい職業であるように書いてある。だがそうした人々はたやすく欺瞞されるものではない。そんな言葉は現在の農業や農民の状態を一寸も理解していないものの言う事か、全々欺瞞の態度で、無知な農村子弟をゴマカす為のものでなくてはならない。

（中略）

『マルクスエンゲルス全集』第三回配本着

雑誌『解放』は廃刊になったらしい。そして以前からやっていた四六版『解放』を少し変装した形のものにかえたようだ。どうも六月以来来ないのが変だと思って大阪屋に催促したのだったが、単行本式の変装誌八月号、九月号の二冊が今日来た。

十一月十八日　日曜日　曇夕方雨

小野武夫氏の『農村機構の分裂過程』を読み終わる。よき書なり。近日中もう一度繰り返して読むつもり。近頃読みし本にては最も感激深き書なりき。

此の冬は主に農村問題に関する読書と研究に費やすべし。

十一月三十日　金曜日　晴

昨日印刷した指導案は高一の女子を使って綴じた。放課後土屋誠君の下宿で学年会の親睦会をした。八時半頃迄飲み、談じた。それから学校に来た。丁度夜学が終わったばかりの処だった。校長が一人で炬燵に居た。その内に尾台君も柳沢君も来た。武夫君床をのべて寝てしまったが、僕と校長とは青訓の公民教科書三巻の末尾附録の治安維持法の国体及私有財産云々のことから議論し出してしまって、遂に深更に至った。

柳沢君は十時頃、尾台君は十二時近い頃、土屋誠君は十一時半頃帰ってしまったが、僕と校長はまだ論じた。その内に武夫君が眼を覚まして布団の中から談論の仲間入りをした。

帰る時は一時をまわっていた。

十二月十七日　月曜日　晴

田口の学校に行った。与良校長は校長会の為に臼田に出張して留守だった。田中君や広岡君、花岡君達に会い、ストーブの周りで茶をすすりながら世間話をした。花岡君と宿直室で碁を打った。何という君だか東筑の洗馬から来たと言う若い君とも打った。あと酒を呑んで寒さも忘れて三分の家に帰った。夕飯を戴いているうち十時の終列車も通ってしまったようだから宿ることにして、無産党の政治問題について、父や兄と談論した。寝たのは十二時過ぎだった。

田口の青年の牛耳を取っている者で最も左傾的に確かりした人物は内藤邦雄君だと聞いた。

十二月十八日　火曜日　晴

夜学をおやして校長の家庭訪問

今日帰校の折校長に会って、今夜来てもらいたいとのことだったから八時五十分頃だが行った。

組織方針や方法、計画についての相談

十二時一寸まわってからいとまして帰った。

一月十二日　土曜日　晴

近頃は読書に心を落ち着けるようなことがない。正月気分で気がゆるんでいる処へ、職員組織の心配があるから、中々書籍に心が向かない。

一月十三日　日曜日　晴

今日は家に引きこもって幸徳秋水の評論文集を読んだ。

夜、佐藤が遊びに来た。九時過ぎ迄話した。社会問題等に相当の理解を持って居ることがうれしかった。小県の農民運動等について語った。帰りにラッセルの論集を持って行った。

一月十六日　水曜日　晴　風

堺　利彦の『当無し行脚』を読む。それは前に『中公』に連載されたもので、大部分は其の時読んであるが、改造社から単行本として出した。読書会で購ったのを落札して置いたので引出し、最後の読者注文の『木賃宿旅行』を読んだ。面白い、小説を読むより面白い。

一月十七日　木曜日　晴

夜学、国語、藤村の『成長と成熟』の課終り、第二時目に葉山嘉樹集の『淫売婦』、黒島隆二の『脚の無い人』を読み、無産文士の傾向に付いて語る。

一月十八日　金曜日　晴

夕方宮下孝造君が来た。宮下君は酒は一寸もやらぬから、汁粉で夕食を共にし、一晩中語った。

農村問題に対する自分等の取るべき態度、方法や覚悟について、真面目な談論をした。岸野の青年会主催の講習会に、明日高倉氏を招くについて、宮下君の立場がどんなものになるか。平出君と言うのが直接の責任を負って心配すべきだと思う。

一月二十日　日曜日　晴

夜、校長の家に行った。学校の青訓の授業日で出勤と聞いて学校に行った。裁縫室で何やら羽毛田指導員の話があるようだった。一人で炬燵にいると風間が来て、小使いの内情話を打ち明けた。八時頃宮下君が来た。高倉氏の話を聞いて来たんだ。小諸まで送って今帰った所だと。講演会は盛会だったようだ。講義の内容を聞いた上、今後の問題について語った。その内に九時半頃にも校長も柳沢君も宿直室に来た。農村問題や思想問題に対して教育者の取るべき態度や方法について、校長と大いに論戦した。始めの話は僕から校長に持ち出した。小使いの内情話、長岡を退職させるようなことになれば、そのことについてどうするがよいかの話から始まった。校長の平常が部下の者等に誤解されている部分について、先生からも反省して見るべきを申し上げた。校長があまり細部にわたって干渉し、部下の気を悪くしてしまうということは、校内の空気をまずくするからだ。部下を理解し、心情をくみ、同情に満ちた態度が部下に感ぜられるようでなければ、干渉は反感を持って迎えられる。

思想問題の始まりの話は宮下君が持ちだした。言わぬ方がいいと思われるような進退の問題まで話題にのせるので、中に立って話題の行きつまらぬようにつとめた。校長の思想を今更どうしようとするのではないが、正しい道に対しては、どれだけでも理解を深めてもらいたいと思うので、宮下君も僕も本気で論じた。柳沢君はあまり言わず聞いていた。「僕も君等の考えは正しいと思う」などと言っていただけだ。

一時十五分頃宿直当番の土屋誠君と柳沢安春君が来た。岩子の湯で数人して飲んで来たので、僕等が四人頭をそろえて宿直室に居たので、入った時ギクリとしたようだった。
一時半帰宅　二時頃就寝

二月十七日　日曜日晴

午前安川校長の宅を問う。志賀の佐藤君が居た。入れ替わりに茶の間の炬燵で語る。池田嘉四郎、名を知らぬ老教師らしい人等も来た。要談をすまさず宅を辞し、柳沢君の家を訪ねた。

中佐都へ御代田の清水君を
岩村田の鷹野君は中津へ
中津の原君は本校へ
浦里の広田を山王へ
山王の吉沢を岩村田へ

の転回の相談を持ちかけ、賛成を得た。

軽井沢の山本校長来訪、正午、酒を出され、遠慮なく呑み、語る。二時過ぎ安川校長も来て又共に呑み、且語る。

右の転回の話に大いに賛成を得た。

四時半辞して帰る。

二月二十七日　水曜日　晴

夜、校長来宅　辰雄君、鷹野君、柳沢君等に関したる諸問題について相談をうく。明日県庁に出かけ、最後の決定的問題として事を進める事を約す。

三月四日　月曜日　晴

柳沢安春君、青木に出かけ、岩下校長と面会し、青木に転任すること決定。これで難問題の皆ほぼ決定という段、先ず一安心。

夕方、土屋慶一郎氏（注：教育会長）来校。宿直室で碁を一席打つ。先で一面打って負けを取る。

宿直当番　熊谷君同宿　十一時半頃まで語り、夜を更かす

三月十日　日曜日　晴

午前から学校に出かけた。校長会も今日も続いた。

用のない校長達が三、四宿直室に来て碁などを打つ。

切原の箕輪校長が、農業専科をほしいので、室賀の木村君の事を聞いて、僕のところへ相談に来た。

あさや旅館で少時語る。

三月十七日　日曜日　晴

拾時頃、切原の篠原君と木内君、来宅。

三浦君の転任口について心配方依頼される。

四時迄両君共碁を打って行かれた。

夜、校長より使いあり。七時半　訪る。（柳沢首席も一緒にて）。配当の予定になっていた男子新卒は駄目になったそうである。それについて後任者の心配に付き相談。手工の専科を出沢君にやってもらうか、他に人を見つけるかについて問題と関連して考究。

其他新学年度の受持ち等について十一時頃迄相談。学校に至り、宿直。熊谷君と宮下君と炬燵に

うたゝねしていた。

昭和四年度

岩村田尋常高等小学校次席訓導　岩田健治　三二歳

四月十一日　木曜日　晴　近頃めずらしい快晴の好天気

午後小諸の北条首席来校、大井潔君の欠に対しての補充職員につき心配。僕から古町の杉山忠道君を推薦した処、それを頼むとのこと。北条君と安川校長、柳沢首席、清水君、僕で五時頃も教育問題、社会問題等に付き論談す。

四月十四日　日曜日　曇　荒れ　後　晴

十時、神川の堀篭先生来宅、午後一時安川先生に会うとて学校にお出かけになった。

二時半学校に行った。青訓の査閲が午前あり、安川先生は其の宴会に出られて学校に居られず、堀篭先生は会わずに二時半の汽車で帰られた。午後学校には青年会の研究会あり、農村青年の離村傾向の理由如何、農村の貧困の原因如何、農村青年の政治的進出に対する矛盾、現代政治の腐敗と青年の使命等の問題につき研究討論しているようだ。

五月三日　金曜日　雨

部会の会長改選にあたっては、安川副会長を会長に推す問題につき、柳沢、清水君等と相談した。平根の宮坂君、木次君等も相談に学校へ来た。中佐都の栗林君も僕の所へ相談に来てくれた。

七月二日　火曜日　晴

田中内閣は本日正式辞表提出、総辞職となった。後継内閣は民政党に大命降下あるらしい。今日の午後にあった事だろう。濱口民政党内閣が出現するわけだ。

不死身内閣、かじり付き内閣の田中政友内閣も、満州事変と不戦条約問題で遂にみっともない最後を遂げた。

而し新民政内閣だって何の期待も好意も持てるわけのものじゃないが、田中内閣の外交（支那外交）、内治諸問題に眼をつぶり、耳をふさぎたくなる程愛想をつかしている時なので、何となくいい事になったような気がする。

来議会は当然濱口内閣によって解散が行われるだろうが、其後民政党がどんな仕事をするのか。

七月十九日　金曜日　晴

露支の国交断絶し両国の間の雲行険悪、国境付近に両国軍隊集中し、干戈交うるに至らん形勢である。日本の態度は最も世界の注目する所たるべく、米英の態度も又注目すべきものである。

七月二十日　土曜日　曇　後晴

米国積極的に乗り出し、露支両国に警告を発す。ケロッグ不戦条約調印国たる両国は、干戈に訴うることなく平和の中に紛争解決すべく深甚なる注意を喚起せんとするにあると。

支那は露国と戦争しては勝味全然なかるべし。されば国民政府は諸外国の同情に訴えるべく、逆宣伝を行い、お手のものの外交手段で最後の勝利を得ようとしているようである。

八月二十二日　木曜日　晴

夜大阪屋に読書会の書籍代五拾円五銭及び自分の借り三円五拾五銭を支払い、帰りに書籍二冊を購入。

ロードベルトウス（山口正吾訳）『地代論』『日本商業史』横井時冬著

八月二十三日　金曜日　晴

午前　カウツキーの『農業理論』読了

午後　解放　秋水文芸号を読む

夜　石坂橘樹『農村厚生問題』を読む。

八月二十四日　土曜日　半晴

終日　九月号『改造』を読む。最も読後感深きものは森戸辰夫氏の『大学の転落』だ。

八月二十五日　日曜日　晴

八時八分の下りで臼田の講習に河田博士の話を聞きに行く。

金輸出解禁問題に付いて聞く。正午第一日終り。

八月二十六日　月曜日　晴

昨日と同じ汽車で臼田の講習に出席

経済緊縮に関する批判及び中産階級問題に付き聞く。

八月二十八日　水曜日　晴

本日から第二学期始まる。

午後は四時迄学校で『地代論』ロードベルトウスを読む。

八月二十九日　木曜日　晴

『地代論』を読む。夜少し文を書く。

九月十六日　月曜日　晴後曇りがち

生徒の就学旅行の件は何とも決心しがたく、困惑する。予定の関西行きは七拾七名中三十人の上は幾人も出ない形勢だ。

関東方面に変更し、旅費を約半減にするとしても、様子を窺って見たが、それでも人数に大して変わりはない。四、五人は多くなるか？

九月二十五日　水曜日　晴　夜急に雨となる

放課後学年会　修学旅行は関東行きに決定した。生徒も関東なら四十三、四名には上るらしい。秋期遠足には全部生徒が行かれるように、費用は学校で出すようにして、春日の湯一泊自炊の旅行をしようと言う事にした。

十一月一日　金曜日　曇

新労農党結成さる。

本日新労農党結成式は、芝公園協調会館に開かれ、極めて盛会裏に無事にその華々しい、而も前途陰惨を思わしむる悲壮なる戦士等により結成を見た。

議長・大山郁夫　副議長・上村進　奥村甚之助　鈴木源子　書記長・細迫兼光

十一月二日　土曜日　晴

労農党結成式第二日も無事終了。今後の活動に期待す。

十一月五日　火曜日　晴

夜、佐藤量男君来宅。小県郡下の農民運動の模様について語られた。教員で新時代に覚めている君の、極めて少ない中に、彼はめずらしくも良い話相手だ。九時頃迄快談。

十一月六日　水曜日　晴　夜おそく雨となる

二時頃佐藤君が学校に遊びに来た。関口寛治君と吉水英一君と語らって、四人で、佐久ホテルで小宴を催し、夜九時迄快談、痛論、大いに飲んだ。

共産党事件、三・一五、四・一六事件解禁、今日新聞に発表。

十一月八日　金曜日　曇

中公十一月号の小林多喜二の『不在地主』はすてきだ。

高橋亀吉氏の『資本王国の財産調べ』の『三菱王国論』も必読の研究だ。堺利彦の発表した、荒畑寒村の自殺未遂始末も読んで色々感ずる処がある。其他今月号、読む所多々あり。

十一月十二日　火曜日　晴

米の収穫予想が米価に、とんだ影響を来して農民を苦しめる問題

自作農創設低利資金融通の欺瞞

右の問題について面白い文が書けそうな案が浮かんだ。

十一月十五日　金曜日　晴

午前の三時間の授業をすまして長野の経済学の講習に出かけた。

十一時五十四分発で立ち、長野に着いたのが二時半近く。

車中南佐久の連中四、五人と一所になって話しながら行った。講習は午後三時から教育会館に開か

れた。

講師は慶大の小泉信三教授

今日の講義は「マルクスの思想的発展の経路と彼の略歴」であった。

五時二十分頃講義終り、和村の塩沢と神明館に宿を取ることにした。南佐久の市川利市、市川雄一郎、仁科武七、花岡忠治等の諸君はもう宿に行って居た。俺はそれ等の人等と一所に宿る事にした。

十一月十六日　土曜日　晴

講習第二日「マルクスの経済学資本論」を主にして彼の経済学より其の思想解剖であった。（略）

十一月十七日　日曜日　晴

講習第三日「各国に於けるマルキシズムの影響」についての英・仏・独の現状　一時十分前終り。

十一月十八日　月曜日　曇

講習第四日「ロシアに於ける社会主義の発生と其の発展」「マルクシズムの影響、ボルシェビズム、及びソビエト＝ロシヤの建設」、其の後の国情等について、零時半頃講習終了。

十一月二十七日　水曜日　晴

高橋亀吉著『経済学の実際知識』を今朝大阪屋へ十六部注文した。補習生の教科書として使用するわけだ。果たしてい丶か悪いかはよく解らぬが、これが口火となって寄り付く所が出来てくるだろうと思っている。

十二月一日　日曜日　晴

藤森成吉氏の『光と闇』を読了。

戦旗社出版、日本プロレタリア作家叢書の第一篇だ。非常にいい。近頃こんな気持ちのいい作をめったに読むことがなかった。心がずきずきしてうれしい。『土堤の大会』『ツバサ』『放す』『貧乏な兵士』『草間中尉』『潮の音』『選挙』『光と闇』みんなすてきにいい。特に心を動かしたものは、『選挙』『光と闇』『ツバサ』だ。

夜は入浴して愈々ペンを持った。土田氏の『思想問題』の書を中心にして自分の考えを筆にして見ようと思う。

十二月六日　金曜日　晴

夕食後清水君を訪ね、北佐久に於ける来年度の職員組織に関して校長、首席級の異動の目当てについて談義。

九時頃から酒を飲みながら碁を打って十二時頃に及んだ。

十二月十五日　日曜日　曇　暖気去らず

午後、英子をつれ、大阪屋から手帳を買ってきた。帰り裏町を通り、佐藤君の所により、一時間程語って帰宅。

小県の青年の様子などを聞く度に心強さが胸に沸くのを覚える。

十二月十八日　水曜日　晴

授業をすまして二時四十一分の汽車で小諸に行った。北條君と教育会（北佐久）の校長移動に関する諸考案に対して五時頃迄談じ、野村、山浦の両君と三人で相生亭で晩餐を共にし、教員移動等に関し、談じた。

十二月二十三日　月曜日　晴

夜、関口寛治君と二人で清水君の宅に到り、三人して職員組織上の諸問題につき考案した。郡内校長の移動、及び首席級の移動の案や、郡外者で来年度帰郡すべき人々についてのこと、及び岩村田の学校内の組織等総べて連関的な問題として考研、十一時頃に及んだ。

関口君、今晩はおそくなったが、吉水がまっているはずだと、学校に行かれた。

十二月三十一日　火曜日　雪

昭和四年も今日限りだ。歳月の流れの早い事哉。過ぎし日の夢の如く思われて、無為に打ち過ごせし我が生活の不がいなさを痛感する。此年こそは、此年こそはと思いて、ついに来る年も来る年も何事をも為し得なかった感がする。

かくも無為なる俺の生活の一大転換も近づきつつあるのではないか。俺は其の転機の事をいつでも考えて来た。而もさしせまっているような気がして、又遠いような気もしていた。だが其の転期は早く来たさしめるのがいいのだ。にもかかわらず俺の心の一部には、出来るだけそれをさける一面がある。生活の不安、否、そう言うよりもむしろ、生長しつつある四人の子供達の運命を、あまりにもいたわしいと思いすぎるからだ。それを押し切るだけの勇気はまだ出て来なかった。いつもそこまで考へ到れば、将来の方寸が立たなくなってしまうのだ。

かくして俺は今の職を投げ打つ事に対してはっきりした決心がいつもつきかねた。それが為仕事の方面にも徹底的な歩みを進めかねて、最もありふれた教員共のなしているような事とあまり大差のない歩みより外に出られなかった。

来たるべき年は、俺は如何に考え、如何に歩むべきであろうか。三月に到らば何といっても俺の一大決心をなすべきだから、それまでに俺はかなり確りした考えをねって置かねばならない。

俺はあまりに多方面に心が働きすぎた。一個の受持ち児童を通しての教育に関する問題以上に、学校のあらゆる計画的方面に、又教育会の改革の方面にいつも心の動いていた為に、その方面に随分勢力をしょうすいした。そして俺の常に志して来た勉強の方に力を伸ばすことが、殆ど出来なかった。俺は十二月までに自分の思想の一端をまとめ、統一ある一論文を作り上げてみようとして、ついにそれが出来なかった。又、無産階級の、或は農民運動者イデオロギーについてまとめて見よう志して、それをなし得なかった。俺はあまりに考えばかり先走って、而も無駄の方面に精力を費やして来てしまったのだ。そしてこれから三月迄も又、教員組織其他学校経営上の諸事について大部分の精力を消費せねばならぬ運命、自らまねき、自ら求めた運命にある。而も俺の常に考え、常になさんと志している実体はそんな所にはないのだ。俺は何と矛盾した生活をしていることか。

真実に教育の問題を考える時に、現代の心ある教育者の当然到達し、悩まざるを得ない所の教育の問題、社会問題、思想問題をはなれては考えられないのだ。

七、八年来俺の考えて来た事が、それに関しているはずだ。俺は此の考えを徹底的にすすめるよう愈々はっきりした態度を取るべく新年を迎えねばならぬ。

二月十八日　火曜日　晴

以前に読んだ（大正十年）『マルクス伝』を又読む。学校の放課後も、夜はむさぼるように読んだ。全然新しい興味と新しい理解を持つ。

夜学に出席、生徒は十名だった。講堂に篠原派の演説会が行われていた。夜学がすむと直ちに帰宅。『マルクス伝』を読みつゞけた。

二月十九日　水曜日　晴

夜は河上博士の「マルクス主義経済学の基礎理論」弁証法の所を読む。

二月二十五日　火曜日　晴

放課後　思想講習会出席の報告会の意味で話をすることになり、マルクス主義の概論に関する講義をした。三時から五時一寸過ぎ迄二時間余にわたって述べた処は、社会主義の概念と各種社会主義主張の大要と、マルクス主義の基礎理論をなす唯物弁証法、ヘーゲルの弁証法理論、マルクスの略伝を述べて今日の講義を終えた。

二月二十六日　水曜日　雪

放課後　講義の続き唯物弁証法について話した。今日の話は大いに自分も満足するように話せたし、聞いてくれた諸君も昨日よりはよく理解してくれたようだった。

三月二十九日　土曜日　晴、風あり

朝、清水君来宅　僕の為悪い宣伝でもあるらしく、町の数氏が某所に会合し、排斥運動を起こしそうな問題がある事について語ってくれた。僕の思想が赤くていけないと言うんだそうだ。馬鹿げきった話。俺は大して気にも止めない。

三月三十日　日曜日　晴

海瀬で欠員あり　佐藤君を、と思ったが、一昨日春日にきまり、駄目。

市川は安川先生宅に行く。清水君来宅、共に又安川先生宅を訪れ、柳沢君も来り、小沼の首席、本校の首席を誰にするかの問題について主として相談。（略）そのあと本校の首席問題については、結局小林（小諸の）君をとることにきめ、清水君、小諸に飛ぶ。

夜、神川へ行った帰りに又市川が寄り、海瀬の欠（二名）の内、一人は岩村田の熊谷を取る事にきめて九時の汽車で帰る。

夜十時頃安川校長に呼ばれ宅を訪れ、国家、社会等の将来に関する考え方につき論ず。

十二時、清水君小諸より帰り、小林君との談判の結果を報告、一時十五分、二人辞して帰る。

昭和五年度

岩村田尋常高等小学校　岩田健治　三三歳

四月三日　木曜日　晴　風寒し

神武天皇祭　学校休業

午前、小学校に岩村田青年会総集会あり、午後は同所で北佐久郡連合青年会研究大会第一回の開会せられるあり。

午後一時頃学校に行き、一寸右の会の傍聴した。農村経済問題の討議の処だった。各村の代表弁士、皆中々の元気な弁論ぶりだった。かなり進歩的な思想の影響をうけて来ていることにおどろかされた。此の分では明年の大会頃には小県郡あたりと大した違いはなくなるだろうと思われる。何にしても真に自覚ある青年の多くなることは望ましい事だ。

四月九日　水曜日　晴

休みの時間に子供等と遊ぶことが愉快だ。無邪気な子供等が両手や上着の袖にぶらさがってついて来るうれしさよ。

教室の掃除に来てくれる五年の生徒等と一緒に掃除するのも又愉快だ。掃除なども教師は始めから終わりまで全く子供等と同じにやるのがいいようだ。訓練上教育上子供等に及ぼす影響ばかりではなく、教師も掃除を共同にやるのが当然だと言う気がする。

四月十二日　土曜日　曇

午前、付近町村の青訓が小学校校庭に集まって査閲が行われた。青年反動化の官制指導。馬鹿々々しさの極みである。而し無自覚な其の指導員及び主事と、何も考えのつかぬ青年の卵等とは、如何位今日の成績のよからん事を願った事だろう。

五月一日　木曜日　曇

土田杏村の『農村問題の理論的基礎』読了。絶対消耗体説は面白い。だが少し変だと思う。もう一度読み直して見よう。後半の教育及び政治に関する所はよい。

高橋亀吉氏の『大不景気襲来、及び其の対策』を読む。

五月二十六日　月曜日　晴

明日の御牧ケ原合大運動会役員会が望月の山月屋に会し、打合せが例年の如くあった。岩村田から八名の役員出張。俺は運動部員として出かけた。

全体の役員打合わせがすんで宴会にうつったのは七時半頃だった。

中島資明中将と学務部長、明日の来賓として来たり、宴会に出た。なお両氏の為井出の家で二次会が開かれた。二次会の方へはあとで一寸顔を出した。

中島中将の軍国主義の話を聞くのが耳がいたくて癇にさわる上に、依田（泰）が何か大声で追随演説をおっぱじめたのには、いたたまれず飛び出してしまった。柳沢猛敏君の引っ張るままに花田屋に上がり、又飲んだ。

六月十日　火曜日　晴

県視学大池春雄氏視察の為来校

第三時の読み方の時間俺の教室にも十五分程参観した　放課後裁縫室で茶話会

七月四日　金曜日　晴

午前学校に行った。唱歌の進度予定表により、唱歌帖をつくるよう用意などをした。

教員減俸問題が最近の新聞紙を賑わしている。

七月九日　水曜日　曇

放課後職員会あり。

農村不況に際して、学校予算の徹底的緊縮と、精神の緊張についての諸問題

《この間日記不記》

九月二十四日　水曜日　晴

彼岸の中日だ。仏事には何の関心もないが、今日は昼夜半分の日という意味が、特別に誰にも無関

心でいられぬ日として思わせる。

近頃の涼しくなりようは、めっきり肌の感じだけで知れる。秋の日は赤いと言う。秋の空気は黄色い感じがする。自然の色のせいだろう。

くるま蜻蛉が案山子の棒の頭にちぢみあがったようにじっと静かに止まっている頃、黄色な稲穂の波の上をさわさわと渡って来る夕方の風の逢うのは淋しい感じがするものだ。眼先にちらつくよう赤い日光がうすれゆく頃田圃の景色をながめるのは、俺にとっては淋しい。虫の声が淋しいと言う人があるが、俺は暮れ行く夕方の景色をながめる時の方が、ほんとうに淋しいと言う感が深底から湧くような気がする。

日記を随分久しく書かなかった。何だか今までつけて来たような事が、何の意味もない下らないものだと思われて書く気になれなかった。

だが又考え直して見た。もともとこの日記を書き出した時に、ごく簡単な生活記録として始めたはずだから、これでかまわない。其の日のあった事、為したこと等を簡単に書きとめて置くだけで、それだけで此れに意味を持つんだ。

今日からは又書くことに決めた。今日一日家にとじこもった。『中公』と『改造』の十月号を読んだ。

九月二十七日　土曜日　晴

繭価は今日あたり　貫一円七、八拾銭位と聞く。それでも売らなればならない百姓が気の毒だ。

十月二日　木曜日　曇

学年会例会　五時に終わって帰宅

昨日、臼田、佐久楽座に労農党佐久支部の会があったようだ。佐久支部は労農党支持の態度を持し、信州連合会で解消派支持の態度を取っているのには反対の模様である。

十月十七日　金曜日　晴

午後二時岩村田着の汽車で師範の教生十九名を引率して江崎君来岩。停車場に迎えに出た。教生諸君を案内し、招魂社、稲荷さん、種場所等を歩いて、久保を通って宿所和泉屋に帰った。丁度五時。小林君も宿に来て、三人で夕食を共にして談論した。安川校長も七時過ぎて来宿、十時まで教育上の緒論をした。

僕のマルキスト的の論と他の三人の観念論とはついに相いれることが出来ない衝突となった、無理解の裏に別れた。

あまり固苦しく唯心論的教育観、それは何とかしてぶち壊してやりたいと言う気がむかむかと湧き上がるので、一生懸命議論をおっぱじめてしまうんだが、後で考えると相手にしなけりゃよかったと思う。

十月二十一日　火曜日　雨後曇

十一月号の『改造』は河上博士の『第二貧乏物語』を一冊附録として出した。非常な奮発だ。改造社としては営業上の手段としてのやり方であろうが、河上博士の著書が其のお陰に十数万の大衆の手に入り、愛読せられる機会と人数の非常なる増大とは、社会人の意識の正常なる発展の為に、如何に多くの貢献をなすであろうかを思う時、此度の改造社の企ての効果を思い、同社に対し感謝したい気がする。

同著作は、かつて『改造誌』に連載せられたその都度、非常な熱心を以て自分も読んだものであるが、今単行本として出るに及び、再読して見ると、以前読んだ当時よりも増して更に新しい感じを以て読まれる。

十月二十九日　水曜日　晴

米の価は今一駄拾弐円位と聞く。一升十五、六銭とはばかな安値も出たものだ。それでもまだ底だとも見えない。十二月頃まで底値はどんな所まで行くものか。愈々もって百姓は浮かべない。此の冬の農村民の人気の変化は恐らく何等かの飛躍的事象を見ねばやむまい。

十月三十日　木　曇雨

教育勅語発布四十周年記念式

全国学校官署等は四大節に準じて記念祝賀式を挙行

当校は午前九時挙式　町一般者の式が十時からあり

午後　町内四学校の職員庭球会を小学校コートで当職員倶楽部主催でやった

各校から二組位づつしか来なかった　やり始める間もなく雨が降り出したが大降りにはならなかった為　雨の中でとにかくすませた　其のあと裁縫室で懇親会をした　会するもの二十五六名、夕方遅くまで大気焔であった

十一月七日　金曜日　晴

信銀の支払猶予発表は非常なショックを世人に与えた六万数千余の貯金者は勿論の事直接関係ない人々でも異常な不安を持たずにはいられない

俺の虎の子の六百二十円もどうなる事やら　俺はどうしても金運の悪い性だ
八十代がつぶれた時に掛金の半分の金をとって　それを信銀にあずけて置いたもんだ　そうしてそれが又無にでもなると言うのか

十一月十一日　火曜日　晴

二時頃、すみ江と敏子が、田口の伯父さんが来たから帰れと迎えに来た。兄は新米一俵と柿一俵、南瓜だの色々車で持って来た。

田口の俸給問題の騒ぎや、村会議員辞職さわぎや、農民組合運動の話やを聞いた。夜は十時過ぎまで話した。

十一月十二日　水曜日　晴

弁証法研究会を興そうと計画した事が、大体うまく四人の仲間が出来て、今週の土曜日から放課後二時間位やることにきまった。（清水、関口三郎、吉水、岩田）。あまり人数が多くなるとうまく行かなかったり、中絶でもするようなおそれも考えられるので、まずさしあたって此の四人だけでやろうと思う。会場は山屋の一室を借りるという話にしておいた。

十一月十五日　土曜日　晴

マルキシズム研究会

清水、関口、土武、吉水と僕の五人、河上肇氏著『第二貧乏物語』をテキストとして、弁証法的唯物論の研究をしようと言う意味で興した。会合の第一回を今日昼間は、各組とも学年会の為都合が悪くて出来なかったから、夜にすることになった。関口三郎君が後れた為八時近くに開会（学校の応接室）、十時半に及んだが、予定のように進行せず、十六頁までしか進まなかった。一区切りずつを読み廻しにして内容をぎん味すると言うやり方だ。

会場は今日山屋というわけだったが、こんばんは北農にある補習学校職員の県下大会があった為、いずれの旅館も其の会に出席した人等の宿泊で満員で、空間を借りる予定が失敗だった。

濱口首相　狙撃さる。

十一月二十二日　土曜日　曇

午後二時から山屋の一室を借りてマルキシズム研究会の第二回の会を開いた。関口三郎君欠。唯物弁証法の総論が終わった。六時閉会。

宿直、夕食がすんで直ぐ宿直に来た。体操場には青訓の教練があった。

校長が青訓の為に来られて宿直に寄られた。八時頃から十二時近く迄、炬燵で雑談した。

来年度の予算の難関に付いてや、俸給問題や寄付問題について、とかく僕の考え方は校長の考えとあわない。

十二時に床についたら十分程して起こされた。重田弥次郎君が御牧の依田君と二人で来たのだ。小諸へ松本深先生の無尽があって行った帰り、おそくなって山屋を起こしたが起きないとの事だった。両君宿直で泊った。

十一月二十八日　金曜日　晴

放課後　山屋でマルキシズムの研究会

吉水、関口二君欠で、三人であった。第二回の弁証法的唯物論細論の一の部全部を終った。

十二月十九日　金曜日　晴

久しく晴天の日が続く。朝の寒気は強いが、日中日当たりの処は小春の暖かさだ。窓硝子から射し込む太陽の光熱で、教室内は三時間目以後はストーブの要はない。

信銀（信濃銀行）に預けてあった町村役場金庫の公金は百五十万円。信用組合の金が、三百五十万円、合計五百万円の公金が信銀の支払い猶予によって動きが取れなくなっているのだ。県は此れが救済の為に県債発行をしようとするかに伝えられる。鈴木知事上京。大蔵当局と何事か打合せをなすであろう。

近く臨時県会が開かれるらしい。

十二月二十四日　水曜日　晴

第三時に元旦の式の練習をした。

放課後ボーナスの配分方法について小林君と（清水君はおそく来た）協議した。

三百九十円を如何に分配するかが問題なのだ。例年ならば校長の一存でやっていたのだが、今年は補習の手当や青訓、子守教室の手当、住宅料等皆辞退したので、ボーナスもそのうちに入っていたわけだが、町長が特にこれだけは差し上げたいという話。而も手当等の犠牲の多い方々に対してはなるべくボーナスの額を多くするようにやってもらいたいとの希望条件付きだそうで、それがよかろうと言うので分配の方法を考えるわけになったのだ。犠牲額に応じて比例配分で最高三十六、最低二、となった。

大体此の比を加味して最低の所を五に切り上げ、適当の塩梅をする案にした。校長が明後日どう決定するか。

十二月二十六日　金曜日　晴

二時間普通授業、第三時講堂に集合、終業式があり、元旦の式練習して教室に入り、成績票を渡して放課。

年末のボーナス二十円をもらった。

三時から山屋でマルキシズム研究会を開いた。史的唯物論の位置を終やした。今年の最後の会だから四人して晩餐を共にし、十時迄雑談に耽った。

十二月二十八日　日曜日　晴

十一時頃田口の兄が餅と米一俵を車で持って来てくれた。

田口では昨日餅搗きをしたそうだ。まだきらないのし餅五臼をこちらへ来て切ってくれた。

大山郁夫の本二冊は読んで返し、又今度はクロポトキンの本を持って行かれた。

田口村の小作争議は有耶無耶に終わってしまうらしい。おしい事だ。而し全農の組織は此の為に崩れることはあるまい。

（注：昭和六年）

一月八日　木曜日　大雪

放課後　同学年受持諸君三名を家に招じてカルタ会をした。子供達はカルタを取る処をはじめて見るのだった。非常に興味があるようだった。土屋誠君一人だけがとび切り早くて、他の者が二人がかりでやっても、何度もやるたびに負かされてしまった。

夕食後は子供達が花札を持ちだして先生達を相手にしてやってもらった。七時五十五分の汽車で三井さんが小諸へ帰られるので、他の者も一緒に帰られた。

一月十日　土曜日　雪、風強く荒れる

朝のうちはよい天気らしく見えたが、間もなく曇って雪が降りだした。それが吹雪に変った。雪が止んで又太陽が見える時もあったが、十時頃から又ひどい吹雪となり、かなりひどい風が吹いた。午後は雪は降らなかったが、ひどく冷たい風がひゅうひゅうと吹きまくった。道を歩く者はまれだ。店の表もみなガラス戸を閉め切ってある。

看板や硝子戸がガタガタとゆれる。道を歩く人は皆ヒーヒー声を立て、半とびにして走る。全く冬の嵐はめずらしい。

午後二時から例の土曜研究会を山屋の二階でやった。今日は唯物史観の二を終した。話は本からはなれて現在の農村問題や、社会に大動乱が起きるとすれば、農民は其の時どんな役割を果たすだろうか、いや、どんな態度に出るだろうか。つまり真先に問題を起こすか傍観者になるのか、又は反対者になるか、などの問題について話題がにぎやかだった。今日は吉水は欠席。

一月十七日　土曜日　晴

マルキシズム研究会は延期（月曜日）

佐藤君来校、夕方まで職員室の火鉢で語った。安川先生も見えて、三人五時半頃まで時事、教育問題について談じ、帰宅。

関連史料（二）

六月例会「佐久地区で」の談話より

『新教の友』第五号　昭和三十五年六月一日発行（白百合女子大学　児童文化研究センター所蔵）

私は昭和八年二月の事件当時、佐久の高瀬村の小学校長をしていた。事件関係者として最年長者で、校長でもあったから、当時新聞は、大きく扱ってくれた。しかし、佐久地区の代表者ではあったが、私は若い元気の良い諸君の後についていっただけで、長野のあの教育運動の中心となったのは、私の後輩である。主として昭和三、四年に長野師範を卒業した諸君です。その諸君は、師範入学のとき志望者六百余名のなかから二百名選抜というころの秀才で、そのうち昭和三年の卒業組の一割が検挙されています。

判沢さんのお話の〈佐久の日和見主義〉というのは、こうです。佐久は東信地区ともよばれる地方で、その東信では以前から青年運動や農民運動がすすんでいた。そこで佐久の教育運動は、そういう運動と関連しながら進められていた。その立場からみると、教労長野支部の運動は〈精鋭主義〉のように思われる。佐久では、その精鋭主義には反対である。もし弾圧がきて、検挙されたとき、佐久に根がなくなったらどうするか。私たちは教労の精鋭主義に反対して、この教育運動は青年運動や農民運動との関連をもって進めていかなければならない――と、主張したわけです。すると、昭和七年八月の地代会議で、それは日和見主義的な見解だと、たたかれました。そのことがあってから、佐久の教育活動は低調になった、といわれています。

長野県では、あの教員事件がおこるずっと前から、新教・教労の階級的教育運動がおこる地ならしがされていた。その第一は、〈長野の自由教育〉であり、第二には、さきにものべたように、青年運動や農民運動がすでに先行して活発におこなわれていた。

長野の自由教育は自由教育が全国的に盛んになってきた大正十年前後よりもまえに、すでに実践されていた。それは長野師範付属を中心に、大正五、六年ごろから、長野独自の自由教育としてはじめられた。私は大正七年三月に師範を卒業して、その自由教育のあげ潮にのって、大いに新教育を発展させたなかの一人です。

長野の自由教育運動は、第一に国定教科書で既成概念を観念的に注入教育することに反対した。とくに修身科のように封建的な道徳をおしつける教育に反対して、修身科廃止をとなえた。長野では、修身科の授業に教科書を使わない教師が多かった。私もそうです。修身の時間にトルストイの民話などのような文学的教材をえらんで、ヒューマニズムの教育をした。それは、長野の自由教育に見られるロマンチックな芸術教育思想の傾向だった。長野の教育界は、大正後期から昭和のはじめにかけて、文学芸術的な傾向のものを多く出した。とくに、アララギ派の歌人が多かった。また、古美術の研究に打ちこむものや、山本カナエの自由画運動に共鳴して、すぐれた図画教育者であるとともに、画家としても認められた教員も多数いた。それに、長野教員の哲学的傾向といわれるほど思索的に深く考え、ものごとを論理的に追究していく傾向がみられた。哲学の研究に打ち込む傾向は、大正七、八年ごろから、著しくなってきている。だから、文部省の修身科の教科書のような、古い封建的なモラルと、近代の功利主義をミックスした、非合理的で人間性を無視した道徳教育には、徹底的に反対した。

その自由教育の時代に、川井訓導事件というのが起こった。女子師範付属の川井訓導が、県知事の一行が授業参観にきたときに、修身の授業をしていた。もちろん、国定教科書など使わない。森鴎外の「護持院が原の仇討」を読みきかせていた。当時の県知事は、梅谷という内務省系の典型的な官僚で、これが長野の自由主義教育を弾圧する目的で、教育状況の視察にまわりはじめた。知事が教室に入ったとき、ふつうは授業を中止して、児童を起立・敬礼させるのが常識となっていた。ところが川井訓導は、それをしない。平然とそのまま「護持院が原の仇討」を読みきかせている。梅谷知事は憤然として、教壇にかけのぼり、川井訓導を引きずりおろした。そして教壇を占領して、自ら児童に「上長に対して礼儀を正すべし」という一場の訓示をした。この知事のため、川井訓導は教壇から追放された。

その後、梅谷知事は警廃事件というのをひき起こして、民衆に県庁を襲撃され、自分は袋叩きにあうという失態を来たし、免職になった。信濃教育会の中には、追放された川井訓導に心をくだくものがあったが、このときになって教育会として復職運動をおこした。川井訓導はまた教壇に立つことになった。

川井訓導は、教室の主権は教師にあるということ、この教育の権利は、たとえ知事であろうと曲げることはならないということを、無言・無視の抵抗で主張したわけです。信濃教育会は、その教権確立の主張を支持して、復職運動にたちあがり、長野の自由教育の伝統をつくったのです。

図画・音楽・理科などの国定教科書を使わなかったのも、長野は早い時期からです。

大正後期になると、長野では青年運動や農民運動が盛んになってきた。私たち教員のなかには、その方へ関心を向け、農村青年のために夏季大学や文化講演会・講習会の開催などを、さきに立ってやるものも出てきた。私たちは大正十一年夏、松原湖で十日間の夏季大学を開いた。講師には早大の北沢新次郎に経済史の講座を担当してもらうなど、社会的に階級的に青年の意識の目ざめをねらった。秋田雨雀には、中込小学校を会場に三日間の文化講習会に来てもらった。そういうことの主催を、教員である私がした。このことからも、長野の自由主義教育が、教員の行動を束縛せず、自由を尊重するものであったことがわかるでしょう。

大正十二、十三年ごろは、養蚕業が好況だった時期です。それは多分に投機性をもつものだったが、養蚕農家が圧倒的に多い長野県では、その好況のため、いっぱんに農民生活は上昇期にあった。したがって、農民の文化的な欲求が、いろいろ出てきた。とくに、青年層の文化的要求は、水準の高いものだった。そういうところから、農村に知識層が形づくられてきた。旧い指導者層に代って、そういう新しい農村の指導層が出てきて、文化運動や組合運動をすすめていった。農民組合では佐久は全農全会派（農民組合のなかで最も進歩的な組合の全国組織）に属する者が多かった。しかし、その全農の中央本部でも、長野の農民運動を指導しリードするだけの力はなかった。長野では、単に小作争議や経済闘争にだけ力を発揮する農民組合ではなく、文化運動や青年運動の中心になって働く、新しいタイプの農民運動の指導層が形成されていた。そういう文化水準の高い農村知識層が、養蚕・製糸業の好況という経済的潮流にのって、どんどん生まれ出てきた。そして、大正十二年には信州共産党事件が起こるまでに、階級的な意識の目ざめも、すすんできていた。（日本共産党がはじめて結成されたのは大正十一年七月十五日である。）私もその事件で警察の取調べをうけたが、かんけいはなかったので、何事もなくてすんだ。しかし、関係があるのではないかと疑われるほど、教員としては並外れた活動をしていたものらしい。このような、長野の自由主義教育の土台と、青年農民運動がすすんでいて地ならしができていた。その上に、昭和の長野の階級教育運動の組織が生まれ出てきたのです。

新興教育・教労の長野支部と私との関係は、昭和七年四月、上田市の河村卓君が佐久へ私を訪ねてきたことからはじまる。そのとき私は、北佐久郡高瀬村の小学校長に新任したばかりだった。

それよりさき私は、藤原君が師範の校友会雑誌「学友」に、教育論を発表しているのを読んで、若い世代の青年教師たちが、どのような教育思想に心をひかれているのかを知り注目していた。若い河村君は、教育に対する見識の広さと、透徹した論理性、誠実のこもった説得力で、私の心を動かした。私は、自分の経験からきている教育観と、現実の農民生活・農民運動からくる児童教育への期待や要求を話した。そして、たがいの意見が完全に一致するのをみて、組織へ参加することにした。この運動の第一線に立って働くことはできないだろうが、自由教育の出の私のような年輩のものが参加することによって、若い気鋭の諸君の力づけとなり、また何らかの意味で私の意見が運動にプラスとなり、意味のあるものになるなら幸いである。私も諸君のキビについていこうということになった。

私は、前任校の岩村田小学校では首席（教頭）をしていた。そのときに、自分のよしと考える教育信条を、全校に実施した。高瀬小学校長になり、まもなく新興教育・教労の組織に参加したのだが、そこでの教育方針も、岩村田での教育実践を変える必要はないと信じて、そのままおしとおした。
①教育的環境をよくしていくこと。
②大衆に親しみ大衆をゆり動かすこと。
③日に日に新たな教育をして、学校の空気を一新していく。
④児童が学校内組織をつくり、その運営を自主的で民主的なものにする。

農繁期にあたっては、まっさきに農繁託児所をつくった。これは、全国的にみても、農繁託児所のはじめではなかったかと思う。

児童文庫をつくらせる指導もした。児童が薬草を採集したり、イナゴをとったりして、それを売った金で本を購入する。これは、全校児童ではなしに、有志の参加によるものであった。いわゆる児童の同志的な結合の力で、それをつくるという、一種の少年団組織ともみられよう。教育者の運動は、佐久の農民運動と、となりの小県郡の農民運動とに連携をとって、教育・文化運動を進めていくようにした。そこに、東信の特殊性が見られよう。

〈意見交換〉
判沢—岩田さんは、教育運動の組織に参加されて、「これはやられるぞ」という予感がありましたか。
岩田—それはあった。これは必ず検挙されるな、という予感が、はっきりしたことがあった。
判沢—そういう予感があった?では、必ずこれはやられるぞと思いながら、なぜ、そういう運動をすすめられたのですか。

岩田─昭和八年二月の検挙が来るより前に、七年十一月でしたか、上田市で一市四郡の小学校長会があった。その席上で視学が、「わが信濃教育会にも赤い教員の組織がある」といった。そのときは、それが主目的の話題ではなかったから、それ以上に詳しいことは聞けなかった。しかし、私にはピンときた。これは近いうちに、弾圧がくるぞという予感が、はっきりした。

判沢─なぜ、弾圧されることがわかっていながら、─私は戦後派ですから、理解に苦しむのでおたずねするのですが─つまり、全協系の教労という組合運動の組織には当然弾圧が来る。それは組織がすっかり破カイされることになるとわかっていながら、なぜそういう組織の運動をすすめられたのですか。

岩田─その点、佐久では教労の〈精鋭主義〉には反対だった。しかし、佐久地区の意見が日和見主義と批判されたあとでは、活動は消極的になったと思うが、教労からは脱退しなかった。

増田格─判沢さんのいわれることを聞いていると、それなら教員は、当時どんな運動をしたらよいか、という問題になる。あの天皇制の絶対主義国家教育体制のもとにおいてはですよ、教員のいかなる組合運動も必ず弾圧された。

岩田─教労の運動は尖鋭な政治主義だから弾圧されたのは当然で、そうでない経済主義なら弾圧されなかったろう、という保障はなかった。教員組合は無差別に弾圧をくった。ぼくらは昭和四、五年ごろに、この程度なら合法的に許されるだろうと考えてつくったものが、かたはしから弾圧・解散をくっている。絶対主義の権力が支配する日本では、教員組合の組織は合法性を持つことができないのだと、痛いほど身にしみる経験をかさねてきた。それは、判沢さんのいわれるような、どういう方向をとったらよいかという問題じゃなかったのですよ。

関連史料（三）

岩田健治の寄稿「長野の自由教育のころ」

『新教の友』第五号　昭和三十五年六月一日発行　（白百合女子大学　児童文化研究センター所蔵）

大正のはじめ頃に長野師範学校長だったのは、星菊太氏である。星校長時代の長野師範の教育は、まことに厳格な〈形式主義〉の教育であった。学業成績を重視し、試験の採点が平均60点以下のものは、どしどし落第させた。卒業生は、学校時代の成績によって、給料に差をつけられ、新任のときからすでに差別された。在学中は、全生徒が寄宿舎に収容され、軍隊式の規律で訓練された。

そういう教育のやりかたは長野県人の気風にあわなかった。長野には、明治時代に先輩が築いてきた、信濃教育会の教育伝統があった。明治31年長野師範を卒業して、上諏訪小学校に赴任し、〈活動主義〉をモットーに全生活を児童のためにささげ、県教育界に革新の灯をかかげた伊藤長七氏（のち下諏訪校、小諸校訓導を経て、東京高師入学。その後、中等教員となり、最終は東京府立第五中学校長。人格主義の自由教育者であった）や、岩崎氏などという人たちによって、人間教育――個性と自由を尊重する教育的気風があった。星校長の師範教育は、師範生の間にうけが悪かったばかりでなく、同窓の先輩たちの間からも、非難の声がわき上がった。そして大正四年、星校長排斥運動がおこった。

この排斥運動の先頭に立ったのは、師範付属小学校をはじめ、県下小学校の青年教師たちである。しかし、星校長に対する中央の支持は堅く、文部省や内務省系官僚の圧迫が、この運動を弾圧した。そのため、休職者を九名も出すほか、転任（左遷）その他犠牲者を多く出した。しかし、当局は、ついに信濃教育会の青年教師の要望を押さえつけることができず、星校長を去らせ、そのあとへ、希望されていた内堀維文氏をすえた。

内堀校長の手で、長野師範学校の教育に大改革が行われた。まず、教諭陣は、教頭をはじめ、ほとんどが一新された。寄宿舎は生徒による自治寮の制度がしかれた。自由の空気が学内にみなぎって、生徒の間に各種の研究部が組織され、課外の研究活動が盛んにおこなわれた。私はそのとき師範生だった。数物化学部、心理教育部、七声会（音楽部）丹青会（図画部）などの研究部ができて、生徒は自分の好む学科・得意な科目を選んで、自由研究の集団をつくり、自発的に活動するようになった。それらは、尊敬する教師を中心に、自主性をもってすすめられた。教室内での形式的な授業は軽視された。試験の成績は、決して公表掲示することなく、点取り虫的な勉強は、学習の本質とは無関係なものとなった。成績順位を競ってクソ勉強することは軽蔑され、自分の個性を生かし伸ばしていく方向の学習・研究活動が重んじられた。

長野の大正期の自由教育は、こうして、師範学校教育のなかから生まれ育てられた。その教育に直接大きな影響を与えたのは、心理学の杉崎先生だったと思われる。先生は、アメリカに留学して、プラグマチズムの教育思想を身につけた、熱心な実験心理学者だった。杉崎先生の指導で児童心理の研究会が発足し付属小学校のなかに、自由教育の特別学級が設けられるようになったのは大正六年である。この特別学級は、新入学の一年生のクラスに編成された。学級担任は大正四年卒の田中嘉忠訓導だった。その後に、この特別学級を受け持ったのは、田中訓導と同窓生で、アメリカへの教育研究のため派遣留学生となっていった淀川茂重訓導である。彼は帰国後に、この特別学級の指導に打ちこんだ。

そこでの教育は児童の個性を尊重し、その自由な生活活動のなかから、それぞれの個性を生かし、各自の能力を伸ばしていく、という趣旨だった。そのため、画一的な教育は全然やらないから、級ぜんたいのための授業時間割とか、教案の作製などは意味がない。まず、児童に接して、彼らの要求から発足して学習プランを自主的にたてさせていくのである。そのころ、一般教育界でおこなわれていた教授法は、文部省の国定教科書を教材にして教案をつくり。教室内ではそれに従って、いかに予定されたものをうまく教授していくか、ということに腐心したものである。そのために、三段式とか五段式教授法とかが行われていた。

そういうように、外がわから画一的なものをおしつける教育に、まっこうから反対したのが、自由教育である。児童のなかにあるものを、ひきだし伸ばしていくために、内がわから個別的に学習要求を出させるように、しむけていく。そして各自の個性、各自の能力に応じて学習活動をするように、していかなければならない。画一主義の教育打破の先頭に立って、自由教育のモデルを示したのが、長野師範付属のこの特別学級だった。そして形式主義の教育を打破しようという空気は、大正六、七年ごろには、全県下を風靡したといってもよいだろう。

長野のこの自由教育の先駆をなしたのは、さきに星校長排斥運動の先頭に立った人たちである。

そのため、休職になった人びとも、一年後には復職した。そして、師範の付属をはじめ県下の大きな学校に配置され、自由教育の時代に校長・首席などになり、信濃教育会をリードして、長野の自由教育を発展させるのに、大きな役割を果たした。

信濃教育界の先輩中には、いわゆる腹の大きな人がいた。部下を信頼して、その教育的信念をつらぬく教育実践を、温かい目で見まもってやる。もし、失敗があれば、その責任は、自分が背負って立つ、といった気風である。師範学校長の内堀維文、県学務課長の津崎尚武（鹿児島県出身・のちに代議士）、県視学の佐藤寅太郎（のち学務課長・代議士）などの諸氏は、この気風の代表的な人物だった。そのほか、県下の大校長で青年教師の尊敬のまとになっていた人びとがだいぶある。その下には、若い元気の良い教師たちが集まって、自由教育を展開し、活発な活動をした。

内堀校長は、文部省のおぼえは悪かったらしい。在職わずか二年で、大正六年に南満中学堂校長にされて、満洲へやられた。そのあとの師範学校長には、埼玉師範から小島政吉校長が来た。小島校長も長野出身であり、信濃教育の伝統を重んじて、内堀校長の方針をそのまま受けついだ。

自由教育の初期には、長野でも、新旧の相克があった。旧い型の教師は、こういって批判した。——自由教育は、個性尊重というけれど、児童の個性を尊重するのでなく、教師の気分を中心にした勝手気ままな教育をしている。これでは自主教育ではなくて〈気分教育〉だ。児童を放任して、教師が勝手にふるまう〈放任教育〉だ。

しかし、そういう批判や反対を、自由教育の新しい教育風潮は押し流して、洪水のように全県下をひたしていった。

従来の図画教育は、文部省の国定図画教科書の模写・臨画の技法教育だった。また、作文は教科書のなかった教科であるが、その教授法はあらかじめ模範的な文を示してそれにまねて作らせる課題主義の作文で、その模範文は、美文調や漢文調の文語文や、候文体の手紙文などだった。

長野の自由教育は、図画は教科書を廃止して児童の自由画に、作文は課題主義を廃めて自由選題で児童の生活に身近かな経験を書くことにした。同時に、国語教育では文学的教材をとりいれた。副読本や読書指導に力をいれた。理科教育では、児童の生活環境に見られる動植物の観察からはじまり、栽培・飼育・採集など、そして物理・化学の実験が重んじられていく。道徳教育では、修身教科書の廃止が問題となった。

国家主義の画一強制教育では、修身科で忠君愛国・富国強兵の観念を注入することに重点がおかれていた。自由教育は、そういう国家観念の詰込みや、家族主義の押しつけ、ドレイの思想の宣伝教育と衝突し、批判的になるのは当然のことである。長野教育会では、大正12～13年ごろ、各郡市の教育会で、修身科の論議が盛んにおこなわれた。修身科を特設することの可否を論じたり、ひいては修身科廃止論が唱えられるようになった。すでに県下の各校では、修身教科書を使わないものが多く、また、週一～二時間ときめられていた修身の授業時間を、他の教科の授業にまわして、事実上修身科をやめているところも少なくなかった。

そういう長野教育界の事態に対して、当局は放っておくわけにはいかない。梅谷知事が長野県知事となってきたのは、そういう時期だった。彼は、長野の自由教育を弾圧するためにきた。いや、長野の人民の自由を弾圧する任務をもって新任してきたのだった。

川井訓導事件は、梅谷知事が着任すると、まもなく起こった。彼は、教育視察官を任命して、自由教育の弾圧準備にとりかかったばかりでなく、自ら教育事情の視察のため、県下の巡視をした。そして、女子師範付属の川井訓導が、授業中に知事に敬礼しなかったのを怒って、免職にした。(この事件につては例会の私の談話を参照されたい)。信濃教育会は、川井訓導を擁護して、たとえ知事であろうと、教壇を占領するとは何事であるか、と憤慨したが、知事の強引な処分による免職をとり消させることはできなかった。

梅谷知事は、つぎに警廃事件をひきおこした。それは、人民弾圧の直接機関である警察署を、小さな町の分署は廃止して、地方都市に統合し、強力なものにする、強権の集中化と機動力の敏速化をねらったものだった。いかにも、内務省系官僚らしい政策であり、事務に俊敏なものの考えかただった。それに対して、警察署廃止を予定された岩村田町や屋代町をはじめ各町の民衆は、猛烈な反対運動にたちあがった。大正13年11月、この案が上程される県会に対して、反対運動をおこした人たちは長野市城山公園に県民大会を開いて対抗した。そこに勢ぞろいした民衆は、県庁と県会議事堂に向かってデモ行進をおこない、県会議長と知事に面会を要求した。そのとき議長も知事も姿をくらまして、庁内、議事堂には見えなかった。

デモ行進といっても、現在の組織労働者の整然たる行動とはちがう。城山公園を出発のさいに酒樽の鏡をぶちぬき、柄杓で酒をあおって気勢をあげた、騒然たる群衆の流れである。指揮者は赤ダスキ白鉢巻で、民家の塀にかき上がって旗を打ちふり激励する。知事や議長が逃げたと知ると、この群衆は猛りたって知事官舎と警察部長官舎を襲い、知事と警察部長を見つけだし袋叩きにした。

群衆のモップ化した暴動がしずまると、県警当局の手で大検挙が始った。テロと拷問の連続である。岩村田町の柳沢某は、拷問のため留置所内で死亡した。この事件は、何ら思想的背景のない事件だった。梅谷知事は、その失態の責任を問われて免職となった。

川井訓導の復職は、その後まもなく実現した。信濃教育会の自由教育の伝統は守られ、教師の教育信念による自由教育は、さらにひろまっていった。そして、社会情勢の急迫と民衆の自覚による社会主義思想のひろまりと相まって、昭和のはじめの青年教師たちによる教育運動、あたらしい階級的な自覚による新興教育運動が起こってくる教育的地盤がつくられていったのである。（10月30日）

関連史料（四）

「二・四事件の思い出」岩田　健治

『二・四事件の今日的意義を考える』「二・四事件」七十周年記念の集い記録集（二〇一三年発行）

この史料掲載にあたって、集会実行委員会の坂口光邦氏（故人）は次のように述べている。

「一九九四年、第七回平和のための信州戦争展が佐久で開かれることになった。私共教育関係者では文句なしに岩田さんを取りあげることになったが、すでに発表になっている岩田健治ではない、もう少し別の岩田さんの実像にせまりたいということから、幸い私の中学校時代の同級生に岩田さんの甥のＩ君がいることから、Ｉ君にお願いして敏子さんを紹介して頂き、沢山の資料やお話をお聞きすることができた。」そして、この史料の公表を快諾頂いたとの説明であった。

検挙

浅間おろしの北風の吹き荒ぶ冬の季節ともなれば佐久地方の人々は炬燵にしがみついて渋茶をすすり、四方山の世間話に時をすごすのである。

この年節分あけて四日の朝、上伊那郡西春近、諏訪郡永明小学校教員検挙に始まる長野県赤化教員大弾圧事件（二・四事件）が五日の全国朝刊に大々的に報道され、世間の耳目を驚かせた。

各地の小学校の職員室、宿直室、講堂等の大捜索、天井裏から重要書類の山といったような記事が其後新聞の記事を毎日うめて検挙者は次々と拡大していった。七日には上田市に飛び小県郡下に延び、続いて長野市、上水内、更級、下伊那、木曽と検挙の手は全県に拡大していった。こうして十二日には北佐久郡某小学校長検挙？等新聞は書きたてた。

二月二十一日早朝「あなた起きて下さい、河原田さんがきています。すぐにお目にかかりたいそうです。」ひくいおろおろした心配そうな声で妻は私をゆりおこした。河原田は村の駐在である。私は二階の八畳の間にやすみ、妻や子供等は階下の八畳の間に寝ていた。夜はまだ明そめたばかり、妻が朝飯の仕度に起き上がったばかりの頃だった。

「きたな！」私は河原田さんという言葉で、直感的にいよいよ手が延びてきたな！と思った。

「下に待たせておけ」私はゆっくり起き上がって寝巻のまま階下に降りた。

一週間前の早朝もこんなことがあった。妻が「直ぐ起きて下さい」と私を呼び起こすので、しぶしぶと眼をさました時にはすでに私の枕もとには二人の人影が立っていた。一人は河原田だ。黒ラシャの防寒帽をまくりあげてかぶり、紺の私服を着ていた。他の男は紺に藍色がかった縞の洋服を着た太った男。彼は部屋の中をあちこち見廻して「おやすみの処をすみません。少しおうちを見せて戴きたいと思ってきました」というのだ。「いますぐ起きていきますから下でやすんでいてください」と私は立ち上がった。太った男は「いやここでいいです」そういいながらも私の布団をたたむ手もとや敷布団の下などを注意深く見守っている。何か重要な書類でもかくしてはいないかとあやしむかのようである。

妻が私を起しに来た直ぐ後ろをついて来て障子の陰に立ち聞きするかのように立っていたのも何か伝言でもしはしないかとうたがっての行為だったなあとあとで気がついた。

「顔を洗ってくるから」と私が階下におりようとすると、太った男は河原田に目くばせをした。私の後ろをついて河原田も下に降りた。下の部屋にも一人の私服がいる。子供等は四人ともまだ何にも知らずに眠っていた。「あなたに立合って戴きます」そう言って太った男は書棚の中をかきまわし出した。他の二人も彼と一緒に本を引出してばらばら頁をめくって中を一一あらためたりしている。太った男は私のふるい日記を取り出してあちこち読んだりした。

マルクスとかレーニンとか片仮名入りの書籍は特に頁を念入りにメクッて見ている。当時発禁の書籍も何冊かその中にはあったのだが、彼等はどれが発禁の書籍だかそんなことは少しも知らなかった。こうして小一時間もあれこれ引かき廻して後「これをあずかっていきます」といって太った男が持ち帰ろうとしたのは、教員給国庫負担論の根拠という私の講和の要綱で原稿用紙二枚の草稿とこれをプリントした一枚の要綱のみであった。

不意にガサがあったにしてもあの当時の極端な弾圧時代に、本棚や机の引出しから手がかりになるようなものを見つけ出されるなどというへまをする同志はまずないだろう。それにもう新聞で幾日もさわぎ立てたあとのことだ。太った男等も始めから大した期待をしてきたのでもないのだろう。それよりも最近手にした書類などで、まだ処理していないものでもありはせぬかと、その方を大事にしていたもののようで洋服のポケットや布団の下を特に気をつけていたことなどでうなずける。

SK同盟（新興教育同盟）の機関誌、教労（教育労働組合）の機関紙や「農闘」「赤旗」其他非合法のパンフレット、リーフレットの類は私はとうに全部焼いてしまっていた。

長野県に大検挙がはじまる以前に、前年には埼玉県、続いて富山県に弾圧があり、教労の組織はすでに各地でやられていた。十一月東信一市四郡の校長会が岩村田で開かれた時、学務部長（古河精治）は特に極秘の訓示として「赤化教員の運動が我が県下にもあるようであるから、校長は特に部下教員の監督に留意するよう」との注意があったので、私は同志等にこのことを伝えて、既に長野県警察当局は弾圧の機会をねらっているものと考えねばならないと警告していた。そんなわけで私のところのガサをしても所謂証拠物なるものはおそらく何にも出ないはずであった。ところが翌日の各新聞には私のところがガサを食ったことを北佐久郡某小学校長の家宅捜査、証拠書類リヤカーに一台などとまことしやかに書き立てていた。

このリヤカー一台と言われた紙片はそれより一ケ月ほど前、南佐久郡校長会に招かれて話した私の教員給国庫負担論の要綱で、これが赤化教員事件と関係ある文書とは誰が聞いてもうなずけない話であろう。而しそれには多少理由がないでもない。その頃未だ頑迷な信濃教育会の幹部は教員給国庫負担に反対で、既に全国的な大勢である負担論に反対して毎年開催される関東連合教育会にはいつも唯一り長野県代表が反対しつづけてきたものである。私はこの頑迷な信教幹部の考えを攻撃して、七八年来闘ってきたがこの頃になってようやく新教同盟が取り上げて県下少壮教員を動かして居ったのでこの運動を赤の運動とみなしていたのである。も一つこの当時県下の教育会で大いに問題になっていた野球庭球選手制度があった。これ等の問題の本拠が私のところだと信教の幹部等が言っているということを私は前年の夏頃からちょいちょい耳にした。従って私にはあの二枚の紙片を何か有力な証拠物件のように持ち去った態度がうなずけないでもないのである。

警察の連中は階下の部屋や家の廻り、物置などはざっと見廻しただけで引き上げていった。翌日の新聞がこのガサについて、あることないこと書きたてたので、学校に行っても職員室の中がいやにちんやりしている。私に対して遠慮がちのような、不安そうな、心配そうな態度で何となく落ちつきがない。私自身は前々から覚悟していたことで、とうとう自分の処へもやってきたという、いまになっては返ってそれまでの不安な気持ちがふっとんで心が平静になってくるようだ。私が案外平気でいつもよりも一そう快活に他人に接するのでまわりの人々は何だか不思議の感で私を見るようだった。

他郡下の友人で心配してわざわざ訪ねてくれるものもあったが「何大したことではないんだ」と平然としている私を見て安心して帰ったものである。

他の教育界の友人達の多くは私の読書傾向については知っていても私が赤だなどと思っている者

は少なかった。私は友人の誰れにでも赤の宣伝がましい言葉を使うようなことはしなかった。時々は議論や討論をすることがあるけれどもそれは教育問題や教育会の具体的な問題であった。「彼がそんなことに関係あるはずがない」何かの間違いだろう位に思っていた友人達も心配し出し、人を介して問合わせてきたり、直接きてくれたりしたのだった。

或日二十日の夕方、私が学校をひいて帰宅した時、向かい側佐藤さん（大屋さん）の家の板塀の陰に動くあやしい人影に気がついた。私の動静を見張っている者がある。私はそれと覚った。

私は河原田巡査を待たせておけと妻に言って寝床の中で暫く考えた。先日の家宅捜索といい、昨晩の張り込みといい、危険が迫っているようだ。而し河原田が一人できたというのはどういうわけだろう。今日は二十一日給料日だ。部下の職員の給料を渡してやらなければならない。午後一時には学務委員会を招集してある。新年度の学校予算をきめる重要な会議だ。今日はいそがしい。そんなことを考えていると、妻がまた起こしにきた。

「直ぐに起きて戴き度いって待っています」

階下の八畳の間には河原田巡査が炬燵にも入らずにきちんと堅くなって座っていた。私の姿を見るといずまいを直して頭をぺこぺこさげて「こんな早朝すみませんが、これから岩村田の本署までお出かけ願いたいです」と嘆願するように言うのだ。

「今日はだめだ」私は一言のもとにはねつけた。

「すみませんが先ほど署長さんからの電話で直ぐ連れてこいとのことですから」彼は又平身低頭であ

る。

村の小学校長を警察に引張っていくなんて気の小さい河原田にはとてもたえがたいと言った表情で彼はけして表面敬意を表してうまくつれ出すと言ったずうずうしさなどのあるはずはない。彼は真からの小心者だった。

「今日は俸給日だし学務委員会もある。僕は出るわけにはいかない。明日こちらから出頭すると署長には返事しておいてくれ」と私が応じないので、河原田は何度も何度も「でも署長さんが直ぐつれてこいと言うので」をくりかえし頭をさげては是非行ってくれとたのむのだった。それでも私が駄目だ明日行く、の一点張りでいるので「それではも一度署長さんに聞いてまいります」と言って出たが暫くして帰ってきて「署長さんにひどくしかられました。任意出頭じゃない、強制的に連れてこいっていうのです。どうか私を助けると思って是非行って下さい」こんどは両手をついて平あやまりの格恰で「助けると思ってどうか」をくりかえす。これには私もとう惑してしまった。

「仕方がない行こう」私は外出の仕度をして出かけることにした。

「土手下に車が待たせてあります。なるべく人目に立たぬようにあの土手の陰に待たせてあります」から河原田は先に立って歩いた。

もうぼつぼつ学童等が登校してくる。早朝に駐在と一緒に行く私の姿を見てけげんな顔で見返るのだった。

こうして私は自動車に乗せられて出たまま当分家には帰れなかったのである。

関連史料（五）

「教員赤化事件」に関する信濃毎日新聞の論評より

昭和八年二月一一日　五面　「例の白樺派と社会悪の為　教育界の視方
　教員赤化原因に二つの発展経路」
昭和八年二月一四日　「評論」「マルクシスト教育者」
昭和八年二月一六日　「評論」「ゼキール博士とハイド型の教育者」
昭和八年二月一九日　「評論」「本県教員赤化の原因（一）」
昭和八年二月二一日　「評論」「本県教員赤化の原因（二）」
昭和八年二月二二日　「評論」「本県教員赤化の原因（三）」
昭和八年二月二三日　「評論」「本県教員赤化の原因（四）」
昭和八年三月五日　「評論」「目ざめんとする信州教育」
昭和八年三月一七日　「評論」「僭越なる責任の分担者」

信濃毎日新聞　昭和八年二月一一日　五面

「例の白樺派と社会悪の為　教育界の視方　教員赤化原因に二つの発展経路」

赤色教員検挙事件は県下教育界に異状のセンセーションをまき起こしているが信濃教育会でも事件の性質上その成行について頗る重視し慎重万策を講ずべく考究中である然し対策をねるにしても事件の真相を明確に把握しない限り手の下しやうがないので、いまのところ全く静観主義をとっているが教育界各方面の事件に対する批判を徴すると大要左の如き見方をしている

検挙された教員の思想傾向が果たしてどの程度のものであるか判らないが何れにしてもかやうな分子を出したことは甚だ遺憾である。然らば何が故にかゝる分子が出現したかといへばそこには概観的に見て二ツの動機がひそんでいるやうに考へられる

一ツの動機は其の根底が極めて深く根ざしている、即ち明治末葉からはじまって大正六七年頃絶頂を極めた自由主義的思想の教育界浸潤である。この思想は例の白樺一派によって代表されていたが今度事件に連座した多くの教員は當時小学校児童として自由主義的訓育を受けたグループである。

第二の動機は最近の社会現象のうちに育まれている、唾棄すべき不健康な現代の社会はあらゆる機会に感受性の弱い彼等に深刻な印象を與へずにはおかなかった――つまり自由主義的観念に立脚した彼等に現在の悪の社会が頻りに油を注いだといふのが一般的見解である。

然し教育界はこの事実をもって「やむを得ない結果」として決して許容してはいない。かゝる結

果に陥ったのも要するに彼等に教育者としての確固不抜の信念と理想が缺けたからであり、健全なる社会の建設者としての自覚が乏しかったが為であると痛烈にその不當性をせめている。

然らば今後の対策は……それには先づ第一に教員自身の深い内省が要求される。形の上においていろいろな手を加へて見ても結局は一を射止めて十を漏らす結果となって了ふであらう勿論そうすることも無為無策として一概に排撃すべきではないであらうがそれだけでは問題の核心を掴んだ対策とは云ひ難い。彼等自身が内省し培養した力によって総てを克服してこそ、そこにはじめて浩然と道がひらけるであらう

信濃毎日新聞　昭和八年二月一四日　五面

「マルクシスト教育者」

所得の、財産の、富の分配が、しかく不合理なる資本主義の下に於て、従って、これに対する鬱勃たる大衆の不平心理を扇動すべき雑誌や、叢書が、汗牛充棟も□ざるほどに、しかく多数に、又頻々として発行され、これを矯正し、慰藉すべきそれ等のものゝ刊行は、殆ど之を見るを得ない今日の情勢下では、左傾思想が燎原の火の如く蔓炎し、法律を以て、これを消し止むれば、勢ひ地下に潜行し、却って国家の基礎を危うしつゝあるのは驚くに足りない。特に青年は、単純なる心理の持ち主であり、複雑にして微妙なる社会の過程に無智なるが故に、動もすれば、これ等の有毒なる雑誌や、著書に迷はされ、相率いて、左翼の陣営に走る。

悉く書を信ずれば、書なきに若かざることは、今更めて言ふを要しない。特に反対の思想を盛られたる書を、自己の感情に阿ねらない書を、寡聞の故を以て、無経験の故を以て、直に時代錯誤のもとして捨て去らんとする軽佻なる気風が、滔々として、我青年心理を心配しつゝある今日、マルクシズムの流行が、延いて共産主義を煽りつゝあるのは、怪しむを須いない。ヨーロッパの青年が、今や観念としての道徳的感情と、道理との二者に基礎づけられた政策を望み、特に今日の如く、戦時の経験が、しかく幾多の理想に対する信用を失墜せしめたときにあっては、青年にして心あるものは、その誠実性が、個人の実際的生活の実現によって証拠立てられ得る信仰を要求しているのに、我が日本の青年が漫然として書中の、特に我国情に照らして全然架空的なる信仰を要求しつゝあるのは、これこそ時代錯誤である。

見よ、マルクシズムが、思想の様式としては、如何に硬化的であり、行為の法則としては、如何に余り容易であるかを。それは経済的理論としては、如何に有用であり得ても、主として今青年の脳裡を占有している問題に、何等の回答をも與へないだろう。何ぜなら、これ等の問題は、もはや種々なる経済的形態間の相互関係によって解決されずして、経済的生活と、大にしては、共同生活に対する個々の人類の関係を以て解決されるべきものだからである。その経済的理論や、その歴史的説明法が、如何に新しくあっても、今現に私たちが見つゝあるが如く、それは理論としては、参考書的の批判となり、説明に関する争議となり、抽象的なる主義の研究となり、実際問題としては、曲解となり、詭弁となり、体系によって行動を正化せんとして、生きたる事実の懐妊によって体系を活かさうとしていないではないか。

一言にしていへば、そして一般的印象からいえば、それは理性の勇気を欠いている。この勇気を欠いているといふことは、成長の危機を示す記録ではなくて、寧ろ老衰の兆候である。教養の弁護士が、世界を征服せんが為に、これを用ひるといふよりも、それがまだ生きているといふことを証明するときに、必ず起らねばならない論理的の粘着性を示し、それと同時に自信を喪失している。最近に於るスターリンの自己陶酔的なる怪気焔が即ちそれである。資本主義に対してマルクシズム、レーニズムがまだ生きているといふことを示さんが為に、彼は如何に無用の言を弄しているか、特にそのコルホスについて、集団農業の発展について、彼が如何に自信を欠いているかを見よ。

とはいへ、単純なる心理の持ち主たる我一般青年が、この経済的理論に魅されて、滔々相率いて左翼の陣営に走りつゝあるのは、資本主義制度の下に於ける彼等の劣弱感情の報償を、そこに求めんとするものであって、心理学上むしろ正化し得るものであらう。だが、教育者が、特に、義務教育の任に当たる小学校教員が、今現に我長野県に於て見つゝあるが如く、しかく少なからず、これに走っているのは、捨て置き難き現象といはねばならない。我国体から見て、その伝統的道徳の宣伝が、仁義忠孝のそれであらねばならないのに、全然これを無視して、階級闘争の宣伝たらしむるが如きは、特にこれを以て、児童の白板を汚すに至っては、言語道断である。自我肯定と服従との二要素こそ、国家、社会の存在を保障する本能であるのに、そして児童は最も美しく、この二要素を発揮して、おのづからその小さい社会を組織しているに拘らず、これに抵抗の、進んでは、反逆の心理を注ぎ込まんとする教育者は、厳罰に処すると共に、その一切を挙げて、これを教育界から除草すべきである。

信濃毎日新聞　昭和八年二月一六日　「評論」

「ゼキール博士とハイド型の教育者」

所得の、財産の、富の分配が、しかく不合理なるに加えへて、各人がその才能に応じて社会的の地位を獲得すること能はず、しかして精神的の要素は捨て丶□られず、唯物質的に富むことを以って、人類の幸福と速断されつ丶ある近代的風潮の下にあっては、殆ど一切でなければ、大部分のもの丶思想が悪化し、赤化しなければ、寧ろ不思議である。そして、彼等は個人的に、又組織的に、これを実行せんとするのみならず、非合法的に、地下に潜行しても、最終に之を実行せんとするに至るのは、寧ろ同情に値ひするとはいへ、知識階級までがおのれに與へられたる社会的役割を忘れて、これに制動機をかけんともせず、却って拍車をかけて、これを刺激し、これを促進しつ丶あるのは遺憾の極みである。

特に社会の複雑にして、微妙なる関係や、事情を知らず、そして、感受性、被示唆性の最も強き時代の青少年を指導する教育者にして、思想を弄び、自家の不平そのものを青少年に投射して、純白なる彼等の感情を冒涜せんとするに至っては、言語道断といわねばならない。特に況んや、義務教育、初等教育の任に当たるものが、これを敢てして顧ないに於てをや。純潔殆ど神の如き児童の心理に、現の世の穢はしい階級的思想などが、芽生えやうはずがない。にも拘らず、強ひてこれを植えつけやうとする彼等の暴行は、少女を凌辱して、これに黴毒を感染せしむるよりも更に憎むべき行為といはなければならない。しかも、教育国を以て誇っていた本県に、これを誇としていたればこそ、私たちが、人間に有り勝ちな一切の弱点を寛恕していた本県の教育界に、この種の暴行者を、しかもしかく多数に発見するに至っては、文字通り開いた口が塞がらない。

彼等はいふところの二重人格者である。彼等は教壇に立ちつゝある間は、ゼキール博士であるけれども、一度これを下れば、獰猛なる悪漢ハイドとなる。否、教壇に立ちつゝある間に於てすらも、彼等の或者は児童をして革命歌を習はしむるのみならず、甚しきに至っては、我にユニークなる支配者を征服者なりと公言して憚らなかったといふに至っては、それはもはや治安維持法を以て律すべきものではなくて、正に刑法第二編第一章の罪に該当する。私たちは、固よりさうした不敬の事実あったことを信ずるものではない。そしてこれを一片の風説に過ぎずと確信するものであるけれども、近時本県の教育界に於て、御真影紛失事件が、しかく頻々として起こりつゝあったことに想到するとき、そこに多少の疑を挿まざるを得ない。

だが、それは極端の場合に過ぎない。従って、私たちは、これについて、多くを言はないであろうけれども、本県の教育界に於て、他府県の追随を許さないことを以て誇としていた本県の教育界に於て、ゼキール博士とハイドとを使ひ分けるもの、、しかく多数を発見したことに、兎にも角にも、一驚を喫せざるを得ない。しかも、これを敢えてした教員が、児童の面前に於て、拘引し去られたことは、如何に教育者に対する児童の信任を失墜せしめたであらうか。一たび思ひをこゝに走するとき、私たちは驚愕するよりも、寧ろ戦慄を禁じ得ないものである。児童は、平生、彼等をゼキール博士として尊敬していた。然るに、何ぞ知らん、それは悪漢ハイドであったことを経験するとき、公私共に、ゼキール博士たる良教員も、またこれが為に疑はれはしないかと思ふとき、この事件が児童の心理に及ぼした影響は、実際戦慄に堪へないものがある。

行政当局、教育当局は、これに対して、如何なる善後策を持っているだらうか。これ等のハイドは、かくして司法当局によって厳罰に処せられるだらう。だが、これが為に傷つけられた児童の心理は、唯それだけでは、永遠に癒えない。根本の原因に遡って、これが救済策を講じなければならないことは、言ふまでもないけれど、差し当たっての応急策としては、如何にこれに善処すべきか。これ私たちが、彼等に問はんとするところのものであると同時に、狼狽殆どなすところなき彼等に、多くを期待し能はないことを見て、憂慮に堪へないものである。

信濃毎日新聞　昭和八年二月一九日　「評論」

「本県教員赤化の原因（一）」

不祥なる本県小学校教員の赤化事件――それは無邪気なる児童を、無批判的にして、成人を、特に「おのれの先生」を絶対に信用し、父兄よりも一層これを信用する児童を、教育の対象として持つ教育に関する事件なるが故に、普通人の赤化と同様に軽視すべからざるは、論を待たない。特に、彼等ゼキール博士型の人格と、ハイド型の人格とを使ひ分けるものを、依然として教育界に存在せしめ置くことは、累をゼキール博士型の教員に及ぼし、其の児童に與ふる悪影響の極めて恐るべきものあるが故に、私たちはこれを発見次第、即刻これを教育界より除草して、以て残されたるもの丶、即ち全体としての本県教育界の神聖を保障しなければならないのである。

これに反して荏苒、その除草を怠るときは、これが為に、全体としての本県教育界の神聖を涜すのみならず、児童をして、今教壇に立って、真にゼキール型の人格を発揮しつゝあるものすらも、尚ハイド型の人格者として、これを疑はしめ、その弊害の及ぶところ、実に測り知るべからざるところのものがある。事件発見の当初にあっては、県当局は狼狽殆ど為すところを知らなかった状があったので、私たちは、歯痒くも思ひ、また本県教育界の前途の為憂慮に堪へなかったものであるが、今彼等は爾余一切の弊害を顧慮せず、先づこの弊害を痛感して、これ等ハイド型の小学校教員を、固より発見されたものに限るとはいへ、兎にも角にも、全部除草するに決心したのは、賢明なる一英断として、私たちは稍安心し得るに至った。

事は、絶対的なる信用を、世人に対して、特に児童に対して強要されるべき教育者の資格問題に繋る。普通人や、普通の官公吏と同一視することを得ず、罪の明なるを、又定まるを待って、徐に処分すべき性質のものではなくて、疑はしきも、尚忍んでこれを処分すべき性質の問題である。言ひかえれば、それは個人の権利よりも、社会の権利を、ヨリ重んずべき性質の問題である。これが為に、冤罪を被った個人は、災難として諦めさせられねばならない。これを政治家について見ると同様な、寛大なる取扱をしては、政治界が今国民に全然その信用を失ひつゝあるが如く、本県の教育界も、全然国民から見放されねばならないだらう。

かくしてこの不祥なる事件に対する応急策、善後策も、せめては稍講ぜられたと見て然るべきであらう。だが、根本的なる匡正問題に至っては、固よりさうは簡単に解決されない。要は、事件の最終的調査を待ち、この犯罪の、事件連繫者のこれを犯すに至った各個の原因と動機について、これを明にすると共に、各個の遺伝と環境とを審にし、更に進んで、これと現在の世相との関係を研究した後に於て、初めて解決される問題であって、今速にこれを決定し得るが如き、容易なる問題ではない。

だが、この場合、単に外部の原因にして、一般世人が、そして県当局もが、さうであらうと見、常識的に推察し行けば、合理的とも考へられるところのものは、今市町村財政窮乏の結果、随所に現象しつゝ、ある教員の俸給不払、二重課税、寄付強要等が、その一原因であったことは、疑もない一事実であったらう。

果たして然りとするならば、この一原因を除くには、今日の如く、制度上、任免黜陟の権が県にあって、俸給支払いの義務が市町村にあり、又その俸給支払いの責任が、全然市町村にあるでもなく、さればとて、県には、固よりその責任がなく、一部は国庫が負担し、一部は市町村が負担するといふが如き不合理極まる変態的の現象を根絶しなければならない。そして現在の制度に固執するならば、義務教育費の全部は、既に識者の一部や、一部の政党、各市町村が要求しつつあるが如く、これを国庫の負担としなければならない。

だが、私たちは、この場合、更に進んで、「奏曲に支払ふものは、これを要求したものである」原則に従ひ、県がこの義務教育費の全部を支払ふこと、しなければならない。若も国庫にして、これを支払ふの義務あり、余裕ありとするならば、今国庫が負担しつゝ、ある義務教育の全部又は一部は、これを市町村に與へずして、直接に県に交付せしめなければならない。かくすれば、この原因から発生する教員の赤化は、一部これによって除却し、少くともこれを緩和し得るであらう。だが、私たちは、これについて、今少しダメを押さなければならない。

信濃毎日新聞　昭和八年二月二一日　「評論」

「本県教員赤化の原因（二）」

先づ第一に、小学校教員が国家の義務教育なる観念に朔えて、教員の給与を支払ふべき主体は、国家でなくてはならない。否、義務教育は性質上、国家が直接これに当たらなければならないものであるけれども、諸種の関係上、特に国家が直接になすべき事業が、余りに多い為、便宜上、今これを市町村に委ねているに過ぎない。とするならば、少なくともこの義務教育にたづさはっている小学校教員の俸給だけでもを、国家が支払はねばならないのは、当然の責務である。直接にこれを支払はなければ、県を通してか、市町村を通してか、いづれかの手段を以て、これを支払はねばならないのである。

然るに、今日の制度は、小学校の設備に関する一切の費用を、特に市町村みづからが任免し能はない教員までの俸給を支払はねばならない義務を負はせられている。不当の負担でなければ、過重の負担でなくて、何であろう。でも、好景気の折には、その財政が裕な折には、教育費の負担が、今日の如くしかく過重であり、不当であっても、尚苦情をいひつゝも、これを忍んでいるけれども、連年のこの不景気に、農村が殆ど餓死状態に陥っている現在では、市町村財政窮乏の極、勢ひ小学校教員の俸給を支払ひ兼ねるに至ったのは、寧ろ大なる同情に値ひする。

地方財政に於て、最も重大なる地位を占むるものは、いふまでもなく、土木費と教育費である。言ひかへれば、私たちのいふところ現在費と未来費とである。そして、人は大部分未来を考へる余裕を持たず、唯現在の向上、甚しきに至っては、これを維持するだけを以て足れりとするのが、普通である。間違っていることは論を待たないけれども、これが普通の人情である。だがこの間違っている普通の人情が、地方財政のこの窮乏時に際して、時を得顔に跋扈し、至るところに勢いを呈するに至っては、その結果は寒心に堪へない。単に個人のみならず、又市町村のみならず、国家までが、現在の維持や、向上やよりも、未来のそれを念としなければならない国家までが、この間違った人情、この未来を無視する心理に惑はされて、土木匡救事業に対しては、しかく巨額の費用を投ずることを惜まなかったにも拘らず、教育費の支出に対しては、さほどの考慮を費さなかった。否、到るところの市町村が財政の窮乏を名として、小学校教員の俸給を支払はない事実を目撃しながら、唯これに対して一片の警告を発しただけであって、積極的に、実質的に、進んでこれを匡正し、匡救しやうとはしなかった。この間違った人情、この未来を見透し得なかった心理の結果は、今や本県に見つゝあるが如き小学校の教員をして、殆ど相率いて左傾化せしめ、赤化せしめるが如き現象を見るに至ったのは、怪しむに足りない。

だから、本県小学校教員の赤化は、各市町村に於てその責を負わなければならないことは、固より、言ふまでもないけれども、最終には国家みづからが、これを負はなければならないのである。国そのものにして、既に未来費に対して、教育費に対して、しかく無反省であり、無思慮であるが為、各市町村にして、その財政がさほどに窮乏していないにも拘らず、窮乏しているが如く粧はなければ、窮乏しているという口実の下に、小学校教員の俸給支払をでも滞らさなければ、貧弱農村として土木匡救費に有りつき能はないといふ言語道断な、浅墓な心理から、中には強ひて、これを敢えてしたものすらも見受けられたに至っては、教員の思想が日を経るに従って悪化しなければ、それこそ一の奇蹟であったらう。

死ぬか生きるかの危急時に際しては、人を排しても、おのれ先づ生きんとするのは、人情の普通であるけれども、最近の、そしてそれが今日まで引続き来った不景気時に、各市町村が、小学校教員に対して取った態度は、しうちは、余りにも不人情であり、余りにも残酷であった。彼は、財政窮乏を名として、現在を維持する名の下に、そしてこれが為に、未来に如何なる悪影響を及ぼすかを察せずして、或は小学校教員の俸給を支払はず、たとひこれを支払っても、これに対する報償とでもといふ如く、寄付を強要し、或は任地課税を以て、これを苦しめ、市町村の財政上、彼等教員を親のかたきででもあるやうに、取扱った。その結果として、彼の児童が赤化の先駆者として教育されるに至ったのは、自業自得といはなければならない。それは汝より出たものが、今汝に帰ったのであって、狼狽すべき理由は断じてないはずである。と同時に、全体としての本県教育界は、特に慎重に慎重なる態度を取り、市町村の心理に及ぼすべき影響を虞れて、一挙手一投足すらも苟くもしなかった信濃教育会は、義務教育費の出所につき、今や過去の不足だった認識に対して、一清算を断行しなければならない。何ぜなら、今や教育者と市町村とは、手を繋いで行くべく、余りに二者間の関係は疎隔して、対立的なる闘争関係に入るべく、余儀なくされるに至ったからである。

信濃毎日新聞　昭和八年二月二二日　「評論」

「本県教員赤化の原因（三）」

一ゼネレーションを経て、一切の社会状態が全然一変したのであるから、これに伴って、本県の教育界が、従って教育者の気分も一変したのは、当然のことであらう。善いか、悪いかは、今迄に決定し能はないけれども、一ゼネレーション前にあっては、自由奔放の空気が本県の教育界に充満していた。秀才が教育界に集中されていた。彼等教育者は、小学校教員は本県に於ける一切の文化をリードしていた。師範学校以外には、何等の、又は目立った中学校、専門学校、高等学校等がなかったので、さうした結果を見たのは、寧ろ必然的であったであらうけれども、彼等は兎にも角にも、衝天の意気を以て、児童の教育に当たると共に、農村の文化開発に貢献した。

かくして本県の教育者は、自由にその意思を発表し得て、憚るところなかった。文字通りに、高談放論、四莚を驚かしつゝあったのが、実に常時に於ける彼等の常態であった。かくの如き国は固より他府県に於て、見能はないところのものであり、他府県のそれは、概ね卑屈、少なくとも因循にして、上に諂い、下に驕っていたのが、常態であったけれども、本県の教育者はこれと正反対であった。本県の教育界が、教育者が、傲然として他府県のそれに君臨して、そこに一大王国を組織し得たのは、驚くに足りない、だが、今やその気風は一変した。彼等は著しく、といふよりも、彼等自身から見れば、寧ろ極端にその自由を抑制されつゝある。否、抑制されざるを得ざるに至ったのである。この原因が、彼等の心理に一大影響を及ぼしたことも、また決して驚くを須いない。

今や本県の到るところには、雨後の筍の如くに、とよりも、この不況時には、経営し切れないほどに多くの、県立及び私立の中学校、専門学校が続出し、設置された。国立の高等学校さへも設置された。従って、本県の文化をリードする中心は、師範学校より、漸次に、之等の学校に移り行くに至った。一ゼネレーション前の如く秀才は、師範学校のみに集中されずして、之等の学校に収容されつゝある。加ふるに、当時の秀才は、当時の教育界に於て舌端火の如き気焔を吐いたものは、今や校長級に収まって、保留の心理に安を愉み、進んで青年教育者を指導しやうともしない。壱に積極的に、これを指導せざるのみならず。却って消極的に、これを抑制せんとしつゝある。華やかなりし当時の教育王国に、今や挽歌がうたはれんとしているのは、これまた怪しむに足りないのである。

一歩譲って、これを誇張の言として斥けやう。だが、これ等の関係からして、本県教育者の素質が、比較的に低下しつゝある事実に至っては、何人も、教育者自身も、またこれを認めずにはいられないだろう。知識的、理性的には兎も角も、道徳的、精神的に低下しつゝある事実に至っては、断じて掩ふことができない。否、彼等は周囲に、環境に刺激されて、知識的、理性的には、大に進歩している、進歩せしめられつゝある。特に知識欲に旺盛なる青年教育者は、他に何等の刺激がなくとも、それ自体に於て知識を吸収し、少くとも、校長級の老いたるものよりも、ヨリ多くの知識を吸収しているのみならず、ヨリ新しき知識の持主となっている。従って校長級のものは、生活の安易を欲するといふ姑息の心理よりも、知識上、理性上これに対抗し能はないという自卑の心理から、おのづから青年教員を抑制せずにはいられない地位に立たせられている。

これに、更に抑制の輪をかけたものは、ブレーキをかけたものは、小学校教員の生産過剰である。師範教育が人口増加の、従って学校増加の割合を越えて、著しく進歩しつゝある結果、師範学校の卒業生は、小学校教員は、経済上の原則に従って、おのづからその価値を下落せざるを得ない。少なくとも先輩を淘汰しなければ、後進の為に道は開かれない。従って、先輩は失職を恐れて、去勢され、後進者もまた跡から跡からと詰めかくる後進軍に、即ち経済上にいふところの労働予備軍の為に、勢ひ去勢されざるを得ない。何ぜなら、彼等にして、少しくその自由を発揮すれば、直に馘首される虞があるからである。かくして青年教育者は、次代の教育を背負って立つ教育者は、外部に、長上からその自由を、意思を抑制されるのみならず、内部に、失職の恐怖から、おのれみづからを抑制しなければならない。これ等内外の抑制が相合して、彼等をして変態心理の、二重人格の、二重にも、三重にもの人格の持主たらしめることは、少くともその人格を分離（デタッチ）せしめることは、変態心理学が、余りにも明瞭に私たちに教へつゝあるところ。かくして、彼等青年教育者が相率ひて、そして年を逐うて益々赤化しないことを望むのは、潜行的に、行動することを禁止して公然として行動することを、これに望むのは、桃中に石を求めるものである。

信濃毎日新聞　昭和八年二月二三日　「評論」

「本県教員赤化の原因（四）」

本能や、性向や、感情やが抑制されるときは、こゝに人格が分離されて、二重、三重もの人格となることは、近代的心理学の證明し得て明なるところ、その最も著しき例は、プリンス博士の取扱った患者がそれであって、ビュウシャンは四重の人格をさへも示した。作者ステブンソンの取扱った人格が、ゼキール博士となり、他方に於いて、ハイドとなったのは、薬剤といふ表徴化されたこの抑制を通して、初めて見たるところの現象である。だから、本県の小学校教員が、上述の如きあまたの抑制、其本能や、性向や、感情やの抑制を通して、教壇に上れば、ゼキール博士となり、教壇を下れば、ハイドとなったのは、寧ろ同情に値ひするのである。

特に、これを現在の世相とむすびつくるとき、所得や、財産や、富やの不合理なる分配、及び政治的権力の不合理なる分配によって、主として人間の運命が支配され、善は、正は、才能は必ずしもこれに報いられず、悪が、邪が、無能が、却ってのさばりつゝある今日の現象を見るとき、少くとも、富や権力やの所有者が、罪を犯しても、免れて恥を知らざる状態を見るとき、敏感者であって、単純なる心理の持主は、しかも、公然としてこれを批判し能はないならば、これ等の抑制が、動もすれば人格の分離を現象するのは、避くべからざる結果であるだらう。特に次代の教育にたづさはる教員は、職業の性質上、この抑制によって悩まされること、普通人より多くもあり、又激しくもある結果として彼等は滔々相率ひて、赤白二重人格を使ひ分けざるを得ざるに至るであらう。

これ等の抑制は、それ自身既に、人を、特に小学校教員をして、二重人格者たらしむる傾向あるに加へて、全教がこの欠点に乗じて、そこに潜入しては、強固なる意思の持主たる英雄主義のものでない限り、これが細胞となって働かんとするのは、驚くに足りない。支那が第三インターナショナルの最も覘ひ易き国であると同様、この連年の不景気に、糸価従って繭価の暴落を見、そして養蚕以外、製糸以外に何等の副業を持たない、否、この養蚕と製糸とを以て、その本業となしつゝある本県の農民が、或いは木の根を齧り、或いはフスマを食って、漸くその生命を繋ぎつゝありと称し、常時官民両方面に於ける有志陳情隊が、その救済資金を仰ぐべく、しかく続々として、しかも先を争って上京した本県こそは、恐らくば全協の最も覘ひ易き所となったのであろう。とするならば、本県教員の赤化については、これ等の軽率であった官民両方面に於ける当時の救済運動者も、またこの責任の一半を頒たねばならない。

特に本県は教育国として、腐っても、鯛は鯛であり、一ゼネレージョンを隔てゝ、形勢は一変し、気分は廃頽したとはいへ、本県の教育者ほど知識欲の旺盛なるものは、恐らくは他府県に於て見ざるところ、一方に於て長所であると共に、他方に於て短所であるこの欠点—何ぜなら、知識のみが人格を完成するものではなくて、感情と意思の陶冶、訓練こそは、全一なる人格を作り上げる根本の要素だからである—が、全協の為に、特に覘ひ打たれたことをも、この場合逸してはならない本県教員赤化の一大原因であるだらう。

また最高学府に学びて「学術の蘊奥」を究めむと称されるものが、小学校の代用教員となること、その事が、既に当人に取っては、一の大なる不平、大なる抑制である。この代用教員をして、本県の教育界をリードせしむるならば、この変態心理の感染を見ることは、予め覚悟して置かねばならないことであった。否、この種の特別なる代用教員ばかりではない、教育的に訓練されないものを、単に知識の点に於て、優れたりとして、これを教員に採用すれば、児童の教育上、少くとも善き影響を見得ないことは、予め覚悟して置かねばならないことであった。

事件の調査が進むに従ひ、本県教員の赤化事件につき、その他幾多の原因が発見されるだろう。だが、私たちは、今思ひついた儘、その原因と思はれるべき以上二三のものを挙げて、取敢へず、県当局及び教育当局の参考に資したるに過ぎない。この二三の原因を取除くだけでも、これによって、本県教育の伝統的威信は、冀くばこれによって、幾分かを回復され得るだろう。

信濃毎日新聞　昭和八年三月五日　「評論」

「目ざめんとする信州教育」

本県〇〇の〇〇が発見された以来、そしてその原因の一が市町村側のこれに対する迫害、少なくとも虐待にあったこと、具体的にいへば、これに対する俸給不払、寄付強要、任地課税等、等であり、即ち私たちのいふところの現在の維持に汲々として、未来の利害に想到しなかった結果であったことが推測され、従って、その責任の一半が、市町村側に於て頒たれねばならないことが知られて以来、敢えて一般とまでいはないけれども、二三の市町村が、既にこれに対する待遇を一変するに至ったのは、遅しと雖も、為さゞるに優ること万々であって、私たちは、尚その態度を改めざる他の市町村に対しても、速にこの例に倣はんことを勧告してやまないものである。何ぜなら、過は改むるに憚ってはならないからである。

だが、私たちは、これと同時に、教員側に対しても、市町村側に対して、その態度を改むるに憚るなからんこと勧告せずにはいられないものである。さすがに中堅どころの教員だけあって、彼等の間には、今こうした世論が擡頭しつゝありと報ぜられる。曰く、今までの県下教育界には確乎たる指導精神を欠いていた為、従って団結力に乏しく、彼等教員は徒に権力に阿付し、また物質的観念に支配され易かったこと、曰く、かゝる功利的、打算的な風潮が強化瀰蔓していた為、この両三年来、教育界に加へられた重圧に対して、これを反発すべく、一人の犠牲者を出さなかったことほど、彼等自身が無気であったこと、曰く、この間隙に乗じてこそ、○○の黴菌が潜入したこと（記者はこの場合、特に言って置く、これが為に一人の犠牲者を出さなかったのは、校長側のことであって、教員側では、既に一人の犠牲者を公然として出していることは、最近本紙「夢の国」欄を通して表はれた「迫害された一教育者」によって明であること）曰く、だから、この際、人事行政は従来の姑息なる手段を排して、公正に、厳粛にこれを行ひ、その先駆的条件として、先づ老朽無能の校長を馘首すべきこと等の覚醒が、即ちこれである。

かくして、彼等は県下教育界の空気を一新すると同時に、他の一方に於て、郡市教育会は郡市教育者を基礎として、郡市教育部会を通して表はれた世論を、信濃教育に反映せしめ、信濃教育会はこの世論を監督庁に申達して、最高機関としての指標を確立すべきことを主張している。緩慢の誹を免れないけれども、私たちは、一応この意見に賛同するものである。何ぜなら、既に示唆した如く、今や本県教育会は市町村側と曖昧なる妥協を事とすべき時代ではなく、正にこれと闘争すべき時代に入っているからである。市町村側が如何に財政に窮乏していたとはいへ、国庫から多分の教育費を補助されていながら、財政窮乏の名の下に、教員俸給を支払はないが如き、たとひこれを支払っても、一方に於て、寄付を強要し、又これに対して任地課税を行ふが如きは、市町村側みづからが進んで、教育界との妥協を破り、これに向って戦を挑んでいるものだからである。

時代は今や教育をして、偽聖人、偽君子たらしむべきことを許さなくなった。市町村が彼等の俸給を支払はず、たとひ支払っても、寄付を強要し、これに二重課税を課した時、彼等は果してこれを快しとしたであらうか。快しとせざるにも拘らず、強いてその感情を抑制すれば、そこに二重人格を形成し○○思想、○○思想の犠牲を出すのは寧ろ当然の結果であるだらう。所詮は彼等の間に組織を欠き、従ってその組織を通して、彼等の輿論を発表する機会を與へられなかったからこそ、此の如き重大事件を惹起したのである。だが、今や彼等はこの欠点に気づき、彼等の輿論を作り、そして此の輿論を発表する機会を獲得せんとしている。冀くば、これによって本県教育界は一新されるであらうけれども、これら中堅どころの教員の意見が、一般の県下教育界を如何に動かすだらうかは、掛念に堪えないところであると共に、私たちはこれに対して、一刻も速く、そしてこの機会に於て、時代に目ざめんことを要求してやまないものである。

信濃毎日新聞　昭和八年三月一七日　「評論」

「僭越なる責任の分担者」

本県教員の○○事件について、目下信濃教育会と町村側とが、互いにその責を問はんとしている。悪くいへば、互いに責任のなすり合ひをなくしつゝあるともいへる。見っともないことであるのみならず、この事件はいづれが責任を負っても、更に進んでは、二者共同の責任を負っても、それで以て、かたづけられるような小さな問題、局限された問題ではない。最終に於ては、環境の問題、時代の問題であって、これを発生せしめた国家の罪、社会の罪である。従って、これを構成する一切の人が、共同してその責任を負はねばならない大問題である。私たちは、議会が、議員の一員が、この事件に対して質問を試み、文相一人の責任を問うたことすらも、見当違ひであり、僭越でありとするものであるから、信濃教育会と本県町村側とが互にその責任を問はんとしつゝあることを見て、寧ろ噴飯の情を禁じ得ないものである。

彼等にして、若も互にその責任を負ふ資格があり、力がありとするならば、二者共同して、これを負へ。だが、彼等はこの重大事件に対して、果たして責任を負ふだけの資格を持ち、力を持っているだらうか。若も彼等にして、真にさうした資格を持ち、力を持っていると想像するならば、それは頓でもない自惚れである。今滔々として、社会の到ところに奔流しつゝあるこの赤潮、これを食ひ止めることは、固より信濃教育会や、本県町村側といふが如き、隻手のなし能はないところ、社会の根本的改革に待たなければ、この赤潮は到底これを根絶し得ない。これに対して教権の確立といふが如き、況や町村側の監督権といふ如き小堤防を以てしては、却って益々反動的衝撃を強化するのみであって、この小堤防は、結局破壊を早めるだけである。

要は、世界各国が戮力してその発源地たる第三インターナショナルを、サヴェード・ロシアを破壊するにある。これを破壊しない限り、間断なくこれより湧出する赤潮は、苟くも不平の低地を発見すれば、滔々としてそれに向って奔流しなければやまないだろう。だが、これを破壊することは、今のところ、全然不可能である。とするならばこの場合、各国家がその最高警察権を以て、その流入を防過するより外はない。現に、我が国家は、この強圧手段を取っている。にも拘わらず、それは一髪の間隙をだに、蟻の這ひ出る間隙をだに発見しても、これより滲入して、我秩序を脅かしつゝある。警察が如何に鵜の目鷹の目を見張っていても、泥棒のそれに及ばざる如く、治安維持法も、結局彼等の為に冷笑されるに過ぎない。

では、この赤化は、現状を以てしては、到底これを防止し能はないか。私たちは、これに答て、遺憾ながら「然り」と答へざるを得ない。だが、場合によっては、これを緩和して、損害を少なからしめ得るであらう。爾余の問題は、今姑く措いて問はず、本県教員の○○問題に関する限り、これを養成するに細心に注意を払ふと共に、智の啓発よりも、情と意との訓練、陶治に重きを措くならば、冀くばこれによっての損害を少なからしめ得るであろう。教育特に初等教育、義務教育は、個人の養成よりも、公民の養成を主眼とする。従って、この教育に当たるものは、さほど進んだ訓練を必要としない。進んだ知識の教育は、これを専門学校又は大学に委して、小学校は円満なる感情と、強固なる意思との訓練、陶治に重きを措かねばならない。然るに、本県教育の伝統は、往々にしてこの本末を顚倒している感がある。これ本県の教員が動もすれば○○せんとする一の原因、しかも最大の原因である。

敢えて本県の教員のみとはいはない。殆ど一切の赤化者は、未だ人生哲学を作らざるに先だちて、経済学―いづれかといへば「科学」ではなくて、「常識」に過ぎない経済学―を通して、人生を、社会を速断する。哲学史上、ヘーゲルの地位如何、経済学史上、マルクスの地位如何を究めずして、直ちに現実の、目前の小利害に惑はされて、人生の行路を物質的に決定せんとする。しかも、これ等の中には唯新しかることを以て得意とするものがないでもない。特に彼等は、マルクシズムや、レーニズムを偏食して、精神的にその健康を害ひつゝある。本県の教員○○事件に連座したもの、十中八九が、唯この新しがり屋の範疇に認ぜずんば幸いである。

主要参考文献

『村の經濟六十年史』　岩田健治　実益農業社　１９３４年
『抵抗の歴史』　二・四事件記録刊行員会　労働旬報社　１９６９年
『信州の教師像』　信濃毎日新聞社　１９７０年
『信州の教育』　荒井勉　合同出版社　１９７２年
『日本教育発達史』　玉城肇　三一書房　１９５６年
『日本教育運動史』　井野川潔　三一書房　１９６０年
『新興教育運動の研究』　柿沼肇　ミネルヴァ書房　１９８１年
『長野県教員赤化事件　関係資料集』　山本有紀乃　六花出版　２０１８年
『長野県教育のあゆみ』　佐久教育科学研究会　労働旬報社　１９７５年
『信州教育史再考』　伴野敬一　龍鳳書房　２００５年
『石をもて追われるごとく』　国分一太郎　英宝社　１９５６年
『夜明け前の闇』　山田国広　理論社　１９６７年
『八十年の軌跡』　藤原晃　ほおずき書籍　１９９０年
『赤いホオズキ』　池田錬二　章文館　１９９６年
『絵の記録』　奥田美穂　新光閣書店　１９６２年
『明日を待つ心』　明日を待つ心出版委員会　２００２年
『信州昭和史の空白』　信濃毎日新聞社　１９９３年
『証言　治安維持法』ＮＨＫ「ＥＴＶ特集」取材班　ＮＨＫ出版新書　２０１９年
『新興教育』　新興教育研究所　１９３０年より

主要参考文献

『新教の友』　井野川潔編　新教懇話会　1950年
『長野師範人物誌』　市川本太郎　信濃教育界出版部　1986年
『信濃教育』　信濃教育会出版部
『信州白樺運動のころ』　一志茂樹　信濃史学会　1981年
『満蒙開拓青少年義勇軍と信濃教育会』　長野県歴史教育者協議会　2000年
『近代民衆の記録　満州移民』　山田昭次編　新人物往来社　1978年
『信州佐久の変貌』　小林収　櫟　2012年
『講座日本史』歴史学研究会・日本史研究会　東京大学出版会　1970年
『詳説日本史』　笹山晴生他　山川出版社　2016年　高校教科書
『詳解世界史』　荒井信一他　三省堂　1990年　高校教科書
『昭和史　新版』　遠山茂樹他　岩波新書　1959年
『昭和史』　半藤一利　平凡社　2009年
『昭和史のかたち』　保坂正康　岩波新書　2015年
『大日本帝国の真実』　武田知弘　彩図社　2011年
『日本と韓国・朝鮮の歴史』　中塚明　高文研　2002年
『帝国主義とファシズム』　小此木真三郎　青木書店　1971年
『日本の七〇年戦争』　丸山静雄　新日本出版社　1995年
『日本帝国主義と旧植民地地主制』　浅田喬二　龍渓書舎　1968年
『日本帝国主義下の民族革命運動』　浅田喬二　未来社　1973年
『日本ファシズムと民衆運動』　安田常雄　れんが書房新社　1979年
『長野県初期社会主義運動史』　松本衛士　弘隆社　1987年
『治安維持法と長野県』　治安維持法国家賠償要求同盟長野県本部　1988年

『治安維持法とたたかった人びと』　治安維持法国家賠償要求同盟長野県本部　１９９２年
『民衆史を学ぶということ』　佐々木潤之介　吉川弘文館　２００６年
『治安維持法と共謀罪』　内田博文　岩波新書　２０１７年
『抵抗の新聞人　桐生悠々』　井出孫六　岩波新書　１９８０年
『フレームアップ』　小此木真三郎　岩波新書　１９８３年
『そこの資料をとって　松本衛士追悼集』　同編集委員会　１９９８年
『満蒙開拓団』　加藤聖文　岩波現代全書　２０１７年
『満州分村の神話　大日向村はこう描かれた』　伊藤純郎　信濃毎日新聞社　２０１８年
『満蒙開拓青少年義勇軍物語』　伊藤純郎　信濃毎日新聞社　２０２１年
『人びとはなぜ満州へ渡ったのか』　小林信介　世界思想社　２０１５年
『臼田町域からの満州移民』　井出節夫　臼田活版　２０１９年
『南佐久農民運動史　戦前編』　同史刊行会　１９８３年
『南佐久農民運動史　戦後編』　同史刊行会　１９９０年
『長野県上小地方農民運動史』　同史刊行会　１９８５年
『下伊那青年運動史』　同史編纂委員会　国土社　１９６０年
『長野県の選挙』　信濃毎日新聞社　１９９１年
『長野県下の労働運動』　小林キジ　サントク書房　１９５３年
『長野県労働運動史』　富岡隆　長野県学習協会
『解放をもとめて　日本共産党長野県県党のあゆみ』　１９８４年
『長野県史』
『長野県政史』
『長野県教育史』

『臼田町誌』
『佐久市志』
『信濃』　信濃史学会
『佐久』　佐久史学会
『高瀬小学校開校百周年記念誌』　１９７５年
『中込小学校創立九十周年記念誌』　１９６４年
『中込中学校百年誌』　１９８０年

研究論文など

『歴史地理教育』　歴史教育者協議会　青木孝寿、坂口光邦　１９７０年
『歴史評論』　歴史科学者協議会　松本衛士　１９８７年
「新興教育運動と二・四事件（長野県赤化事件）の社会的意義」　柿沼肇　２００５年
『長野県における新興教育運動の社会史的研究』　小林洋文　１９９７年
「二・四事件と長野県師範学校　「赤化」思想の培地としての師範学校」　長谷川鷹士　（『日本教育史論集第五巻』）　２０１８年
『長野県教員赤化事件（「二・四事件」）に関する研究』　前田一男　２０１６年
二・四事件記念集会における主要記念講演記録（記録集より）
・小平千文　「あらためて2・4事件に思う」　２００３年
・森田俊男　「三〇年代初頭長野　教労・新教に集う先生たち　その思い・教育実践に学ぼう」　２００３年
・中馬清福　「長野県教育に期待するもの」　２００８年
・黒岩範臣　「『二・四事件』関係者からの取材から」　２０１２年

・須崎愼一　「『二・四事件』とその時代　大恐慌・満州事変、そして信州郷軍同志会」　２０１２年
・荻野富士夫「長野県二・四事件八〇周年の意味を問う　思想・教育統制としての『二・四事件』」　２０１３年
・内田博文　「治安維持法と共謀罪」　２０１７年
・丸山貢一　「教育・言論の自由を考える　『二・四事件』八十五周年に考える」　２０１８年

著者　井出　節夫（いで　せつお）

1950年、長野県佐久市臼田生まれ
信州大学教育学部卒
臼田町教育委員会　佐久民主商工会
臼田町議　佐久市議
現在　日本国民救援会佐久支部長

著作
「小作争議の現代的意義」（共同研究）（『歴史評論』No.277）
「臼田町域からの満州移民」
「臼田町誌　近現代編」執筆者

E-mail s-ide@nifty.com

岩田健治　若い魂

「長野教員赤化事件」で検挙された唯一の小学校長

2023年12月23日　　初版　第1刷発行

著　者　©井出　節夫

発行者　竹村　正治
発行所　株式会社ウインかもがわ
〒602-8119　京都市上京区出水通堀川西入亀屋町321
☎075（432）3455　FAX075（432）2869
発売元　株式会社かもがわ出版
〒602-8119　京都市上京区出水通堀川西入亀屋町321
☎075（432）2868　FAX075（432）2869
振替 010010-5-12436

印　刷　シナノ書籍印刷株式会社

ISBN978-4-909880-48-2　C0036